한시간에 끝내는 영어 말하기의 모든 것

하 마 터 면 영 어 를 포 기 할 뻔 했 다

한시간에 끝내는 영어 말하기의 모든 것

신선수 지음

RITEC CONTENTS

목차

·Chapter 3·

1시간에 끝내는 영어 말하기_ 1단계 소리의 비밀 (발음편)

·Chapter 4·

1시간에 끝내는 영어 말하기_ 2단계 쉐도우 스피킹을 위한 준비 (준비편)

·Chapter 5·

1시간에 끝내는 영어 말하기_ 3단계 쉐도우 스피킹 훈련 1 (매체편)

·Chapter 6·

1시간에 끝내는 영어 말하기_ 4단계 쉐도우 스피킹 훈련 2 (실생활편)

이 책 사용설명서

- **〈한시간에 끝내는 영어 말하기의 모든 것〉은 영어회화의 기법을 다룬 도서입니다.**

책이라는 단점을 보완하기 위해 영어원어민 음성파일을 첨부하여 본문 중에서 궁금한 영어 발음을 다운받아 확인할 수 있도록 했습니다.

아래 QR 코드나 링크에 접속하면 음성파일을 다운로드 받을 수 있습니다. 이 책을 시작하기 전에 휴대폰 및 PC에서 다운받아 본문의 Track 번호에 맞춰서 청취하시길 바랍니다.

한끝영 영어 음성파일

1. 스마트폰을 꺼낸다.
2. 네이버 어플에서 검색창 두 번째 아이콘 '스마트 렌즈'를 사용한다.
3. 해당 페이지로 이동한다.
4. 압축파일을 다운로드 받는다.

〈연결 주소로 직접 접속하는 방법〉

스마트폰이 없는 경우 주소창에 직접 주소를 입력하여 접속할 수 있다.

주소창에 http://m.site.naver.com/0t8Q0 입력 후 접속한다.

- **본 도서를 읽다가 내용이 이해되지 않거나, 영어 학습법에 대해 추가문의가 필요한 경우**

1. 눈을 크게 뜨고 책을 다시 정독한다.
2. "친절한 저자씨"에게 이메일로 문의한다.

저자 이메일: 292sss@naver.com

| 서문 |

지금까지의 영어 학습법은 틀렸다!

지난 15년 동안 회사에서 해외 비즈니스를 하면서 내가 놀란 점은 생각보다 많은 사람들이 해외 어학연수를 다녀오거나, 유학을 다녀오고 나서도 영어를 편하게 하지 못한다는 사실이었다. 나 또한 영어공부를 나름 오래 했다고 생각했는데 영어로 편하게 말할 수 있는 수준에 도달하기까지는 많은 시간이 걸렸다.

왜 우리는 이렇게 많은 시간과 돈을 들이고 나서도 영어를 편하게 사용하지 못하는 것일까? 무엇이 잘못된 것일까? 많은 생각과 고민을 한 결과, 우리가 잘못된 방식으로 영어를 학습했기 때문이라는 결론에 도달했다.

우리는 그동안 오랜 시간 동안 다음과 같이 말을 할 수 없는 영어공부를 해오고 있었다.

과거 우리나라의 영어 수업 방식

단편적인 문법 교육 및 암기

학창 시절을 되돌아보면 실생활에 사용되지 않는 문장으로 문법을 학습하고 암기하였다. 영어 문법이 왜 필요하고 어디서 어떻게 쓰이는지에 대한 용법은 학습하지 않았다.

단편적인 영어 단어 암기

영어로 대화 시 영어 단어를 사용하기 위해서는 단어의 정확한 소리, 품사의 변화, 예문을 함께 학습해야 한다. 하지만 우리는 영어의 스펠링만 암기하였다.

학창 시절에 영어의 발음에 대해서 배웠던 기억은 전혀 나지 않는다. 처음 영국에 갔을 때 이렇게 한국에서 배운 영어로 대화를 시도해 봤지만, "Can I have water?" 같은 쉬운 문장도 원어민들이 알아듣지 못 했다. 대화를 시도할수록 점점 자신감이 없어져 나중에는 apple이란 단어의 발음도 자신이 없어졌다. 애플인지? 애쁠인지? 정확히 배우지 않았기 때문에 자신이 없었으며, 내가 확실히 알고 있는 것은 apple이라는 스펠링이었으나, 스펠링만 알고 정확한 발음을 모르는 단어들은 회화에 있어 별 도움이 되지 못 했다.

하지만 더 큰 문제는 발음에만 자신이 없어진 것이 아니라, 수많은 시간을 들여 공부한 문법마저 아무런 도움도 되지 못한다는 사실이었다. 체화되어 바로 나오지 않은 문법은 오히려 회화에 방해만 되었다. 누군가가 "What did you do yesterday?"라는 쉬운 질문을 하면 일단 무슨 말을 했는지 해석을 먼저 하게 된다. "어제 뭐했어?"라고 물어 본 거니까 내가 뭘 했는지를 생각한다. 생각이 끝나고 나면, "나는 어제 축구경기를 봤어."라고 말하고 싶다. 그러면 이제 빠르게 머릿속으로 그동안 배워온 문법을 동원하기 시작한다. 그래, 주어는 "I"고, 동사는 어제 있었던 일이니 "보다"의 과거형인 watched를 쓰고, "축구"는 football이지 라고 생각하면서 문장을 조립하게 된다. 하지만 이미 대답할 타이밍은 지나간 후이다. 두 명이 하는 대화는 그나마 상대방이 기다려 주지만, 여러 명이 같이 하는 대화는 그마저도 기회가 없다. 내가 답하기 전에 이미 다른 주제로 넘어간 다음이기 때문이다.

이렇듯 한국에서 외운 영어 단어나 문법은 말을 하는 데 있어서 전혀 도움이 되지 못했다. 영어를 잘하기 위해서는 말을 많이 해 보는 방법밖에 없음을 깨달았다. 즉 말을 많이 해 봐야 하는데, 문제는 영어를 잘 못하는 상태에서 원어민과 친분을 쌓고 대화를 나누는 일은 쉽지 않다는 것이다. 운이 좋아서 어느 정도 실력을 쌓았다고 하더라도 한국으로 돌아와 다시 영어를 사용하지 않으면 어렵게 쌓아온 영어 실력도 퇴보하고 만다. 외국어는 처음 배우는 것보다 유지하는 것이 더욱더 어렵기 때문이다. 개인적으로 영국에서 돌아와 가장 골몰했던 일은 이렇게 어렵게 배운 영어 실력을 유지하는 일이었다. 하지만 첫 직장에서는 영어를 사용하는 빈도가 한 달에 한 번 정도도 되지 않았다. 따라서 필사적으로 어떻게 하면 내 영어 수준을 유지할 수 있을까 하고 고민했었다.

그러던 중 우연히 영화를 보다가 복싱 선수가 쉐도잉으로 연습하는 것을 보게 되었다. 복싱 선수도 훈련이 필요한데 매번 스파링 파트너가 있지 않기 때문에, 마치 상대가 앞에 있는 것처럼 상상을 하면서 연습하는 것이 쉐도잉 훈련인 것이다. 그것을 보고 나서 "영어도 저렇게 연습하면 되지 않을까?"하고 생각하게 되었다. 그 뒤로 혼자 있을 때면 내가 영어를 쓰는 상황을 설정하고 말하기 연습을 시작했다. 혼자서 면접도 보고, 자기소개도 하고, 외국인 친구를 만나 내 취미도 설명해 보는 등 영어 말하기 연습을 시작하였다. 이렇게 하니 점점 영어로 말하는 것이 편해졌다. 이것이 나의 첫 쉐도잉 경험이다.

쉐도잉을 통해 영어의 감을 어느 정도 회복했을 즈음, 회사에서 본격적인 해외영업을 담당하게 되었다. 생활영어가 아닌 비즈니스 영어는 더 높은 실력이 요구되었다. 더 높은 수준의 영어 실력을 추구하는 나의 갈망은 자연스럽게 영어발음에 대한 관심으로 옮겨갔다. 비즈니스적 상황에서 발음이 좋지 않으면 원활한 의사소통을 하기 어렵기 때문이다.

하지만 원어민과 비슷하게 말하는 것은 결코 쉽지 않았다. 정말 많은 사람들의 소리를 따라 해 보았지만 발음이 좋아지지는 않았다. 발음이 좋지 못하면 대화를 할 때 상대방이 나의 말을 잘 못 알아듣는 경우가 많이 생긴다. 멋보다는 명료함을 갖기 위해서 발음의 개선은 꼭 필요한 부분이었다. 많은 시행착오를 거쳐 영어와 우리말의 소리는 근본부터 다르다는 것을 알게 되었다. 영어를 잘 말하기 위해서는 다음과 같은 영어와 우리말의 차이점을 잘 이해해야 한다.

① 우리말은 음절 단위로 소리가 나지만 영어는 음소 단위로 소리가 난다.
(영어는 자음 또는 모음만으로도 소리가 난다.)

② 영어와 우리말의 조음방식은 완전히 다르다.

③ 영어 단어에는 강세가 있다. (Stress)

④ 영어 문장에는 억양이 있다. (Accent, Intonation)

영어 소리에 대해서는 본문의 영어 소리의 비밀편에서 보다 자세하게 설명하기로 하겠다.

위 네 가지 요소들을 잘 이해해야 영어를 잘 들을 수 있으며, 반대로 내가 말하는 것 또한 남들이 잘 들을 수 있다.

우리의 뇌는 우리가 모르는 외국어 소리를 들을 때 같은 소리가 없으면 가장 유사한 모국어 소리에 매칭하여 소리를 받아들인다. 우리의 발음이 단기간에 좋아지지 않는 것은 이러한 이유 때문이다. 실제 영어 소리를 듣지 못해 정확한 소리를 낼 수 없는 것이다. 즉, input이 잘못되었기 때문에 당연히 잘못된 output이 나오는 것이다.

예전 개그 프로그램 중에 영어 노래를 들려주기 전에 한국말로 어떻게 들릴지 미리 말해 주는 코너가 있었다. 예를 들면, 영화 〈브릿지 존스의 일기〉를 보면 주인공인 르네 젤위거가 "all by myself"라고 노래를 부르는 장면이 있다. 이 부분을 우리말로 "오빠 만세"라고 들릴 것이라고 말해 주고 들어보면 정말 그렇게 들린다.

헬렌 켈러가 말을 하지 못했던 것 또한 듣지 못해서였기 때문이다. 즉, 잘 들을 수 있어야 잘 말할 수 있는 것이다. 결론적으로, 영어를 보다 잘하기 위해서는 영어 소리의 원리에 대해서 알아야 한다. 우리는 성인이기 때문에 어린아이처럼 모든 것을 자연스럽게 받아들이지는 못한다. 그렇기 때문에 먼저 이론을 이해해야 한다. 성인들은 아이들과 다르게 의심이 많기 때문에 이해하지 못한 부분에 대해서는 거부 반응을 나타낸다. 즉, 성인은 이해를 먼저 한 다음 학습을 해야 하는 것이다. 이해를 한 다음에는 무한 반복을 통한 체화가 필요하다. 체화란 생각하지 않고 몸에 배어 있어 자연스럽게 영어가 나오는 상태를 말한다. 결국 영어공부는 다음과 같은 5단계 과정을 거쳐 완성된다.

1단계-올바른 방식으로 학습: 소리 중심의 영어 말하기 훈련
2단계-이론의 이해: 기본 영어 문장 구조의 이해(English Grammar Map 이용)
3단계-선별: 체화가 필요한 문장을 선정하여 나만의 영어 오답노트 만들기
4단계-체화: 무한 반복을 통해 몸이 기억하게 만들기, 쉐도우 스피킹
5단계-유지: 영어 실력을 유지하는 단계

암기 위주의 학습 방법과 다르게 소리에 중점을 둔 영어공부를 한 후, 그 이해를 바탕으로 체화해야 할 부분을 선별하여 무한 반복을 통해 체화하면 영어를 잘하게 되는 것이다. 그리고 나머지 부분은 습득한 영어 실력의 유지에 있다.

많은 사람들이 대부분 1, 2단계까지 이론 공부를 하는 데 많은 시간을 투자하고 정작 중요한 3, 4, 5단계는 하지 않는다.

어떻게 보면 가장 중요한 부분이 4단계이고, 4단계에서 가장 중요한 학습 방식은 혼자서도 실전과 같은 연습을 할 수 있는 쉐도우 스피킹이다.

쉐도우 스피킹을 이론으로 만든 사람은 미국의 Alexander Arguelles라는 교수이다. 그를 포함한 언어 전문가들은 언어를 배움에 있어서 가장 효과적인 방법은 원어민들을 그대로 따라 하는 쉐도우 스피킹이라고 한다.

내가 습득한 쉐도우 스피킹은 기존의 쉐도우 스피킹과는 조금 차이가 있다. 나의 궁극적인 목적은 단순히 따라 하는 것이 아니라 프리스타일 랩퍼처럼 언제 어디서나 자신의 생각을 말로 표현할 수 있게 만드는 훈련법이다.

1단계는 기존의 쉐도우 스피킹으로 연습을 하고, 2단계는 프리스타일로 상

황을 설정하고 상상하면서 쉐도잉 훈련을 하다 보면 어느 날 영어로 편하게 자신의 생각을 말할 수 있는 날이 올 것이다.

많은 직장인들이 아직도 영어로 인해 많은 스트레스를 받고 있다. 나는 부디 이 책을 통해 많은 사람들이 올바른 학습방법으로 영어를 받아들이고, 영어를 사용하는 것이 스트레스가 아닌 즐거움으로 바뀌기를 희망한다. 영어를 한마디도 못했던 내가 지금 글로벌 대기업들과 영어로 원활한 비즈니스를 할 수 있게 되었듯이, 포기만 하지 않고 이 책에서 제안하는 방식으로 훈련한다면 누구나 프리토킹 수준의 영어회화 실력을 키울 수 있다고 생각한다.

새로운 방식의 영어 학습 제안

※ IPA : International Phonetic Alphabet (국제음성기호)

영어가 뚫리는 쉐도우 스피킹

영어는 기본적으로 외국어이기 때문에 습득에 있어서 많은 시간이 든다는 것은 부인할 수 없는 사실이다. 하지만 무작정 학습을 많이 한다고 해서 실력이 늘지는 않는다. 효율적인 학습법을 선택해야 한다.

외국어를 습득함에 있어서 가장 효율적인 방법은 원어민의 말을 듣고 그대로 따라 하는 쉐도우 스피킹이라고 생각한다. 영어를 쉐도우 스피킹으로 학습하면 다음과 같은 장점이 있다.

1) 원어민 대화의 톤, 리듬 등을 알 수 있다.

2) 원어민에 가까운 발음과 악센트를 익힐 수 있다.

3) 실생활에 쓰이는 자연스러운 표현을 배울 수 있다.

4) 리스닝과 스피킹을 동시에 연습할 수 있다.

5) 영어 문장의 직독, 직해 능력을 키울 수 있다.

— 본문 "5-1. 쉐도우 스피킹이란?" 중에서

쉐도우 스피킹은 최근에 각광을 받고 있지만, 사실 아주 오래전부터 사용되어 왔으며 그 효과가 검증된 학습 방식이다. 다음과 같은 사례에서 쉐도우 스피킹이 얼마나 외국어 습득에 탁월한 효과를 나타내는지 볼 수 있다.

① 1980년대에 핀란드는 우리나라와 같이 문법 위주의 영어 학습을 시켰으나, 지금은 쉐도우 스피킹처럼 원어민의 목소리를 듣고 따라 하는 방식의 교육을 채택하여 공교육만으로도 70% 이상의 국민들이 영어를 자유롭게 구사할 수 있게 되었으며, 전 세계적으로 영어를 가장 잘하는 나라 중에 하나가 되었다.

② 2010년 미국에서 11명의 러시아 스파이가 검거된 적이 있다. 이들은 너무나 완벽한 미국식 발음과 악센트를 사용하여, 이웃이나 친구들도 정체를 알아채지 못 했다고 한다. 이들이 완벽한 미국식 영어를 습득하기 위

해 채택한 학습법도 쉐도우 스피킹이었다.

③ 영화배우 톰 홀랜드는 영국 태생이나, 미국인들의 다정한 이웃인 스파이더맨 연기를 해야 했으며, 이를 위해 완벽한 미국식 발음을 구사해야만 했다. 그는 쉐도우 스피킹 훈련을 통해서 완벽한 미국 발음을 할 수 있게 되었다.

어학연수를 가지 않아도, 외국에서 대학을 졸업하지 않아도, 고액의 회화 학원을 다니지 않아도, 원어민 개인레슨을 받지 않아도 쉐도우 스피킹을 통해 영어 학습을 한다면 누구라도 프리토킹이 가능한 수준의 영어 실력을 키울 수 있다.

— Special Thanks —

아빠에게 책을 쓰라고 펜을 선물해 준 큰아들 용우,

책을 쓸 때마다 시원한 물을 떠다준 막내 성우,

그리고 언제나 나를 응원해 준 사랑하는 아내에게…

그외 책이 출간되기까지 영어 음성 녹음과 감수를 도와준 모든 분들께 진심으로 감사 드립니다.

Chapter 1.

10+n년 공부면
영어 마스터하고도
남았을 텐데

1-1

내다 버린 10년 영어공부, 도대체 왜?

"You can practice shooting eight hours a day, but if your technique is wrong, then all you become is very good at shooting the wrong way. Get the fundamentals down and the level of everything you do will rise."

"당신들은 하루에 8시간 동안 슛 연습을 할 수 있다. 하지만 당신의 기본적인 기술이 틀렸다면, 잘못된 방법의 슛을 잘하게 될 것이다. 기본적인 것부터 정리하면 당신은 더 발전할 수 있다."

— 농구 황제 마이클조던

영어공부도 마찬가지다. 즉, 영어공부에 왕도는 없다. 훈련을 많이 한 사람이 잘 할 수밖에 없다. 하지만 잘못된 방법으로 계속 훈련하는 것은 상황을 더 악화시키기 때문에 올바른 방법으로 학습해야 한다.

내가 기억하기로는 초등학교 때부터 대학을 졸업할 때까지 학교에서 영어수업이 빠졌던 적은 없었던 것 같다. 오히려 국 · 영 · 수 중심의 수업이 말하듯이 영어는 늘 교과 과목에서도 중심과목 중 하나였다. 그리고 내 기억에도 가장 많은 학습 시간을 할애한 과목 중 하나가 영어였던 것 같다. 외우고 또 외우고, 그렇게 외우고 나서 시험을 보고나면 실제로 나에게 남는 것은 별로 없었다. 그리고 나에게 영어에 대한 또 다른 기억은 어려운 문법책으로, 영어를 공부했는지 한자를 공부했는지 모르는 시간으로 기억에 남았다. 이런 종류의 문법책들은 일본의 영어책을 기반으로 쓰인 책들이었다. 그래서인지 유난히 이해할 수 없는 한자가 많았다. 일례로 leave, arrive라는 단어를 '왕래

발착동사'라고 배웠던 기억이 난다. 영어 문법도 어렵고 생소했는데 한자까지 더해지니 한층 더 어렵고 난해하게 느껴졌다.

성인이 되어 영국에서 영어를 배우면서 영어 문법에는 그러한 용어가 없다는 것을 처음으로 알게 되었다. 우리는 왜 영어를 그렇게 어렵게 배웠을까? 영어만으로도 어려운데 왜 더 어렵게 학습을 했을까?

아무튼 나는 쉬지 않고 10년 이상 영어를 공부하고 나서 영국으로 갔다. 그럼에도 불구하고 영어를 한마디도 할 수 없어 그동안 내가 무슨 공부를 했는지 너무 허탈했던 기억이 난다. 심지어는 아주 쉬운 단어인 apple을 말하는 것조차 자신이 없었다. 영어공부의 근본적인 목적이 커뮤니케이션을 통한 생각의 교환임에도 불구하고 문법을 외우고, 단어를 외우고, 실제로 사용하지도 못하는 동사 변형만 달달 외웠기 때문이었다.

말을 해 보지 않은 단어는 절대로 입 밖으로 나오지 않는다는 사실을 그때 알았다. 이는 평소에 노래 가사만 외운 가수가 어느 날 갑자기 무대에 올라 노래를 할 수 없는 것과 같다.

지금은 예전과 달리 말하기 위주의 영어 학습법이 많아지고 시험도 말하기 위주로 많이 바뀌었다. 하지만 여전히 영어를 어렵게 만드는 환경은 크게 변하지 않은 것 같다.

주위에서 보면 '영어 단기 완성, 속성 3개월, 영어 1년만 하면 원어민처럼 될 수 있다'와 같은 문구를 심심찮게 볼 수 있다. 영어는 기본적으로 모국어가 아닌 다른 나라의 언어이다. 어떻게 외국어를 1년 안에 모국어처럼 배울 수 있다는 말인가? 언어 학습에 필요한 최소한의 시간은 우리가 모국어를 배우는 데 필요했던 시간을 계산해 보면 알 수 있다. 모국어인 한국어를 배우는 데 있어서 우리는 얼마나 많은 시간을 썼을까? 아이들의 뇌는 스펀지 같아서 모든 것을 흡수한다. 특히 언어에 있어서는 경이로울 정도이다. 이러한 아이들조차도 모국어를 배우기 위해서 생각보다 많은 시간을 들인다. 아이들도 7년 정도의 시간이 지나야 모국어로 의사소통이 가능한데, 머리가 이미 굳은 성인이 어떻게 외국어를 1년 만에 배울 수 있다는 말인가? 물론 영재발굴 텔레비전 프로그램에 나오는 일부 어학의 천재들은 가능할지도 모르지만, 일반 성인에게는 절대로 일어나지 않는 일이다. 그렇기 때문에 영어공부는 많은 시간이 걸린다는 것을 받아들여야 하고, 중간에 좌절하거나 포기해서는 안 된다. 어학연수를 가서 1~2년 동안 공부한다고 하더라도 영어를 유창하게 말할 수는 없다. 그나마 한국 사람들을 만나지 않고 나름 열심히 해야 생활영어 정도 가능한 수준이 된다. 물론 한국에서 정말 올바른 방식으로 열심히 준비한 사람은 1~2년 현지 생활로 상위 레벨까지 실력을 높일 수 있다. 하지만 이러한 경우는 극히 드물다.

생활영어가 아닌 비즈니스 영어로 범위를 넓히면 문제는 더 심각하다. 한국에서 영어공부를 10년 이상 하고, 외국에서 어학연수를 해도 영어를 막상 생활영어가 아닌 실전에서, 즉 비즈니스 상황에서 사용하기는 더욱 어렵기 때문이다.

생활영어에서는 잘 못 알아들어도 큰 문제가 되지 않지만, 비즈니스 상황에서는 한번 잘 못 알아들으면 돌이킬 수 없는 손실로 돌아오기 때문이다. 그래서 비즈니스 영어는 생활영어보다는 다소 높은 수준의 영어실력이 요구된다.

외국에서의 장기 체류로 어느 정도 상위 레벨까지 도달하지 않았거나, 아예 국내에서만 공부했다면 영어를 실무에 적용하기는 더욱더 쉽지가 않다. 영어라는 사실 만으로도 울렁증이 나는데 거기에 복잡하게 얽혀 있는 비즈니스를 풀어내야 하기 때문이다. 하지만 영어를 외국어로써 받아들이고 삶의 일부로 받아들인다면 비즈니스 영어라고 해서 정복이 불가능한 것만은 아니다.

지금도 늦지 않았다. 한 번 배우면 평생 기억하게 되는 자전거 타는 법처럼 영어를 배워야 한다. 원리는 모국어를 배우는 방식과 동일하다. 모국어를 배울 때처럼 반복적으로 많이 말하고, 듣고, 쓰면 된다. 공부라고 생각하면 부담스러울 것이다. 그냥 말을 배웠던 것처럼 생활 속에서 자연스럽게 하면 된다. 처음에는 어렵겠지만 하루하루 지나면서 자신감은 점점 높아질 것이다.

이렇게 공부하고 나면 외국에서 어학연수 1~2년 갔다 온 사람들보다 훨씬 더 영어를 잘 할 수 있다. 실제로 유학 또는 어학연수를 가지 않고도 원어민에 가까운 영어를 구사하는 사람들이 종종 있다. 그 사람들은 모두 영어를 공부가 아닌 언어로 받아들이고 반복을 통하여 체화하여 습득했기 때문이다. 학습이나 공부가 아니고 그냥 언어를 익힌 것이다.

이왕 영어공부를 시작했으면 써먹어야 한다는 것이 나의 지론이다. 아무리 열심히 공부해도 써먹지 못하면 다시 퇴화하고 아까운 시간만 낭비한 것이 되고 만다. 언어는 쓰지 않으면 퇴화한다. 이는 한국말도 예외는 아니다. 모국어도 퇴화하는데 어학연수 잠깐 다녀왔다고 사용하지 않으면 도로 퇴화하는 것은 어찌 보면 너무나 당연한 것일지도 모른다. 반대로 매일 매일 생활화하면 굳이 어학연수를 다녀오지 않아도 프로페셔널한 영어를 구사하는 날이 올 것이다.

지금 우리는 글로벌 시대에 살고 있다. 생활 영어가 아닌 비즈니스 수준의 영어를 구사할 수 있다면, 더 많은 삶의 기회를 얻을 수 있을 것이다. 따라서 내가 힘들여 오랜 시간 깨우친 노하우를 나누고 싶다. 올바른 방법을 통해 열심히 공부한다면 적어도 영어 때문에 불이익을 당하는 상황은 없을 것이다. 솔직히 말해서 영어공부에는 왕도가 없다. 많은 시간을 투자한 사람이 잘 할 수밖에 없다. 하지만 올바른 학습법을 선택하느냐, 못하느냐에 따라서 10년 공부할 것을 2~3년 안에 할 수는 있다. 올바른 방식으로 열심히 익히면 원어민의 수준까지는 가지 못하더라도 적어도 연수를 가서 대충 공부한 사람보다는 훨씬 잘 할 수 있다.

만약 영어를 일정 수준 이상으로 익혔다고 하자. 계속 유지할 수 있을까?

언어는 앞서 설명한 대로 쓰지 않으면 퇴화한다. 해외 영업을 하다 보면 월요일 영어와 금요일 영어가 다르다는 것을 알 수 있다. 이렇게 오랜 시간 영어공부를 했음에도 월, 화, 수, 목, 금 지나면서 영어 실력이 늘었다 줄었다 한다. 성인이 되어서 외국어를 배운 사람들은 모두 비슷한 경험을 가지고 있을 것으로 생각한다.

영어를 익히는 것도 중요하지만 지속적으로 유지하며 실력을 늘리는 것은 또 다른 얘기인 것 같다. 누구나 정말 독한 마음을 먹으면 1~2년 동안 영어를 익혀 어느 정도까지 실력을 올릴 수 있다. 하지만 이렇게 고생해서 습득한 영어라도 지속적으로 쓰지 않으면 실력이 다시 줄어든다. 강한 동기부여 없이 영어를 계속 사용하고 익히는 데는 한계가 있다. 동기부여를 가장 많이 받기 위해서는 영어를 많이 쓰는 환경에 노출되어 있어야 한다. 영어를 많이 쓰는 환경에 있어야 자신이 얼마나 부족한지를 알게 된다.

나도 해외 영업 초반에는 영어로 하는 미팅이 끝날 때마다 마치 대국에서 패배한 바둑기사처럼 나의 영어를 복기하고 실망했었다. 그리고 다음에는 실수했던 문장을 수백 번 반복해 연습하곤 했다.

독학이나 어학연수로 어느 정도 실력을 쌓았다면, 영어를 많이 쓰는 환경에 자신을 지속적으로 노출시켜야 한다. 가장 좋은 환경은 해외영업팀 특히 외국인들과 같이 일할 수 있는 곳에서 일하는 것이다. 생활영어는 긴장감이 없기 때문에 일정 정도 실력이 붙으면 쉽게 할 수 있다. 하지만 비즈니스 상황에서의 영어는 긴장을 놓칠 수 없다. 긴장하는 삶 속에는 달콤한 열매가 있다. 1년, 2년이 지나면 영어에 대한 부담이 없어지고 어떤 날은 영어를 말하는 것 자체가 즐거운 순간이 온다. 혼자서 아무리 열심히 공부를 한다고 해도 이러한 수준에 올라가기란 쉽지 않다. 영어를 편하게 하기 위해서는 여러 긴장되는 상황을 극복한 경험이 필요하기 때문이다. 이런 경험이 쌓이다 보면 어떠한 상황에서도 주도적으로 대화를 이끌어 나갈 수 있고 자연스럽게 농담도 주고받을 수 있다.

처음 영국에 가서 일본 친구를 만났을 때가 생각난다. 내가 그때도 영어를 잘 할 수 있었다면 보다 깊은 우정을 쌓지 않았을까 하는 아쉬움이 있다. 그 아쉬움을 원동력으로 영어 실력을 끌어올릴 수 있었다.

1-2

영어공부, 이제라도 달라져야 한다

성인의 영어공부는 아이들의 공부 방식과 달라야 한다. 지금은 과거의 영어 학습 방식의 잘못된 점을 인식하고 회화 위주의 영어를 교육하는 학원들이 많이 생긴 것 같다. 그래도 여전히 과거의 시험용 영어를 가르치는 학원들이 대부분이다.

어떤 사람들은 영어 문법공부 한번 없이 책만 반복해서 읽었더니 영어를 잘 할 수 있게 되었다고 하고, 어떤 사람들은 영화만 계속 봤더니 어느 날 영어가 들리고 말할 수 있게 되었다고 한다. 그러면 영어 학습에서 문법공부는 무의미한 것일까?

위의 말은 일부는 맞고 일부는 틀리다고 생각한다. 우리가 말하기 훈련의 비중을 너무 낮게 두어서 영어를 못하는 것은 사실이지만, 문법공부가 전혀 필요 없다는 말은 아니다. 잘 생각해 보면 한글을 배울 때도 우리가 문법을 배우고 이해를 했다. 우리는 자연스럽게 배운 우리말을 더 완벽하게 이해하기 위해서 국어 시간에 나름의 문법을 배웠다. 그렇기 때문에 우리도 영어를 배울 때 최소한의 문법은 알아야 더 빨리 이해하고 영어 문장을 받아들일 수 있다.

이러한 문법의 기초 지식 없이는 아무리 반복해서 들어도 이해를 할 수 없는 부분이 있으며, 이해를 하지 못하면 받아들이는 속도가 늦어지게 된다. 내 경우에 있어서도 기초 지식 없이 무조건 듣다가 어느 날 귀가 뚫리고 말문이 트이는 기적은 아쉽게도 일어나지 않았다.

내가 만약 처음 말을 배우기 시작한 어린 아이라면 문법공부 없이 영어를 배울 수도 있을 것이다. 하지만 우리의 뇌는 이미 모국어가 언어의 주인으로 자리를 잡고 있다. 그렇기 때문에 새로운 언어인 영어는 이해하지 못하면 받아 들이는 데 있어서 거부 반응이 올 수밖에 없다.

이와 같은 이유로, 무작정 반복하는 것보다 이해를 바탕으로 반복 연습을 하는 것이 보다 효과적이다. 따라서 성인의 영어공부는 다음과 같은 과정을 거쳐야 한다.

학습 - 이해 - 선별 - 반복 - 체화

성인의 뇌는 기존 학습한 지식들이 진리가 되어 자리 잡고 있다. 그러한 진리 속에 새로운 이질적인 지식이 들어가기 위해서는 기존에 습득한 지식과 연결해야 한다. 그렇기 때문에 성인들이 새로운 지식을 습득하려면 이해를 바탕으로 해야 한다. 영어를 이해하기 위해서는 문법적 지식도 일부 알아야 한다. 그렇기 때문에 문법은 학습할 필요가 있다. 하지만 과거의 방식으로 해서는 안 된다. 말하는 데 필요한 문법을 배워야 한다. 암기를 목적으로 해서도 안 된다. 이해만 하고 넘어가야 한다.

예를 들면, 다음과 같은 동사 뒤에는 to 부정사가 온다. 하지만 외워서 해결할 수 있는 문제는 아니다.

offer, decide, hope deserve, promise, agree, plan, manage,
afford, threaten, refuse, arrange, fail, forget, learn

이러한 동사들을 외웠다고 하더라도 말을 할 때 일일이 암기한 단어들을 기억해 내어 사용할 수 없기 때문이다. 그냥 많은 문장을 접하고 반복적으로 사용하다 보면 plan ~ing보다는 plan to가 자연스럽게 느껴질 때가 있다. 하지만 이러한 부분을 보다 쉽게 받아들이기 위해서 왜 이러한 동사 뒤에는 to가 오는지 원리 정도는 알아야 할 필요가 있다. to가 오는 동사들은 주로 미래지향적인 단어들이 많다. plan의 예를 봐도 과거에 있었던 일을 계획하지는 않는다. 미래의 일에 대해서 plan을 하는 것이다. 그렇기 때문에 to가 오는 것이다. 이렇게 문법적 배경을 알고 나면 굳이 외우지 않아도 받아들이기가 쉬워진다. 쉽게 받아들일 수 있는 이유는 우리가 이해를 했기 때문이다.

따라서 성인의 영어공부는 아이들처럼 이해 없이 반복 학습 만으로만 해결할 수 없으며, 이해를 먼저 해야 한다. 이러한 취지에서 보면 적당한 문법공부는 필요하다. 다만 다음과 같은 원칙을 따라야 한다.

① 암기에 너무 많은 시간을 소비하지 말 것

② 너무 깊은 내용의 문법공부를 하지 말 것 (회화에 필요한 정도만 습득한다.)

③ 실생활에 사용되는 문장으로 공부를 할 것 (영어를 공부하는 것은 말을 하기 위함이고, 말을 하기 위해서는 실생활에 사용되는 문장으로 해야 효율이 높다.)

④ 문제를 풀지 말 것 (수험생이 아니면 문제 풀이에 시간을 낭비할 필요는 없다.)

이와 같은 원칙을 가장 잘 따르는 문법책은 Cambridge에서 발간한 〈English Grammar in Use〉이다. 나도 영국에서 영어를 공부할 때 이 책을 마치 바이블처럼 외웠던 기억이 난다. 기존 한국의 문법책과는 다른 접근 방식으로 영어를 언어로써 받아들이는 데 많은 도움을 주는 책이다. 이 책을 공부하는 것만으로도 영어공부의 큰 전환점을 마련할 수 있다.

※ 쉐도우 스피킹 실천편에서 자세한 학습법을 소개하기로 하겠다.

1-3

어학연수를 가면 영어를 잘 할 수 있다?

많은 사람들이 하는 오해 중에 하나가 어학연수를 가면, 외국에서 대학을 나오면 영어를 잘 할 수 있다는 착각이다. 어찌 보면 본인이 영어를 못하는 것에 대한 당위성을 찾는 것일지도 모르겠다. 하지만 현실은 어학연수를 다녀와도, 심지어 외국에서 대학을 나와도 영어를 잘 못하는 사람들도 많다. 반대로 외국도 한 번 가보지 않은 사람 중에서도 영어를 원어민 수준으로 하는 사람들이 많이 있다. 영어는 의지의 문제이지 장소의 문제는 아니기 때문이다. 물론 어학연수를 가고 해외로 대학을 가면 영어를 잘 할 확률이 높아지는 것은 사실이다. 하지만 어학연수나 외국에서의 생활이 영어학습의 필수조건은 아니라는 것이다.

많은 영어포기자들을 보면 "나도 어학연수 가면 영어 저만큼은 하겠다."라고 말한다. 이런 핑계를 대면서 스스로가 영어를 못하는 것에 대해 합리화하는 경우가 많다. 장담하건대 이런 사람들은 어학연수를 가도 영어를 잘할 확률은 매우 낮다. 그곳에는 또 그 곳 나름대로 공부를 못하게 되는 이유가 있기 때문이다. 어학연수를 가면 막연히 외국인과 영어를 많이 할 것 같지만 실상은 그렇지 않다. 어학연수를 가도 본인이 영어를 못하면 대화를 할 수 없다. 즉, 어학연수는 일정 수준 이상으로 영어를 잘하는 사람들이 실전 감각을 키우기 위한 선택이다. 영어를 아예 못하는 사람들에게는 효과가 많이 떨어진다.

어학연수를 가면 학교에서 많게는 오전 9시부터 오후 4시까지 하루 6시간 수업을 듣는다. 하지만 정작 말하는 시간은 그리 많지 않다. 선생님들이 주로 말을 하고, 한 반에 10명 정도의 학생들이 있으니 1시간 수업을 한다고 하더라도 정작 본인이 말하는 시간은 1시간 수업 중 2분 30초 남짓이다. (50분 수업 10분 휴식 기준) 6시간 수업을 해도 결국 15분 정도 말하는 것이다. 이 정도는 한국에서도 충분히 할 수 있다. 오히려 쉐도우 스피킹으로 혼자 하는 것이 더 효율적일지도 모른다.

어학연수 시 하루 종일 말할 수 있는 시간 (1 time 50분 수업기준)

- 선생님과 학생의 말하는 시간 비중 = 50:50
- 학생들이 말할 수 있는 시간 = 50분/2 = 25분
- 학생 한 명당 말할 수 있는 시간 = 25분/10명 = 2분 30초

∴ 하루 6시간 수업 기준 학생 한 명당 수업시간에 말을 할 수 있는 총 시간 = 2분 30초 × 6 = 15분

그러면 학교 밖에서의 생활은 어떨까? 별다른 알바를 할 필요가 없는 사람들의 기준으로 봐도 학습 시간은 그리 많지 않아 보인다. 특별한 이유가 아니라면 원어민들과 영어를 잘 못하는 상태에서 친구가 되기 쉽지 않기 때문이다. 원어민이 호의로 다가온다고 해도 몇 마디 인사 정도를 하고 나면 할 말이 없어진다. 그래서 외국인 친구를 사귀게 되어도 주로 비슷한 처지에 있는 중국, 일본 등에서 온 친구를 만나게 된다. 영어실력이 고만고만하기 때문에 실력 향상에 큰 도움이 되지 않는다. 이마저도 계속 유지하면 다행이다. 어느 정도 시간이 지나고 나서 외국생활에 익숙해질 정도가 되면 한국 음식, 한국 사람, 한국 드라마, 한국 영화 등이 그리워진다. 그러다 한국인끼리 삼삼오오 모여 한국 음식을 해 먹고, 한국 드라마를 같이 보고, 술 한 잔 하면 천국이 따로 없다. 이런 생활에 빠지면 학교도 잘 안 나가게 되고 영어는 슈퍼에서 물건을 살 때 "How much is it?" 정도만 하게 된다. 그리고 시간이 쏜살과 같이 빨리 간다. 1년이란 시간이 상당히 긴 시간인 것 같겠지만, 금세 지나간다. 이제 돌아가야 할 시기인데도 별반 달라지지 않은 자신을 발견하게 된다. 돈은 돈대로 쓰고 고생은 고생대로 했는데 남는 것이 없게 되는 것이다. 그리고 한

국에 돌아가면 시험성적이라도 잘 받아야 한다는 생각에 한국에서 보던 문법 책을 펴들고 다시 시험공부를 시작한다. 이 글을 읽으면서 나는 안 그럴 자신 있다고 말하는 사람들도 있겠지만, 인간은 환경에 지배를 받는 나약한 존재이다. 이런 상황을 극복할 강한 의지가 있는 사람들은 한국에서도 핑계대지 않고 충분히 영어를 잘 할 수 있다.

어학연수 중 가끔 영어를 거의 원어민처럼 구사하는 한국 사람들을 보게 된다. 그들 중 대부분은 이미 한국에서 독학을 하던 학원을 다니던 Advance 반 이상의 실력을 갖추고 온 사람들이다. 즉, 한국에서도 의지만 있다면 충분히 어학연수 이상의 영어 실력을 키울 수 있다는 것이다. 그 예시로는 요즘 최고의 인기를 누리고 있는 방탄소년단(BTS)의 리더인 랩몬스터가 있다. 그는 외국에서 공부를 하지 않은 순수 국내파였다. 미국 드라마를 보며 영어를 공부했다고 한다. 그의 영어 인터뷰를 보면 독학이라고 하기에는 믿기지 않는 실력에 놀라지 않을 수 없다.

나도 해외영업을 하다 보니 주변에서 어떻게 하면 영어를 잘 할 수 있는지 물어보는 사람들이 많이 있다. 그럴 때마다 영어로 스트레스를 받던 옛날이 생각나 하나에서 열까지 자세하게 설명해 줬다. 하지만 실천하는 사람은 한 명도 없었다. 그냥 회사에서 요청하는 영어 시험 점수로 스트레스를 받을 때 잠깐 하는 척만 한다.

여러분도 만약 진심으로 영어를 프리토킹이 가능한 수준까지 하고 싶다면 강한 의지와 동기부여가 있어야 한다. 영어공부를 지속할 수 있는 몇 가지 팁을 알려주면 다음과 같다.

1. 영어공부를 하는 큰 목표와 비전을 가져라

단순히 시험 성적을 잘 받겠다는 단기적인 목표보다는 더 큰 비전과 목표가 구체적으로 있어야 한다. 가령 죽기 전에 내가 다른 언어 하나는 익힌다, 3년 내 해외 비즈니스 팀으로 옮긴다 등 구체적인 목표가 있어야 중도에 포기하지 않고 지속할 수 있는 힘이 생긴다.

2. 하루도 빠지지 말고 매일 조금씩이라도 꾸준히 해야 한다

하루도 안 빠지고 매일매일 하는 것이 중요하다. 영어를 생활의 일부로 자연스럽게 만들어야 한다. 하루를 쉬면 이틀이 힘들기 마련이다. 어떠한 일이 있어도 지속성을 가지고 흐름을 끊지 않고 해야 한다. 책을 보기 싫다면 듣기라도 해야 하고, 듣기도 힘들면 영어로 된 영화라도 보면서 따라 해 보는 시간을 가져야 한다. 초심을 잃지 않는 것이 중요하다.

3. 지속적으로 동기부여가 될 수 있는 자극의 대상이 있어야 한다

자신의 영어 실력을 확인하여 지속적으로 동기부여를 받아야 한다. 시험도 한 가지 방법이고, 주변에 영어 잘하는 사람이 있어 많이 부딪히다 보면 자신의 부족함을 인정하고 지속할 수 있는 동기부여를 받을 수 있다. 피드백이 없으면 지속하기가 힘들다. 공부한 부분을 실생활 속에서 사용해 보고 본인의 발전된 영어 실력을 느끼거나 좌절감을 통해 더 공부를 열심히 할 수 있도록 자극을 받아야 한다. 아무리 혼자 열심히 해도 이런 외부 자극이 없으면 계속 해나가기 어렵다.

4. 영어를 유창하게 하는 자신의 모습을 상상하라

아무리 마음을 다잡고 열심히 해도 반드시 슬럼프는 찾아오기 마련이다. 포기하고 싶을 때엔, 영어로 막힘없이 말하는 미래의 자신을 상상하라. 영어 실력은 계단식으로 올라간다. 그렇기 때문에 계단을 오르기 전 슬럼프가 오기 쉽다. 이러한 위기를 극복하는 사람만이 영어 프리토킹이라는 달콤한 열매를 수확할 수 있다.

5. 영어를 자기 수련의 방법으로 삼아라

슬럼프가 찾아온 경우, 영어를 통한 자기수련 중이라는 생각을 되새기면 극복하는 데 도움이 된다. 마음속에 독기를 품어야 한다. "그래, 내가 죽기 전에 영어는 씹어 먹는다. 이번이 마지막이야. 딱 기다려!" 라고 생각하는 마음이 있어야 한다.

운전면허증을 따야 차가 생길 기회가 있듯이 인생에서도 회사에서도 영어를 잘 해 두면 좋은 기회가 오게 되어 있다. 그렇지 않고 기회가 왔을 때 준비해야지 생각하면 늘 늦는 게 인생이다. 독학으로 공부하여 전 세계적으로 국위 선양을 하고 있는 랩몬스터의 영어를 들으면서 목표를 잃지 않길 바란다.

	랩몬스터 독학으로 영어공부_미국 TV show 출연
	BTS UN 연설

1-4

회화학원에 다니면 영어를 잘 할 수 있다?

앞서 잠깐 설명한 대로 영어 학습을 위해 가장 많이 선택하는 방법 중 하나가 회화 학원이다. 요즘에 보면 정말 고액의 회화 학원들이 많이 생겼다. 이런 학원들은 과연 얼마나 효과가 있을까? 우리는 같은 시간과 같은 자원을 사용했을 때 최대한 효과가 높은 방식을 신중히 선택해야 한다.

가장 효과적인 영어 학습은 개인이 학습한 부분을 실제로 사용해 보면서 지속적으로 동기부여를 받는 것이다. 회화 학원에 가서 학습한 부분을 사용해 보고 실전처럼 연습한다는 측면에서 본다면 학원이 그렇게 나쁜 선택은 아닐 것이다. 어쩌면 꼭 필요한 부분이라고 할 수 있다. 하지만 우리의 소중한 시간, 소중한 돈을 사용하면서 어떤 효과를 볼 수 있을지 다음과 같은 관점에서 고민해 봐야 한다.

1. 회화 학원에 다닐 정도의 실력이 되었는가?

영어회화 학원에서 효과를 극대화하기 위해서는 본인이 영어 스피킹에 대해서 기초 실력이 되어 있어야 한다. 그렇지 않다면 수업시간에 스피킹 훈련이 아닌 리스닝 훈련을 하는 것과 같다. 아무리 좋은 수업이라도 본인이 말을 하지 못한다면 아무 소용이 없다.

따라서 수업 시간에 배운 것을 테스트하고 피드백을 받을 소스가 없는 상태라면 혼자서 일정 수준까지 쉐도우 스피킹을 통해 학습을 하는 것이 좋다.

2. 말을 할 수 있는 시간과 기회가 충분히 있는가?

실력이 된다고 하더라도 막상 학원에 가보면 말을 할 수 있는 기회가 그렇게 많지는 않다. 회화 학원은 보통 50분 수업을 하는 경우가 많고, 한 class에 약 10명 남짓한 학생들이 수업을 듣는다. 이러한 경우 선생님이 말하는 시간이 약 50%를 차지하고 나머지 10명의 학생들이 25분을 나누어 말을 한다. 말을 열심히 한다고 해도 스피킹 훈련을 하는 시간은 많아야 고작 2분 30초 정도인 것이다.

이러한 훈련 시간으로 말문을 트고 영어를 체화하기에는 불가능하다. 오고 가는 시간을 포함하면 약 3시간 정도를 투자할 것이다. 3시간을 투자해서 2분 정도를 말하는 것이 과연 얼마나 효율이 높을까? 차라리 돈을 조금 더 내더라도 1 : 1 원어민 개인 레슨을 받는 것이 훨씬 효과적일 것이다. 개인 레슨이 비싸다고는 하지만 말하는 시간당 비용을 따져보면 학원보다 저렴할 수 있다. 효과 대비 비용을 생각한다면 학원만 고집할 것이 아니라 과감히 개인 레슨을 받는 것이 더 효과적일 수 있다는 말이다. 수영을 배울 때도 개인 레슨비가 비싸 보이지만 막상 받아 보면 단체로 받는 것보다 더 빠르게 수영을 배울 수 있다. 영어 학습도 이러한 관점에서 보면 마찬가지이다. 빠른 시간 안에 최대한 실력을 키우는 것이 인생에 더 많은 기회를 가져다준다.

3. 객관적인 레벨 테스트와 평가가 있는가?

영국에서 돌아와 그나마 열심히 공부한 회화 실력을 유지하기 위해 종로의 유명한 학원에 등록했었다. 반 배정을 받기 위해 입교 테스트를 받았으며, 다행히 최상위 등급을 받았다. 그리고 기대에 찬 첫 수업, 당연한 거겠지만 모두 한국 사람들로 구성된 반이었다. 하지만 더 큰 문제는 전혀 영어 level이 맞지 않았다는 것이었다. 소중한 시간을 내서 공부하러 왔는데 같이 배정을 받은 다른 학생들의 수준은 영국에서의 class 구분으로 따지면 lower intermediate (초·중급) 수준이었다. 내가 여기에 영어공부를 하러 온 것인지 영어를 가르치러 온 것인지 알 수 없는 마음이 들었고, 열심히 다녀 보려고 했지만 3일 이상 나가기가 힘들었다. 동기부여가 전혀 되지 않았기 때문이었다.

레벨이 맞지 않을 때 더 심각한 문제는 상대방의 잘못된 영어를 듣게 된다는 점이다. 이는 결과적으로 내 영어 실력에 악영향을 준다. 실제로 운동에서도 자신보다 고수인 사람과 게임을 하면 실력이 올라가고, 자신보다 하수인 사람과 게임을 계속하다 보면 실력이 퇴보한다. 영어도 예외는 아니다.

차라리 올바른 학습법으로 영어의 소리를 공부한 후 혼자서 쉐도우 스피킹 훈련을 하는 것이 효과적이다. 쉐도우 스피킹은 적어도 정확한 원어민의 발음과 억양 등 살아 있는 영어를 배울 수 있기 때문이다.

4. 학원보다는 전화영어가 대안이 될 수 있다

계속 강조해서 말하지만 영어공부를 지치지 않고 계속하기 위해서는 자신이 공부한 부분에 대한 피드백을 받는 것이다. 여기서 피드백이란 학습한 부분을 사용했을 때 상대방이 내 말을 이해하는데서 오는 뿌듯함일 수도 있고, 학습한 부분이 실전에 통하지 않는 것에 대한 좌절감일 수도 있다. 피드백은 자극을 주고, 자극은 공부를 계속하게 만드는 힘이 되므로 피드백은 중요하다.

따라서 우리에게 필요한 것은 적시에 받을 수 있는 피드백이다. 원어민 친구가 있다면 그들과 대화를 많이 하는 것이 가장 돈이 적게 들고 효과적인 방법일 것이다. 하지만 영어를 배우고 싶어 하는 대부분의 사람들은 아직 영어가 능숙하지 못하기 때문에 원어민 친구를 만들기가 쉽지 않을 것이다. 이때 피드백을 받기 위해서 선택하는 것이 학원이다.

하지만 학원은 앞서 말 한 것처럼 몇 가지 문제점이 있고, 개인레슨은 효과적인 반면 비용이 다소 높다. 이럴 때 대안으로 선택할 수 있는 학습법이 전화영어이다. 전화영어는 사실 난이도가 다소 높은 학습 방식이다. 왜냐하면 상대방의 얼굴, 표정 및 동작을 볼 수 없어 리스닝에만 의존해야 하기 때문이다. 전화영어로 훈련을 하고 나면, 직접 만나서 나누는 대화는 상대적으로 쉽게 느낄 수 있다.

그리고 전화영어의 또 다른 장점으로는 상대방이 보이지 않기 때문에 비교적 부끄러움 없이 마음 편하게 연습할 수 있다는 점이 있다. 잘만 활용하면 학원에 다니는 것보다 전화영어가 훨씬 효과적일 수 있다.

1-5

우리에게 가장 효과적인 영어공부법

앞서도 언급했듯 우리는 10년, 20년 이상 영어공부를 하고도 프리토킹을 하지 못하는 상황에 있다. 이렇게 말하면 영어가 정말 정복할 수 없는 거대한 산처럼 느껴질 수 있으나, 이렇게 오랜 시간을 투자해도 영어로 말하지 못하는 사람은 크게 두 가지 부류이다.

첫 번째는 말로만 영어공부를 한다고 하고 꾸준히 하지 않은 경우이고, 두 번째는 잘못된 방식으로 영어를 공부한 경우이다. 즉, 올바른 방법으로 일정 시간 이상 꾸준히 공부한다면 충분히 영어를 정복할 수 있다.

먼저 첫 번째 경우를 살펴보자. 사람들은 말로만 영어공부를 한다고 하고 실제로는 그러고 있지 않는 경우가 대부분이다. 이 부류에 속하는 사람들은 본인이 마치 영어공부를 상당히 오랜 기간 했다고 착각할 뿐, 실제로 공부한 시간을 보면 그렇지 않다. 학창시절에는 그나마 숙제나 시험을 보기 위해 암기 위주의 학습이라도 했지만, 그 이후에는 영어로 인하여 자존심이 상하고 굴욕감이 느껴진 경우에만 잠깐 영어공부를 하게 된다. 이렇게 잠깐 자극 받으면 고액 학원을 등록하고, 독한 마음을 먹고 공부를 시작하곤 한다. 하지만 오래가야 1~2달이다. 이내 다시 일상으로 돌아간다. 이러한 삶이 반복되면서 마치 영어공부를 엄청 오래 많이 한 것처럼 느껴진다. 그리고 몇 년이 흘러 왜 난 영어가 늘지 않을까 하고 자책을 하다가 포기하게 되는 과정을 거치게 된다. 2~3년의 시간을 따져보면 정작 영어를 공부한 시간은 잘해야 1~2달밖에 안 되는데 말이다. 이처럼 대부분의 사람들이 영어 학습에 많은 시간을 투자하지 않고 스스로 영어를 포기하게 된다. 영어를 잘하기 위해서는 꾸준히 오랜 시간 학습을 해야 한다. 그리고 일정 수준에 도달하기 전까지는 응집력 있게 공부해야 한다. 하지만 말처럼 쉽지는 않다.

두 번째의 경우는 첫 번째의 경우보다 조금 더 억울한 경우라고 할 수 있다. 시간은 많이 투자했으나, 기존의 잘못된 방법을 답습한 경우이다. 이상하게 한국 사람들은 뭔가를 외우고, 분석해야 공부를 한 것처럼 느낀다. 하지만 앞서도 설명했듯이 언어는 공부가 아니다. 아무리 많은 시간을 들여 단어를 외우고, 독해를 해도 말을 사용하지 않으면 큰 변화를 갖기가 매우 어렵다.

따라서 영어를 잘하기 위해서는 올바른 학습법으로 집중력 있게 일정 시간 꾸준히 말하는 연습을 해야 한다. 이렇게 말하면 많은 사람들이 얼마나 시간을 투자해야 편하게 영어를 쓸 수 있는지 궁금해 한다. 다른 책들처럼 이 책을 한 달만 보면 된다고 말하고 싶지만, 불행히 그건 사실이 아니다. 세상 어디에도 그런 마법 같은 책은 존재하지 않는다. 적어도 4년은 투자를 해야 한다고 본다.

경영학의 대가 피터 드러커는 배움에 있어서 끝이 없는 사람이다. 경제학만 공부하는 것이 아니라 미술, 역사, 인문학 등 배움의 영역이 매우 넓기로 유명하다. 그냥 넓은 것이 아니라 지식의 깊이 또한 전문가 이상이다. 그는 4년 동안 한 주제를 선정하여 미친 듯이 그 분야를 학습했다. 그가 만약 중구난방식으로 이것저것 손을 댔다면 결코 깊고 넓은 지식을 갖지 못하였을 것이다. 피터 드러커가 전문가가 되기 위해 4년을 썼기 때문에 영어도 4년이 필요하다는 것은 아니지만, 경험상 대략 다음과 같이 4년의 시간이 필요하다. 우리는 직장 생활을 병행하기 때문에 4년이라는 시간이 결코 긴 시간은 아니다.

1년차 - 영어의 기초 다지기(영어의 기본 이해, 기초 지식 정리)

2년차 - 쉐도잉 훈련(영어를 입에 붙이는 시간)

3년차 - 실전 훈련(연습한 영어를 업무나 대화에 사용하면서 발전시키는 단계)

4년차 - 영어 다듬기(발음, 어휘 등 영어의 고급화 단계)

4년 내내 전력 질주를 할 필요는 없다. 1년 동안만 다음과 같은 방법으로 튼튼한 기초를 쌓으면 나머지 3년은 편하게 학습할 수 있으니 미리 겁먹을 필요는 없다.

1. 반복 학습을 통해 학습 집중도를 높여야 한다

인간은 약 20분이 지나면 학습의 56%를 잊는다고 한다. 우리가 사회생활을 하면서 20분마다 공부를 하는 것은 불가능할 것이다. 하지만 적어도 전날 학습한 내용을 다음날에 복습하면 기억할 확률이 높아진다. 일정 시간을 주기로 반복하게 되면 우리의 뇌는 그것을 중요한 정보로 인식하고 장기기억 장치에 저장한다. 즉, 우리는 힘들게 학습한 내용들을 반복하지 않으면 금방 잊게 된다는 것이다.

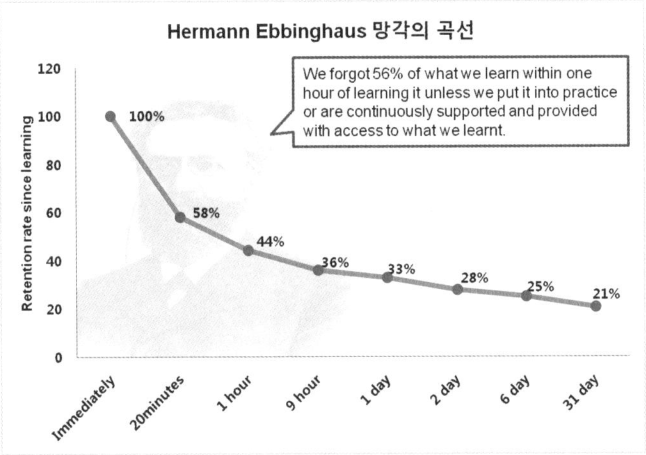

2. 철저한 시간 계획을 세우고 실행하라

우리에게는 모두 공평하게 하루 24시간이 주어져 있다. 하지만 어떤 사람들은 한 가지 일만 하기도 벅차하는 반면, 어떤 사람들은 같은 시간에 10가지가 넘는 일을 하기도 한다. 비밀은 바로 효율적인 시간 관리에 있다.

많은 사람들이 영어공부를 말할 때 시간이 없어서, 라는 말을 자주 한다. 하지만 버려지는 시간을 모아보면 충분히 영어공부를 하고도 남는다. 대부분의 사람들은 하루 24시간 중 8시간을 일하고, 8시간 잠을 잔다. 그러므로 우리가 나머지 8시간을 어떻게 사용하는가에 따라서 배움의 깊이와 넓이가 결정된다. 시간활용의 효율을 높이기 위해서는 다음과 같은 방법을 추천한다.

1) 아침 30분을 활용하라

많은 자기계발서들을 보면 아침시간의 중요성을 강조한다. 아침은 유일하게 타인으로부터 방해를 받지 않는 시간으로, 규칙적으로 무언가를 하기에 매우 좋은 시간이기 때문이다. 저녁에 뭔가를 하려고 하면 손님과의 약속, 동료 또는 친구들과의 술자리 등으로 인하여 규칙적인 학습을 하기가 매우 어렵다.

2) 출퇴근 자투리 시간을 사용하라

우리의 하루 일과를 보면 무심코 버려지는 시간이 상당히 많다. 이 중 가장 많은 시간이 출퇴근 시간이다. 우리는 하루 평균 왕복 90~120분 정도를 출퇴근 시간으로 사용한다. 이 시간을 잘 활용하면 일부러 시간을 내지 않아도 충분히 영어공부할 시간을 확보할 수 있다. 대중교통을 이용하는 사람들은 책도 볼 수 있고, 음성파일도 들을 수 있다. 만약 운전을 해야 하는 상황이라면, 오디오를 통하여 학습할 수 있다. 오디오 파일을 틀어놓고 따라 하는 쉐도잉 훈련도 할 수 있고, 여러 가지 상황을 설정해 놓고 혼자서 영어로 크게 말하는 프리토킹 훈련도 할 수 있다. 차 안은 프라이버시가 보장되는 완벽한 학습공간이 될 것이다.

우리의 일상생활을 잘 살펴보면 많은 자투리 시간을 찾을 수 있다. 화장실에 갈 때 하루 한 문장을 외운다는 목표를 세우고 문장 암기 연습을 해도 좋고, 누군가를 기다리는 시간에 책을 볼 수도 있다. 이렇듯 의지만 있으면 시간은 찾을 수 있다. 이런 시간을 잘 활용해 영어공부를 하는 것만으로도 몇 년

후 나에게 유창한 영어 실력이 남는다고 생각해 보자. 버려지는 자투리 시간의 활용만으로도 외국어 하나를 충분히 마스터 할 수 있고, 인생 자체가 바뀔 수 있으니 얼마나 근사한 일인가? 돈이 들지 않는 투자이니, 크게 잃을 것도 없다. 지금 바로 실천해 보도록 하자.

3) 주말 시간을 적극 활용하라(영어의 날을 지정하라)

평일에는 아침시간과 자투리 시간을 사용하면 된다. 하지만 영어를 잘하기 위해서는 어느 정도 집중할 수 있는 시간이 필요하다. 다행히 우리는 주 5일 근무를 하고 있어 주말 이틀을 온전히 사용할 수 있다. 이틀 중 하루는 영어의 날로 정하고 하루 종일 영어공부에 투자해 보자. 하루 종일이라고 해도 겁먹을 필요 없다. 받아들이기에 따라서는 행복한 시간이 될 수 있기 때문이다. 어떤 날은 하루 종일 읽고 싶었던 책을 영어로 읽을 수도 있고, 보고 싶은 미드를 하루 종일 볼 수도 있다. 그리고 외국인 친구를 사귀었다면 같이 여행을 가면서 하루 종일 영어를 쓰는 것도 방법이다. 본인에게 편하고 맞는 방법을 찾으면 된다.

마지막으로 다시 한 번 강조하지만, 영어를 잘하기 위한 왕도는 없다. 물리적으로 시간을 투자해야 하며, 꾸준히 반복적으로 그리고 집중력 있게 해야 일정 수준의 영어를 습득할 수 있다. 딱 1년만 영어에 빠져서 기본기를 다지고 2~3년 정도 말하기 훈련을 한다면 어느 날 영어가 편해지는 날이 올 것이다. 내가 경험해 본 것이니 믿어도 좋다.

Chapter 2.

1시간에 끝내는 영문법 (문법편)

2-1

영어 문법은 필요 없는 것일까?

우리가 영어공부를 망친 주요 원인 중 하나가 지나치게 편중된 문법공부였다는 것은 반박할 논지가 없는 사실이다. 이러한 상황에 대한 반대급부적 현상으로 최근에 나온 대부분의 영어 학습서는 문법을 배재한 공부법을 강조하며, 문법공부를 구시대적인 산물로 평가하고 있다. 그렇다면 정말 영어 학습에 있어 문법공부는 더 이상 의미가 없는 것인가?

우리가 만약 모국어를 완전히 습득하지 않은 어린아이라면 이 말이 사실일지도 모른다. 하지만 이미 모국어가 자리 잡혀 있는 성인에게는 문법공부가 어느 정도 필요하다. 성인들은 논리적으로 이해하지 못한 부분에 대해 쉽게 받아들이지 못하는 습성이 있기 때문이다. 예를 들면, 우리가 영어를 할 때 동사를 다른 품사의 형태로 바꿔서 쓰는 방법이 있다. 흔히 말하는 to 부정사, 분사, 동명사가 이에 해당한다. 이러한 문법적인 차이를 알고 사용해야 의미가 명확하고 자연스러운 영어 문장을 만들 수 있다. 다음과 같은 영어 문장을 살펴보도록 하자.

I remember closing the door.

I remember to close the door.

이 문장은 remember라는 동사와 close라는 동사 두 개가 한 문장에 쓰여 close를 준동사로 바꿔준 예이다.

하지만 하나는 현재분사 형태인 closing을, 하나는 to 부정사의 형태인 to close가 사용되었다. 무슨 차이로 인하여 이렇게 쓰이는 걸까? 많은 예제 문장을 반복하다 보면 경험이 쌓여 어느 순간 "아, 현재분사는 현재 일어나는 일 또는 과거의 상황을 설명할 때 쓰이고, to 부정사는 주동사의 시점보다 미래의 상황을 설명할 때 쓰이는구나." 하고 알 수도 있을 것이다. 하지만 모든 영문법의 규칙을 이렇게 경험으로만 알아야 한다면 크나큰 시간 낭비일 것이다. 이러한 것은 간단한 영문법만 알아도 충분히 쉽게 받아들일 수 있는 부분이기 때문이다. 영문법에서는 친절하게 이러한 단어들을 다음과 같이 나누어 놓고 있다.

예를 들면 hope, wish, expect, plan, decide, agree, arrange, promise, refuse, manage, deserve 등 미래형 문장에 어울리는 표현들은 뒤에 to 부정사가 오고 admit, miss, avoid, stop, postpone, deny, enjoy, suggest, mind, keep 등 과거형 내용에 어울리는 단어들 뒤에는 분사가 온다고 정리가 되어 있다. 예전처럼 우리가 이런 단어들을 달달 외워서 시험을 볼 필요는 없지만, 같은 문장에서도 전달하는 의미에 따라서 주동사 뒤에 분사가 올 수 있고, to 부정사가 올 수도 있다는 것을 알게 되면 영어 문장을 조금 더 쉽게 받아들일 수 있다. 이렇게 이해하면 문장을 볼 때 왜 동사변형이 이런 형태로 되었는지 알 수 있고, 쉽게 받아들일 수 있는 것이다.

여러분이 만약 영어공부에 무한대의 시간을 투자할 수 있고 모든 규칙을 경험으로 알아가길 원한다면 굳이 문법을 공부할 필요는 없다. 하지만 제한된 시간 안에 영어 실력을 높이고 싶다면 최소한의 영어 문법은 필요하다. 단, 과거의 실수를 되풀이 하지 않기 위해 다음과 같은 원칙을 지켜야 한다.

1. 실생활에 주로 쓰이는 문법과 예문으로 구성된 책으로 공부를 할 것

과거 우리가 주로 공부했던 영문법은 일본문법책의 번역서가 많았으며, 지극히 학문적인 내용이 주를 이루었다. 영문법을 일본어로 옮기고 다시 한국어로 번역하다 보니 이해하기도 어려웠고 예문은 너무 아카데믹하여 외워도 활용할 수 없었다. 누구나 학창시절에 왕래발착동사(arrive, leave 등), 사역동사(let, make, have), 지각동사(see, hear, feel, taste, smell) 등 이해하기 어려운 한자용어로 된 영문법을 공부했던 기억이 있을 것이다. 따라서 지금부터 공부하는 문법책으로는 실용 문장 위주로 구성된 Grammar In Use 같은 책을 추천한다. Grammar In Use는 일상에서 일어날 수 있는 상황을 예시로 들기 때문에 예문을 학습하는 것만으로도 영어회화 실력 향상에 많은 도움이 된다.

2. 영문법을 암기하려 하지 말고 왜 그런지 원리만 알고 넘어가라

앞서 설명한 대로 우리는 지나치게 문법을 암기하는 데 많은 시간을 써왔다. 그런데 머릿속으로 외운 문법은 말을 할 때 활용할 수 있을 확률이 낮다. 영문법은 어떤 문장을 봤을 때, 왜 이런 구조의 형태로 되어 있는지 이해하는 정도로만 공부하면 된다. 문법공부의 목적은 시험성적을 올리는 데 있지 않기 때문이다. 이해를 바탕으로 영어 문장을 접하게 되면 어느 순간 말이 되어 나온다. 다시 한 번 강조하지만, 문법공부의 목적은 암기가 아니라 이해를 바탕으로 영어 문장을 조금 더 쉽게 받아들이는 데 있다. 문법을 암기할 필요는 없지만, 일정 수준의 실력에 도달할 때까지는 반복 연습을 통해 체화할 필요는 있다. 즉, 문법을 암기하지 말고 영어회화에 바로 사용할 수 있는 영어 문장을 체화해야 한다. 암기와 체화는 비슷한 듯 다른 개념이다. 암기는 있는 그대로 기억하는 것이며, 체화는 머리로 기억하는 수준을 넘어 몸이 기억하는 것이다. 이는 우리가 자전거 타는 법을 한 번 배우고 나서 특별한 노력 없이 계속 탈 수 있는 이치와 같다.

3. 너무 깊게 들어가지 말 것

영문법도 깊게 들어가면 내용이 너무 많다. 영어 스피킹에 있어 사용 빈도가 낮은 부분까지 학습하기 위해 너무 많은 시간을 투자할 필요는 없다. 그러한 부분들은 예문을 통해서 습득해도 어렵지 않다. 한 가지 예로, 영문법에 보면 셀 수 있는 명사와 셀 수 없는 명사가 있다. rice, sand, water는 셀 수 없는 대표적인 명사로, 단어 앞에 a나 the를 붙일 수 없다. 하지만 이러한 영문법을 몰라 a나 the를 붙인다고 해도 어색하기는 하겠지만 의사소통 자체에는 지장이 없다. 이는 따로 암기하지 않아도 예문을 많이 접하다 보면 자연스럽게 알 수 있는 부분이다. 이러한 것을 정확히 맞추고 표현하기 위해서 셀 수 없는 명사의 리스트를 암기하는 데 시간을 쓸 필요는 없다. 그냥 "영어의 명사에는 셀 수 있는 명사와 셀 수 없는 명사가 있고, 셀 수 없는 명사 앞에는 a 나 the를 붙일 수 없다" 정도만 알고 있으면 예문을 통해서 자연스럽게 어떤 단어들이 어디에 속하는지 알 수 있게 된다. 그렇기 때문에 영어 문법공부는 한국말과 다른 부분만 짚고 넘어가도 큰 문제는 없다.

예를 들어, 영어의 시제와 한국어의 시제는 조금 다르다. 영어의 시제에는 한국말에 없는 부분이 몇 가지 있다. 그중에는 have + p.p. 로 암기했던 완료 시제 등이 있다. 그렇기 때문에 영어시제는 공부할 필요가 있다.

지금까지 설명한 대로 영문법을 배우는 것 자체가 잘못된 것은 아니며, 단지 비중을 최소화하면서 우리에게 꼭 필요한 영문법 위주로 학습을 해야 한다는 것이다.

2-2

1시간에 끝내는 영문법 (English Grammar Map)

앞서 성인은 영어 문장을 이해하기 위해 기본적인 문법을 알면 도움이 된다고 설명하였다. 그러면 또 다시 많은 시간을 들여 영문법을 학습해야 하는 것일까? 내 생각에는 그렇지 않다. 우리는 불행인지 다행인지 지난 오랜 시간 동안 이미 충분한 영문법을 공부해 왔고 어쩌면 문법 지식에 있어서는 이미 원어민을 능가할지도 모른다. 다만 어떻게 써야 하는지를 모르고 있을 뿐이다.

그 이유는 영문법을 학습할 때 큰 그림으로 이해한 것이 아니라 단편적인 부분만을 학습하여 지식이 연결되지 않아 활용하지 못하기 때문이다. 우리가 기존에 배운 영문법 지식을 바탕으로 1시간만 학습한다면 영어 문장을 만들기 위한 모든 영문법을 배울 수 있다.

이 책에 나와 있는 English Grammar Map은 영어의 모든 문장 구조를 설명할 수 있게 만들어졌다. 따라서 기존에 알고 있는 영문법 지식을 바탕으로 English Grammar Map을 보면 영어의 모든 문장 구조를 이해할 수 있다. 새로운 학습이 아니고 기존에 알고 있었던 지식들을 퍼즐처럼 맞추는 작업만 하면 된다. 그리고 이를 통해서 영어 문장을 이해하고, 새로운 문장도 만들 수 있을 것이다. 1시간이면 충분히 이해할 수 있는 내용이다.

하지만 한 번 이해했다고 덮어두지 말고, 새로운 영어 문장을 학습할 때 이해가 안 가는 부분이 있으면 이 English Grammar Map을 이용해 문장을 분석해 보길 바란다. 아마도 대부분의 영어 문장을 이해할 수 있을 것이다.

그리고 보다 수준 높은 영어구사 능력을 원한다면 이 책에 나오는 기준의 영문법 책으로 심화학습을 할 것을 권한다. 하지만 이 책에 나오는 English

Grammar Map의 영어 문장 구조만 이해해도 대부분의 영어 문장을 이해하고 만들 수 있다고 확신한다.

English Grammar Map

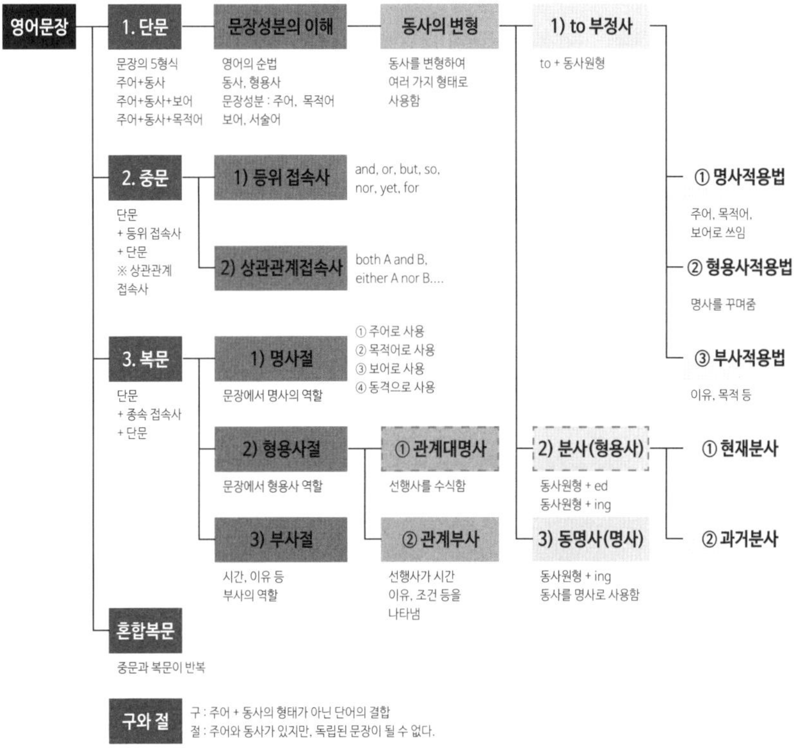

※ 이 책에 나오는 문법용어는 우리가 기존에 배운 지식 활용의 연장선에 있기 때문에 기존 문법 용어를 사용하였다.

2-3

영어 문장의 기본 구조

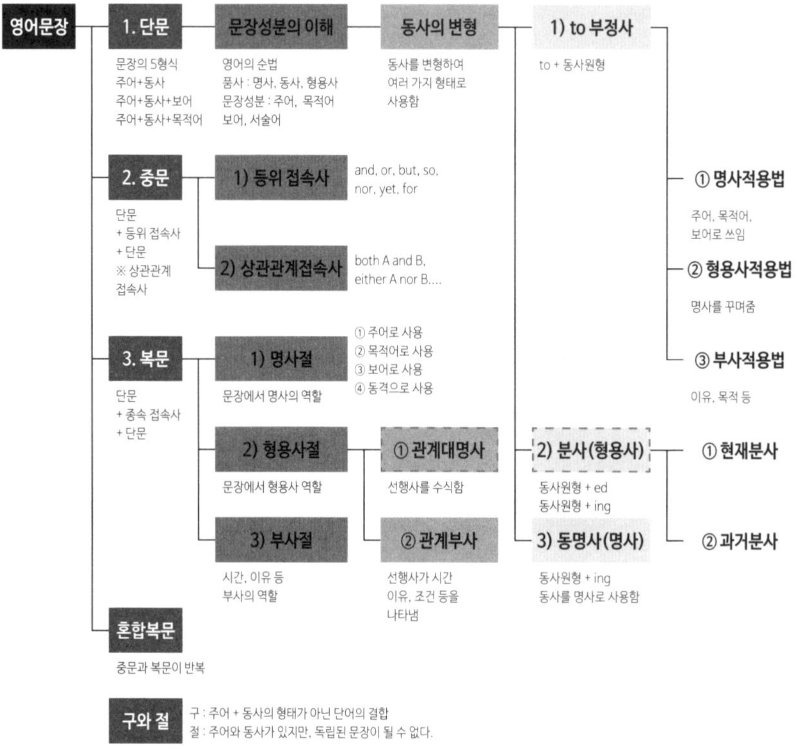

영어를 읽거나 쓰거나 말함에 있어서 우리는 영어 문장이 우리말과 다르기 때문에 어렵고 복잡하다고 생각한다. 우리의 학창 시절 기억을 떠올려 보면 알 수 있다. 우리는 영어를 배울 때 이해하지 못한 내용의 영어 문장으로 공부해서 영어 문법에 대한 거부감이 남아 있을 것이다. 하지만 영어 문장도 하나하나 보면 그렇게 복잡하거나 어렵지 않다. 중요한 것은 문장의 주요 성분과 수식 어구를 구분할 수 있는 능력이다. 즉 쉽게 말하면 주어, 동사(서술어), 목적어(보어)만 구분할 줄 알면 나머지는 다 문장 구조에 영향을 미치지 않는 수식어구로 보면 된다. 그리고 나머지 부분은 영어의 품사(8품사)가 어떤 자리에 오는지만 알면 아무리 어렵게 보이는 영어 문장도 만들거나 해석할 수 있다. 왼쪽 표에서 보는 것이 영어 문장구조의 전부이다.

영어 문장의 기본 구조는 주어, 동사가 한번만 있는 단문이다. 단문은 주어와 동사가 문장 내에 한번만 나오는 구조로, 우리가 학창 시절에 배운 문장의 5형식으로 구분할 수 있다. 사실 영문법에는 문장의 5형식이라는 말이 없다. 일본 영문법에서 영어의 모든 단문을 분석하여 5형식으로 구분하였으며, 우리는 그걸 그대로 들여온 것으로 보인다. 그렇다고 해서 이미 배운 것을 써먹지 않을 이유는 없다. 그리고 문장을 이해함에 있어 이 5형식의 분류법은 나름 유용하다. 아무튼 어렵게 배운 것이니 활용하도록 하자. 자세한 내용은 뒤에서 다시 설명하기로 하겠다.

모든 영어 문장은 단문으로 구성되며, 이러한 단문들이 접속사로 연결되어 복잡하게 보인다는 것이 핵심이다. 크게 보면 다음 4가지 형태를 벗어나지 않는다.

영어 문장의 종류

1) **단문**: 주어 + 동사가 한번만 나오는 구조

2) **중문**: 단문 + 등위 접속사 + 단문

※ 등위 접속사: 문장과 문장을 대등하게 연결하기 때문에 등위 접속사라고 한다. (등위 상관관계 접속사도 여기에 해당한다.)

3) **복문**: 단문 + 종속 접속사 + 단문

※ 종속 접속사: 주절과 종속절로 나뉘며, 종속절은 주절에 종속된 관계로 주절 없이는 존재할 수 없다.

4) **혼합복문**: 중문 + 복문

우리말이나 영어나 가장 간단한 의미를 전달하는 단위가 단문일 것이다. 하지만 계속해서 단문만을 쓰면 너무 단조롭고 끊어지는 느낌을 준다. 그렇기 때문에 단문, 중문, 복문을 적당히 섞어서 사용해야 자연스러운 문장을 만들 수 있다. 다음은 단문으로 형성된 문장의 예시이다.

I got up early in the morning. It was a Sunday. I had a late breakfast. I met a friend to have lunch. We went to the cinema. I felt tired. I came back home at 9PM. I went to bed at 10PM.

이렇게 쓴다면 너무 단조롭게 느껴질 것이다. 그래서 우리는 문장을 연결해서 다음과 같이 사용한다.

I got up early on Sunday morning but had a late breakfast. I went out to meet my friend and we went to the cinema after having lunch. I went back home at 9PM because I felt tired, and I went to bed at 10PM.

이렇듯 우리는 문장의 단조로움을 피하기 위해서 적당히 접속사를 이용하여, 중문과 복문 또는 혼합복문을 만들어 사용한다.

그렇다면 좋은 글과 말은 무엇일까? 화려한 구조로 중분과 복문을 늘려 쓰는 문장일까? 아니면 단조롭지만 단문으로 의미를 명확하게 전달하는 문장일까? 최근 한글이나 영어의 글쓰기에 있어서는 단문을 잘 쓰는 글이 좋은 글이라는 트렌드가 있는 듯하다. 하지만 개인적으로는 단문과 중문, 혹은 복문을 조화롭게 쓰는 글과 말이 가장 좋다고 생각한다.

2-4

영어 단문의 기본 구조

학습목표	영어 단문의 기본 구조 이해 영어 문장 구조 5형식 이해

※ 영어 문장 이해의 첫 걸음은 영어 문장의 기본구조인 단문의 구조를 이해하는 것이다.

✔ 학습목표

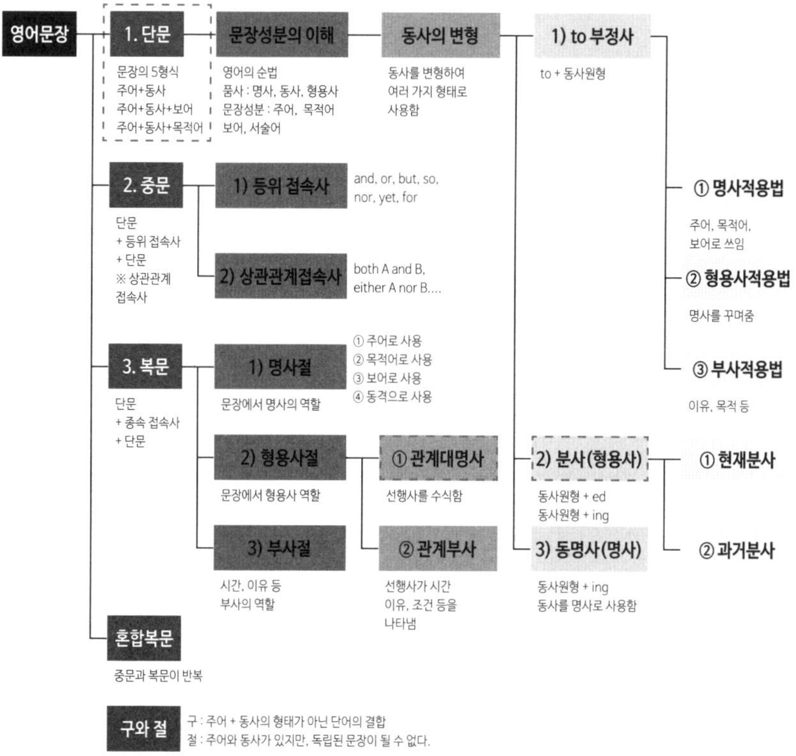

앞서 영어의 시작은 단문이라고 하였다. 그리고 이러한 단문이 접속사를 통하여 확장되어 중문, 복문, 혼합복문이 되고, 복잡해 보이는 구조가 된다. 그러면 우리가 가장 먼저 알아야 할 것은 영어 단문의 구조이다. 영문법에서는 단문을 주어와 동사(서술어)가 한번만 나오는 구조라고 설명하고 있다. 하지만 일본이나 한국의 문법에서는 영어 문장을 5형식으로 보다 복잡하게 구분하고 있다. 일단 배운 것을 활용하는 차원에서 영어 단문의 5가지 형태에 대해서 설명하도록 하겠다. 만약 이해가 안 간다면 단문은 주어, 동사(서술어)가 한번만 나오는 구조라는 것만 기억하면 된다. 주어나 동사(서술어)를 한번 더 쓰기 위해서는 접속사로 연결해 주거나 동사를 동사가 아닌 다른 형태로 변형해 주어야 한다. 문장 5형식을 이해하면 단문의 구조를 파악하는 데 용이하다.

우리가 영어의 5형식을 공부하는 궁극적인 목적은 영어 문장을 분류해내기 위해서가 아니다. 어떤 문장이 몇 형식 문장인지 아는 것은 커뮤니케이션에 아무 도움도 되지 않기 때문이다. 다만 영어를 쓰고, 읽고, 사용함에 있어 5형식 문장을 모르면 이해하지 못하는 부분이 생긴다. 특히 4, 5형식은 이러한 부분을 이해하는 데 있어서 도움을 준다.

예를 들면, 우리는 영어에 명사가 연속해서 올 수 없다고 배웠다. 영어에서 명사를 연속해서 사용하기 위해서는 apple and banana 처럼 접속사로 연결해 주거나 piece of cake처럼 전치사를 사용해야 한다. 하지만 4형식 문장에서는 이러한 원칙이 깨지게 된다. 예를 들면 He gave me a present. She bought me a car. 이처럼 4형식에서는 목적어를 나타내는 명사가 나란히 올 수 있다. 만약 우리가 이런 문장의 형식을 모르면 틀린 문장으로 생각할 수 있을 것이다.

5형식에서도 이처럼 중요한 포인트가 있는데, 동사가 변형 없이 원형으로 2개가 쓰일 수도 있고 to 부정사가 올 수도 있다는 것이다.

My mom makes me do the homework.

My mom asked me to do homework.

※ 5형식 문장에서 주동사로 사역동사(~를 시키다의 의미)가 사용되면 목적어 뒤에 목적격 보어로 동사원형 또는 to 부정사가 올 수 있다.

이처럼 makes와 do 2개의 동사가 한 문장에 나타날 수도 있고, asked 다음에 to 부정사인 to do가 올 수도 있는 것이다.

그러면 영어 단문의 구조를 이해하기 위해 먼저 문장의 5형식에 대해 본격적으로 알아보기로 하자. 앞서 말 한 것처럼 왜 이렇게 쓰이는지 문장의 구조를 이해하기만 하면 된다. 학습에 앞서 다음과 같은 기본 용어를 알아둘 필요가 있다.

문장성분	표시 형식	역할	우리말 해석
주어(Subject)	S	문장에서 행위의 주체	은, 는, 이, 가
동사(Verb) ※ 서술어	V	사람, 사물의 동작이나 상태를 나타냄	~다
목적어(Object)	O	동사가 나타내는 행위의 대상	을, 를, 에게
보어(Complement)	C	주어나 목적어를 보충 설명	
목적격 보어 (Object Complement)	OC	5형식 문장에서 목적어를 꾸며줌	
간접목적어 (Indirect Object)	IO	4형식 문장에서 목적어가 두 개일 때	~에게
직접목적어 (Direct Object)	DO	4형식 문장에서 목적어가 두 개일 때	~를

TIP PLUS!

동사의 종류로 나누는 문장 형식

영어에서 동사는 다음과 같이 크게 네 가지 분류로 나눌 수 있다.

1) **완전자동사:** 스스로 모든 걸 해결하는 동사이다. 목적어나 보어 없이도 완벽한 의미 전달이 가능한 동사들이 여기에 해당한다. 다음과 같은 1형식 문장을 만든다.

ex) He works. / He runs. / She cries.
(S) (V) (S) (V) (S) (V)

2) **불완전자동사:** 목적어까지는 필요로 하지 않지만 보어를 필요로 하는 동사가 여기에 해당한다. 다음과 같은 2형식 문장을 만든다.

ex) She is beautiful. / He became a doctor.
(S) (V) (C) (S) (V) (C)

3) **완전타동사:** 스스로 해결을 하지 못해 목적어를 필요로 하는 동사이다.

다음과 같이 3형식 문장을 만든다.

ex) He marries Jane.
(S) (V) (O)

결혼은 혼자 하는 것이 아니다. 따라서 Jane이라는 목적어가 없으면 문장이 성립하지 않는 것이다.

4) **불완전타동사:** 타동사라는 말이 들어가 있으니 목적어를 필요로 한다. 그런데 불완전하다는 말이 포함되어 있기 때문에 목적어 외 목적어를 보충해 주는 목적격 보어도 필요한 욕심쟁이다. 주로 다음과 같은 5형식 문장을 만든다.

ex) He made me happy.
(S) (V) (O) (OC)

made의 목적어로 me가 왔으며, 목적어인 me를 보충 설명해 주는 형용사 happy가 목적격 보어로 온 경우이다. me는 동사 made의 목적어이며, happy는 목적어인 me를 꾸며 주기 때문에 목적격 보어가 되는 것이다. 즉, 목적어인 me = happy가 성립한다.

※ 2형식 문장에서의 보어는 주어를 보충 설명해 주므로 주어(S) = 보어(C)가 성립하며, 5형식 문장의 목적격 보어는 목적어를 보충 설명해 주므로 목적어(O) = 목적격 보어(OC)가 성립한다.

그러면 이제부터 조금 세부적으로 문장의 1형식에서 5형식까지 알아보도록 하겠다. 먼저 알아야 할 부분은 1형식 문장이다. 1형식 문장의 구조는 다음과 같다.

문장 구조로 나누는 문장 형식

1. 1형식: S(주어) + V(완전 자동사)

주어가 ~을 한다.

He runs. 그가 달린다.
(S) (V)

1형식 문장의 핵심은 주어와 동사만 있으므로 동사의 자리에 목적어나 보어가 필요 없는 완전자동사가 온다는 것이다. 동사는 행위나 상태를 설명하기 때문에 대부분 목적어나 보어를 가질 수 있다. 하지만 완전 자동사처럼 의미 전달이 확실한 문장은 별도로 보어나 목적어가 필요 없다.

예를 들면, I run. (나는 달린다.) / She speaks. (그녀가 말한다.) / He laughs. (그가 웃는다.) 같은 문장이 있다.

이처럼 완전자동사는 목적어가 없어도 의미 전달이 명확하다. 그러나 다음 타동사는 목적어가 없으면 의미가 모호해진다. 그래서 목적어가 필요한 것이다.

• She saw me. (그녀가 봤다. 무엇을 봤는지 목적어 me가 없으면 의미가 불명확해진다.)
(S) (V) (O)

• He loves Jane.
(S) (V) (O)

(그가 사랑한다. 무엇을 사랑하는지 목적어 Jane이 없으면 의미가 불명확하게 된다.)

• I do the homework.
(S)(V) (O)

(나는 한다. the homework 이라는 목적어가 없으면 무엇을 하는지 알 수 없는 불완전 한 문장이 된다.)

이렇듯 saw, love, do는 목적어가 필요한 타동사인 것이다. 목적어 없이 그녀는 본다(뭘 보는지 알 수 없다), 그는 사랑한다(누구를 사랑하는지 알 수 없다), 나는 한다(뭘 하는지 알 수 없다) 등으로만 표현하면 완전한 문장이 되지 못한다. 따라서 이러한 타동사들은 불완전한 의미를 보충하기 위해 목적어가 필요하며, 이렇게 목적어가 필요한 문장을 3형식 문장이라고 한다. 따라서 3형식 문장의 구조는 다음과 같다.

2. 3형식: S(주어) + V(타동사) + O(목적어)

주어가 ~를 ~한다.

He loves me. 그가 나를 사랑한다.
(S) (V) (O)

1형식과 3형식의 차이는 그냥 목적어가 있고 없고의 차이로 이해하면 된다. 1형식에 사용되는 완전자동사는 목적어가 없어도 완벽한 의미 진달이 되어 목적어가 필요 없는 반면, 3형식의 문장에는 목적어가 필요한 타동사가 사용된다. 목적어만 필요한 타동사를 완전 타동사라 하고 목적격 보어까지 필요하면 5형식 문장에 사용되는 불완전 타동사라 한다.

그러면 2형식은 무엇일까? 영어의 2형식 문장은 목적어 대신 보어가 오는 경우이다.

3. 2형식: S(주어) + V(불완전 자동사) + C(보어)

주어는 ~이다.

He is a teacher. 그는 선생님이다.
(S)(V) (C)

보어란 말 그대로 보충해 준다는 의미이다. 우리는 일반적인 동사는 목적어의 필요 유무에 따라 타동사와 자동사로 나뉜다는 것을 알게 되었다. 하지만 영어에는 am, are, is라는 be 동사가 있다. 이런 be 동사로 구성된 문장은 보어가 있어야 완벽한 문장이 될 수 있다.

예를 들면 I am(나는) / She is(그녀는) / He is(그는) / They are(그들은)라는 문장은 무슨 말을 하는지 알 수 없는 불완전한 문장이다.

의미가 완벽한 문장이 되기 위해서 be 동사 뒤에 보어가 오는 것이며, 이러한 문장 구조를 영어의 2형식 문장이라고 한다.

보어로 2형식 문장을 완성하면 다음과 같다.

- I am a boy. (나는 소년이다.)
  (S) (V) (C)
- She is a girl. (그녀는 소녀이다.)
  (S) (V) (C)
- He is a student. (그는 학생이다.)
  (S) (V) (C)

이렇게 2형식 문장 안에서 be 동사는 있다, 없다, 이다, 아니다로 해석할 수 있다. 2형식 문장을 만드는 동사는 be 동사 외에도 다음과 같은 동사들이 있다.

- become: He became a doctor. (그는 의사가 되었다.)
  (S) (V) (C)
- get: He got old. (그는 나이가 들었다.)
  (S) (V) (C)

• go: It went bad. (이것은 상했다.)
(S) (V) (C)

• come: Our dream will come true. (우리의 꿈은 이루어질 것이다.)
(S) (V) (C)

이렇게 2형식을 만드는 자동사들은 많이 있으나, 동사 뒤에 오는 표현이 대부분 주어를 보충 설명해 준다는 점에서 3형식 문장의 목적어의 역할과는 구분된다. 따라서 2형식 문장은 '주어=보어'의 관계가 항상 성립한다.

➜ 보어와 목적어의 차이

보어는 말 그대로 주어나 목적어를 보충 설명해 주는 것이며, 목적어는 동사(서술어)가 가리키는 행위의 목적 또는 동사의 영향을 받는 대상이 되는 것이다. 다음의 예를 보자.

He is a doctor.
(S) (V) (C)

(전형적인 2형식 문장으로 보어인 a doctor는 주어인 He를 보충 설명해 주고 있다. 따라서 He = a doctor가 성립하는 2형식 문장이다.)

반면 He met a doctor.
(S) (V) (O)

(전형적인 3형식 문장이며, 동사 met의 목적으로 a doctor가 온 경우이다. 주어인 He = a doctor가 성립하지 않는다.)

지금까지 우리는 영어 문장의 1, 2, 3형식을 알아 봤다. 생각보다 어렵지는 않을 것이다. 사실 지금까지가 영어단문구조의 전부라고 할 수 있다. 나머지 4, 5형식 문장은 1, 2, 3형식의 변형이라고 보면 좋을 거 같다. 일단 4형식 문장을 알아보도록 하겠다.

문장의 형태는 다음과 같다.

4. 4형식: S(주어) + V(타동사) + I.O(간접목적어) + D.O(직접목적어)

주어가 ~에게(간접목적어) ~를(직접목적어) ~한다.

He gave me a present. 그가 나에게 선물을 주었다.
(S) (V) (IO) (DO)

간혹 이처럼 동사 하나에 목적어가 2개인 문장을 본 적이 있을 것이다. 우리말로 표현하면 "그가 나에게 선물을 주었다."와 같은 경우이다. 이 문장에서 나에게(~에게), 선물을(~을)이라는 2개의 목적어가 나온다. 이 문장을 영어로 표현하면 다음과 같다.

"He gave me a present."는 me와 present 두 개의 목적어가 한 문장에서 사용된 경우이다. 이러한 문장을 우리는 4형식 문장이라고 한다. 영어에는 이렇게 4형식 문장을 만드는 동사들이 있다. 과거 영문법에서는 이러한 동사들을 수여동사라고 표현하였다.

4형식을 만드는 수여동사(~를 준다는 의미로 사용되기 때문에 수여동사라 한다)에는 give, offer, ask, award, grant, bring, lend, cost, teach, remind 등이 있다. 말 그대로 주어가 목적어에게 뭔가를 주는 의미가 내포된 동사들이다.

이러한 수여동사로 문장을 만들면 다음과 같이 4형식의 문장이 된다.

- He gave me a Christmas gift. (그가 나에게 크리스마스 선물을 주었다.)
- My boss offered me another job. (내 상사가 나에게 다른 업무를 제안하였다.)
- Can you bring me that box? (그 상자를 나에게 가져다 줄 수 있니?)
- He taught me English. (그가 나에게 영어를 가르쳐 주었다.)

이해가 안 된다면, 이런 단어들 뒤엔 목적어로 두 개의 명사를 연속해서 쓸 수 있다고만 생각하면 된다. 그 외 형식의 문장에서 명사를 연속해서 두 번 이상 사용하기 위해서는 전치사 또는 접속사로 연결해 주어야 한다.

➔ 4형식 문장을 3형식 문장으로 변형하는 방법

4형식 문장은 전치사를 이용하여 다음과 같이 3형식 문장으로 변경 가능하다.

He gave me a birthday present. (4형식 문장)
(S) (V) (IO) (DO)

⇒ He gave a birthday present to me. (3형식 문장)
(S) (V) (O) (전치사구)

to me는 전치사구로 문장성분에 영향을 미치지 않기 때문에 주어 + 동사 + 목적어 구조인 3형식 문장이 되는 것이다. 이처럼 전치사를 이용하면 4형식 문장을 3형식으로 만들 수 있으며, 동사의 성격에 따라 다음과 같이 짝을 이루는 전치사가 있다.

① to를 선호하는 동사

give, allow, offer, pass, pay, sell, serve, wish, lend, show, grant, hand, owe, promise, send, teach, recommend, tell

② for를 선호하는 동사

make, buy, get, choose, prepare, sing, do, find, fix, build

She made me a cake. (4형식) ⇒ She made a cake for me. (3형식)
(S) (V) (IO) (DO) (S) (V) (O) (전치사구)

③ of를 선호하는 동사

ask, beg, inquire, require

He asked me a favor. (4형식) ⇒ He asked a favor of me. (3형식)
(S) (V) (IO) (DO) (S) (V) (O) (전치사구)

문장형식을 변경함에 있어 어떤 동사에 어떤 전치사가 오는지 일일이 외울 필요는 없으며, 의미를 생각하고 학습하면 된다. 예를 들면 give라는 동사는 누구에게 무언가를 주다 라는 의미이기 때문에 방향성을 나타내는 전치사 to

가 쓰인 것이고, make는 만들다의 의미가 있으며, 만드는 것은 누군가를 위해 만들 확률이 높기 때문에 전치사 for가 사용되는 것이다.

그러면 이제 마지막인 5형식 문장에 대해서 알아보도록 하자. 5형식 문장의 구조는 다음과 같다.

5. 5형식: S(주어) + V(타동사) + O(목적어) + O.C(목적격 보어)

주어가 ~에게(목적어) ~를(목적격 보어) ~하게 한다.

He made me clean the room. 그가 나에게 방을 청소하게 했다.
(S) (V) (O) (OC)

※ 5형식을 만드는 동사 중 사역동사가 오면 목적격 보어로 동사원형이 올 수 있다.

4형식 문장은 목적어로 사용되는 두 개의 명사가 연속해서 나오는 반면, 5형식 문장은 목적어 다음에 목적어를 부연 설명해 주는 목적격 보어가 오며, 목적격 보어로 동사원형, to 부정사, 현재분사, 과거분사 등이 올 수 있으며, 동사원형이 오는 경우 동사가 한 문장에 두 개가 사용된 것처럼 보일 수 있다.

이렇게 5형식 문장을 만드는 동사는 크게 보면 3가지가 있다. 하나씩 알아보도록 하자.

1) 사역동사(make, have, let; 남에게 어떤 동작이나 행위를 시킨다는 의미이다)

- I made my children clean the room. (나는 아이들에게 방 청소를 시켰다.)
  (S) (V) (O) (OC)
- I had him repair my car. (나는 그에게 내 차를 수리하게 시켰다.)
  (S) (V) (O) (OC)

2) 지각동사(see, watch, look, hear, listen, feel, notice, smell, taste; 보고, 듣고, 냄새 맡고, 느낌을 나타내는 동사이다)

- I saw her crying. (나는 그녀가 우는 것을 보았다.)
  (S) (V) (O) (OC)

- I heard my name called. (나는 내 이름이 불리는 것을 들었다.)
  (S) (V) (O) (OC)

3) to 부정사를 목적격 보어로 취하는 동사(ask, advice, allow, tell, enable, encourage, except, order, require, want, wish; 이러한 동사들 다음에는 to 부정사가 와서 5형식 문장을 만든다)

- I asked him to stay at my home during the vacation.
  (S) (V) (O) (OC) (전치사구)
  (나는 휴가기간 동안 그에게 내 집에서 머물도록 요청하였다.)
- He advised me to make a deal with his company.
  (S) (V) (O) (OC) (전치사구)
  (그는 나에게 그의 회사와 거래를 성사시키라고 충고하였다.)
- She wants us to make a reservation. (그녀는 우리가 예약하기를 원한다.)
  (S) (V) (O) (OC)

이제 우리는 영어 문장의 최소 단위인 단문의 구성에 대해 알아보았으며, 상기 5가지 유형이 영어 단문의 모든 구조이다. 복잡해 보이는 부분은 수식어구가 붙어서 복잡해 보이게 만든다는 것을 알게 되었다. 그리고 이러한 단문들이 접속사를 통해 중문, 복문, 혼합복문으로 확장되는 것이다.

➔ 혼동되는 4형식과 5형식 문장의 구별법

4형식 문장과 5형식 문장은 가끔 혼동이 오기도 한다. 예를 들면, 다음과 같은 문장이 있다고 하자.

- He called me a liar. (5형식) (목적어 = 목적격 보어, me = a liar)
  (S) (V) (O) (OC)
- He told me a lie. (4형식) (목적어 ≠ 목적격 보어, me ≠ a lie)
  (S) (V) (IO) (DO)

5형식은 목적어 뒤에 목적어를 보충 설명해 주는 목적격 보어가 온다. 따라서 첫 번째 문장에서처럼 me = liar가 성립되어야 한다. 두 번째 문장을 보면 me = lie가 성립하지 않는다. lie는 목적어인 me가 하는 것이 아니고 주어인 He가 하는 것이다. 따라서 이 문장은 5형식 문장이 아니라 4형식 문장인 것이다.

다른 5형식 문장을 몇 가지 더 예로 들어보자.

- I found the dish empty. (5형식)
  (S) (V) (O) (OC)

  dish = empty

- They told her to eat. (5형식)
  (S) (V) (O) (OC)

  her = to eat 목적어인 그녀가 먹는(eat)행위의 주체이다.

그러나

- They told her a sad story. (4형식)
  (S) (V) (IO) (DO)

  her = sad story의 관계가 성립하지 않는다(sad story를 말하는 주체는 her가 아니고 they이기 때문이다).

즉 목적어가 목적격 보어와 일치하면 5형식이고, 일치하지 않으면 4형식 문장인 것이다.

➔ 5형식 동사인 지각동사와 2형식 동사인 감각동사와의 차이점

5형식에 사용되는 지각동사와 2형식에 사용되는 감각동사는 단어가 같아 2형식인지, 5형식인지 혼동이 올 수 있다. 하지만 의미는 전혀 다르다. 지각동사는 주어가 의도적으로 지각을 하는 것이나 감각동사는 의지와는 상관이 없이 알게 되는 것을 말한다. 다음 두 문장을 비교해 보자.

- The room smells really bad.
  (S) (V) (C)

  (의지와 상관없는 것이므로 감각동사이며, 2형식 문장이다.)

  The room = bad (S = C)

- I smell something burning.
  (S) (V) (O) (OC)

  (의지를 갖고 냄새를 맡은 것이므로 지각동사이며, 5형식 문장이다. burning이 something을 부연 설명해 주는 목적격 보어의 역할을 하는 것이다.)

  something = burning (O = O.C)

2-5

품사와 문장성분은 무슨 차이일까?

학습목표

영어 품사의 이해
영어 문장성분의 이해
영어의 품사와 문장성분 차이의 이해

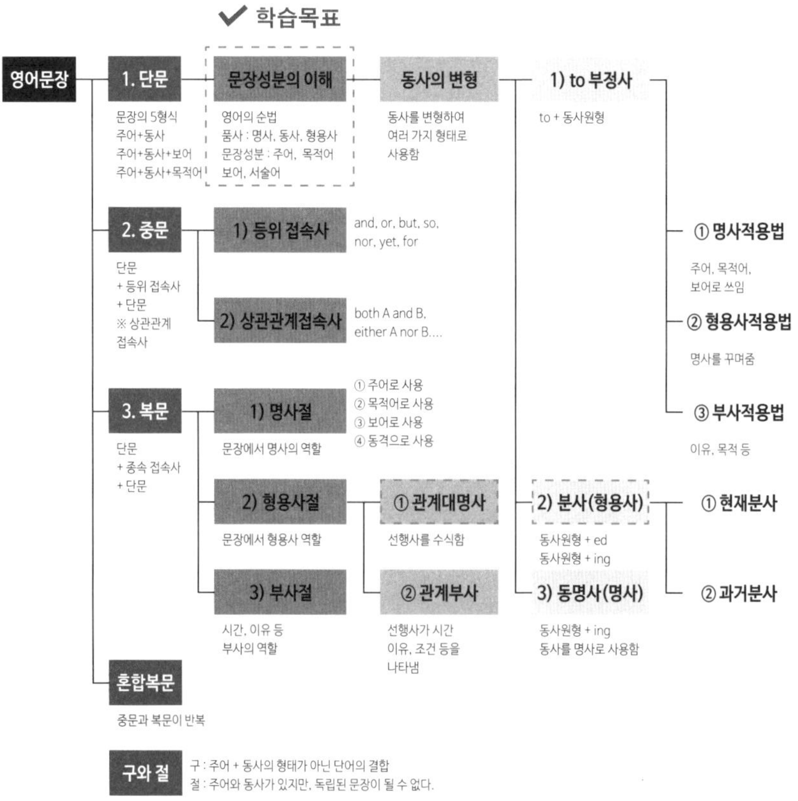

지금까지 우리는 영어 문장이 1형식에서 5형식까지 어떤 특징이 있는지 알아보았다.

단문의 구성에서 우리는 영어 문장을 주어, 보어, 목적어 등의 구성에 따라 5형식으로 구분할 수 있다는 것을 배웠다. 여기에서 주어, 동사, 목적어, 보어라고 불리는 명칭은 단어의 위치에 따라 달라지는 문장성분이고, 우리가 영어 단어를 사전에서 찾을 때 볼 수 있는 표현인 명사, 형용사, 부사, 동사는 위치가 바뀌어도 변하지 않는 단어가 가지고 있는 고유한 성질이며 이를 품사라 한다.

다시 정리하면, 영어의 단문은 주어, 동사, 목적어 등의 문장성분의 조합으로 구성되어 있으며, 이러한 문장성분인 주어, 동사, 목적어 자리에 올 수 있는 품사의 형태가 정해져 있다. 이러한 규칙을 어기고 품사가 잘못된 위치에 오면 문법적으로 틀린 문장이 되는 것이다. 다음의 예를 보도록 하자.

- Love is everything. (사랑은 모든 것이다.)
  (S)

  품사: 명사

  뜻: 사랑

  문장성분: 주어

- I love you. (나는 당신을 사랑합니다.)
  (V)

  품사: 동사

  뜻: 사랑하다

  문장성분: 동사(서술어)

※ 문장성분의 동사(서술어)와 품사의 동사를 혼동해서는 안 된다. love는 동사와 명사의 형태가 동일한 단어이나 대부분의 영어 단어는 eat(동사), eating(명사)처럼 동사와 명사가 각각 다른 형태로 존재한다. 따라서 우리는 올바른 위치의 문장성분에 맞는 품사를 사용하기 위해서는 각 단어별 품사의 형태를 알아야 하는 것이다.

- She is lovely. (그녀는 사랑스럽다.)
  (C)

  품사: 형용사

  뜻: 사랑스러운

  문장성분: 보어

위의 예시로 보면 love라는 단어가 각각 명사 형태의 주어로, 동사 형태의 서술어로, 형용사 형태의 보어로 사용되었다. 어렵다는 뜻의 difficult(형용사)로 다른 예를 알아보도록 하자.

- English is very difficult. (보어, 형용사, 어렵다.)
- Did you find any difficulty? (목적어, 명사, 어려움)

첫 번째 문장을 보면 difficult는 형용사로 보어의 자리에 쓰였으며, 두 번째 문장을 보면 difficulty라는 명사 형태로 목적어 자리에 쓰였다. (동사 find의 목적어로 사용되었다.)

이러한 규칙을 지키지 않고 목적어 자리에 명사 대신 형용사 형태인 difficult가 오면 잘못된 문장이 되는 것이다. (문장성분인 주어와 목적어의 자리에는 품사 중 명사만 올 수 있으며, 보어의 자리에는 명사 또는 형용사가 올 수 있다.)

영어 문장을 올바르게 만들기 위해서는 이처럼 단어의 품사와 그에 따른 형태, 그리고 위치를 알아야 한다. 우리가 품사를 알아야 하는 이유는 문장성분인 주어, 동사, 목적어, 보어에 올 수 있는 품사가 정해져 있기 때문이다. 많은 사람들이 문장성분(주어, 서술어(동사), 목적어, 보어)과 품사(명사, 동사, 형용사, 부사)를 혼동한다. 품사에도 동사가 있고 문장성분에도 동사가 있기 때문이다. 엄밀히 말하면 문장성분에서는 동사라는 표현보다 서술어란 표현이 맞는 말이다.

문장성분과 품사는 이처럼 혼동을 가져올 수 있기 때문에 우리는 반드시 그 차이를 알아야 한다.

영어 문장은 주어 + 동사 + 목적어(보어)의 어순으로 구성되어 있으며, 각각 주어, 동사, 목적어(보어) 자리에 올 수 있는 품사가 정해져 있다.

다시 한 번 정리하면 품사는 명사, 형용사, 동사처럼 단어가 가지고 있는 고유한 성질이다. 이러한 성질은 변하지 않는다. 하지만 문장성분은 품사가 같은 명사라도 주어의 위치에 있으면 주어가 되고 목적어나 보어의 위치에 오면 목적어 또는 보어가 된다. 이러한 차이를 기준으로 앞의 두 문장을 분석해 보면 문장성분과 품사의 차이를 알 수 있을 것이다.

문장	English	is	very	difficult
문장성분	주어	동사(서술어)	수식어	보어
품사	명사	동사	부사	형용사

(앞서 be 동사 뒤에는 보어가 온다는 것을 배웠다. very는 형용사 difficult를 꾸며주는 수식어로 문장구조에 영향을 주지 않는 요소이다.)

문장	Did	you	find	any	difficulty
문장성분	의문사	주어	동사(서술어)	수식어	목적어
품사	조동사	명사	동사	부사	명사

첫 번째 문장과 달리 두 번째 문장은 명사형인 difficulty가 왔다. 첫 번째 문장은 be 동사 다음에 보어의 위치로 형용사 difficult가 온 것이고, 두 번째 문장은 find의 목적어 자리로 명사형인 difficulty가 오게 된 것이다. 영어는 이렇듯 주어의 자리에 올 수 있는 품사와 동사(서술어) 자리에 올 수 있는 품사, 목적어 또는 보어의 자리에 올 수 있는 품사가 따로따로 존재한다. 주어, 동사, 목적어, 보어는 단어가 놓이는 위치에 따라 결정되는 문장성분인 것이고, 명사, 동사, 형용사, 부사 등은 위치와 상관없이 단어가 가지고 있는 고유의 성질인 품사인 것이다. 이렇게 영어 단어들은 문장 내에서 품사에 따라 올

수 있는 자리가 정해져 있기 때문에 정확히 사용하기 위해서는 우리가 단어를 공부할 때 단어의 품사별 형태가 무엇인지 알아야 한다.

지금까지 설명한 부분을 표로 정리하면 다음과 같다.

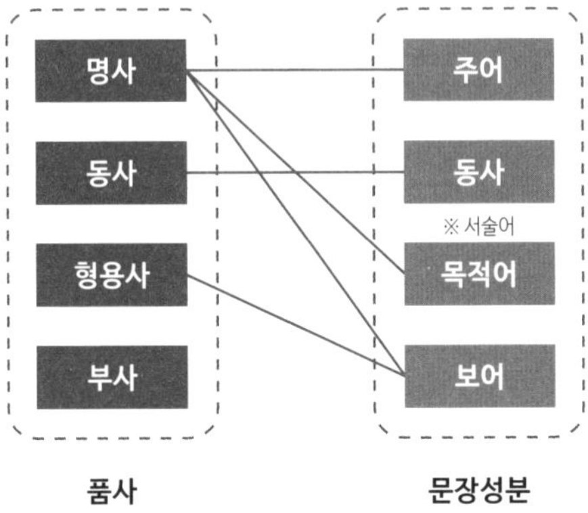

-명사는 문장 내 위치에 따라 주어, 목적어, 보어가 될 수 있다.

-문장성분은 단어의 위치에 따라서 변할 수 있지만 품사는 변하지 않는 성질이다.

-부사는 문장의 주요 성분이 아니며, 문장구조에 영향을 미치지 않는다.

-영어의 품사와 문장성분을 알면 영어의 모든 문장을 만들 수 있다.

만약 우리가 이러한 문장성분과 품사의 법칙을 무시하고 다음과 같이 영어 문장을 사용한다면 매우 어색한 문장이 되고 만다.

- English is very difficulty. 또는 Did you find any difficult?

만약 여러분이 이런 문장을 보고도 어색하지 않다면 평소에 잘못된 영어를 사용했거나, 올바른 영어 문장을 많이 말해 보지 않아서일 것이다. 앞으로 쉐도우 스피킹을 많이 연습하다 보면 이렇게 잘못된 문장을 금방 찾아낼 수 있게 된다.

TIP PLUS!

영어의 8품사

영어에는 명사, 형용사, 동사, 부사, 감탄사, 대명사, 접속사, 전치사가 있다. 이 중에서도 명사, 동사, 형용사, 부사의 사용 빈도가 가장 높다.

품사	명사 (noun)	동사 (verb)	형용사 (adjective)	부사 (adverb)
정의	사물 ※추상명사	행동을 묘사	명사를 수식	동사, 형용사, 문장 수식
영어	love, hope, milk, coffee	run, drink, eat, sleep	beautiful, delicious, easy, luxury	fast, extremely, very, deeply
우리말	사랑, 희망, 우유, 커피	달리다, 마시다, 먹다, 자다	아름다운, 맛있는, 쉬운, 고급스러운	빠른, 극도로, 매우, 깊게

품사	접속사 (conjunction)	전치사 (preposition)	대명사 (pronoun)	감탄사 (interjection)
정의	단어, 문장, 구를 연결	명사, 대명사 앞에 위치	명사 대신 사용	감정을 나타냄
영어	and, but, or, if	of, in, at, to	she, he, you, this, that	oh, oops, ouch, duh
우리말	그리고, 그러나, 또는, 만약	~의, ~안에, ~에, ~로	그녀, 그, 너, 이것, 저것	오!, 저런!, 아야!, 저런!

※ 추상명사: 우리의 눈에 보이지 않으나, love, hope처럼 관념적으로 존재하는 명사

2-6

수시로 형태를 바꾸는 동사의 변형과 활용

학습목표	동사 변형의 이해 to 부정사 용법의 이해 분사 구문의 이해 동명사의 이해

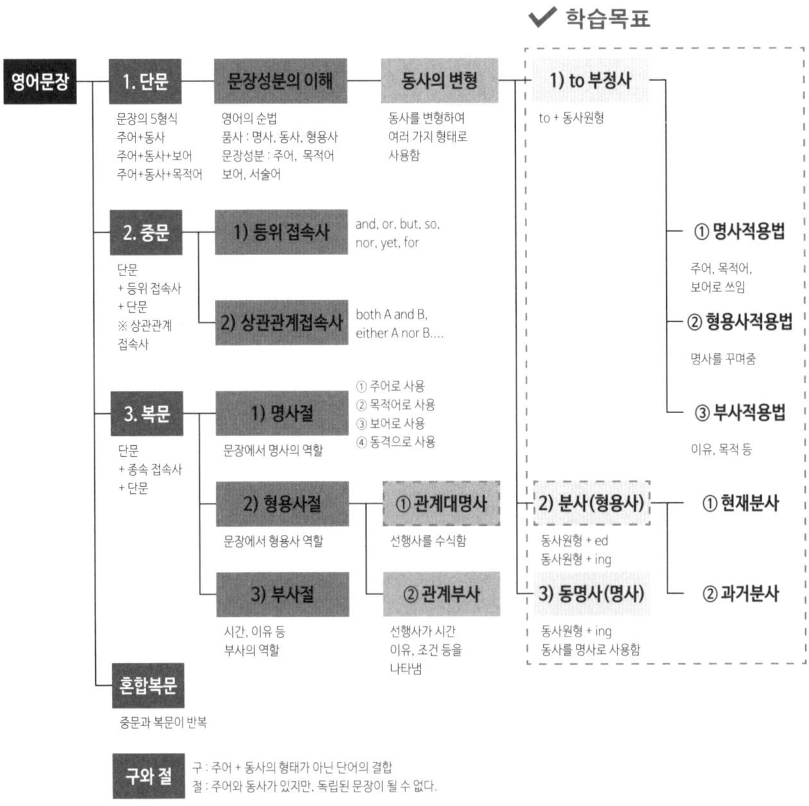

앞서 설명한 것처럼 명사는 문장에서 주어도 될 수 있고, 목적어도 될 수 있고, 보어도 될 수 있다. 하지만 동사는 동사로만 사용되며, 다른 형태로 사용하기 위해서는 변형을 시켜줘야 한다. 그리고 형용사는 보어로만 쓰일 수 있으며, 부사는 문장의 어디든 자유롭게 올 수 있으나, 문장 구성에는 영향을 주지 않는 수식어구로 생각하면 된다.

명사, 동사, 형용사, 부사 등의 역할은 우리말의 품사와 크게 차이나지 않는다. 우리말도 명사는 사물을 나타내고, 동사는 동작을 그리고 형용사는 명사를 꾸며주고 부사는 동사나 형용사, 다른 부사를 꾸며 줄 수 있다고 배웠다.

영어 문장의 비밀은 영어만의 어순을 이해하고(문장의 5형식), 주어, 동사, 목적어, 보어 등의 위치에 알맞은 형태의 품사를 사용해 주면 90% 이상은 완성되었다고 할 수 있다. 나머지 부분들은 문장형식에 관계없는 수식어구들이다.

다음의 예를 들어보자.

- I played tennis with my friend in the park yesterday.

이 문장을 보면 주어는 당연히 명사인 "I"이고, 동사는 play의 과거형인 "played"가 사용되었으며, 동사 played의 목적어로 명사인 "tennis"가 사용되었다.

나머지 "with my friend in the park yesterday"는 주요 문장구조와는 상관없으며, 추가 정보를 주는 전치사구인 것이다. 우리는 영어 문장을 보고 이렇게 주요 성문을 골라낼 수도 있고 반대로 접속사, 전치사 또는 수식 어구를 연결하여 끝없이 문장을 길게 만들 수도 있다.

I went to the park near my home, which is located in the center of Seoul with my friend whose name is Kevin who used to study in the USA. He came back to Korea one year ago to learn Korean culture with his sister, who...

현실적으로 문장을 이렇게 복잡하게 쓰는 경우가 많지는 않지만, 문장을 전치사, 접속사 등을 이용하여 끊임없이 늘릴 수 있으며, 문법적으로도 틀린 것은 아니다. 지금까지 설명한 영어 문장의 종류를 보면 한눈에 이해할 수 있을 것이다. 우리가 배웠거나 앞으로 배울 영어의 모든 문장은 이 범위를 절대로 벗어나지 않는다.

앞서 설명한 대로 영어는 주어, 동사, 목적어, 보어의 위치에 올 수 있는 각각의 품사들이 정해져 있다. 그리고 영어의 품사는 8가지가 있는데 이중에 가장 중요한 품사는 명사, 동사, 형용사, 부사이다.

이중에서도 가장 변형이 많고 어려운 품사는 동사이다. 동사는 문장에 한 번만 나올 수 있고, 동사(서술어)의 위치에만 올 수 있다. 이렇다보니 사용이 매우 제한적이다. 하지만 이러한 동사들은 여러 위치에 여러 가지 형태의 품사로 활용되기 위해 변신한다. 우리는 그것을 동사의 변형이라고 한다. 동사의 변형은 사실 우리말에도 많이 나온다. "그가 달린다." 이 문장에서 달린다는 동사이다. "달린다"라는 동사의 명사형은 "달리기"이다. 그리고 명사는 주어가 될 수 있으므로 다음과 같은 문장을 만들 수 있다. "달리기는 매우 힘들다."

위의 두 문장을 영어로 표현해 보면 다음과 같을 것이다.

- He runs. (그가 달린다.)
  run: 동사, 달리다
- Running is very difficult. (달리기는 매우 힘들다.)
  running: 명사, 달리기

※ run이라는 동사가 주어로 쓰이기 위해 명사형인 running으로 변형된 경우이다.

이처럼 영어나 우리말에 동사의 변형이 많은 이유는 언어의 편의성 때문이다. 동사의 변형이 없다면 달리기라는 명사형을 쓰고 싶을 때 다른 단어를 하나 더 만들어야 하는 것이다. 예를 들면, 달리다의 명사형인 “달리기”를 “달리기”로 부르지 않고 “널뛰기” 이렇게 부른다면 우리는 완전히 새로운 단어를 외워야 하는 부담감이 있다. 이러한 불편을 없애기 위해 동사를 각각의 문장성분에 알맞은 품사로 변형하여 사용하는 것이다. 그러면 동사가 어떻게 변형되어 사용되는지 알아보도록 하자.

1. to 부정사 (to + 동사원형)

동사 변형 중 가장 많이 활용되는 것은 to 부정사이며, 서술어로만 사용 가능한 동사를 주어, 목적어, 보어로 사용하기 위해 명사의 형태로 바꿔주는 1) 명사적 용법, 명사를 수식하는 형용사로 사용하기 위한 2) 형용사적 용법, 그리고 문장에서 부사로 사용하기 위한 3) 부사적 용법이 있다. 용어들이 상당히 어려울 수 있지만, 문장에서 서술어로만 사용 가능한 동사를 변형하여 명사, 형용사, 부사로 사용할 수 있게 만드는 것이라고만 기억하도록 하자.

1) 명사적 용법

동사 변형을 통하여 문장에서 명사와 같이 주어, 목적어, 보어의 역할을 할 수 있으며, 동사의 원래 특성인 목적어를 가질 수 있다.

① 주어로 사용된 경우

- To know English grammar is very useful.
  (S)

To know English grammar가 주어이며, know라는 동사를 주어로 사용하기 위해 to를 붙여준 것이며, know의 동사적 특성으로 인하여 목적어로 English grammar가 온 경우이다.

② 목적어로 사용된 경우

• I want to study English abroad.

동사인 study가 주동사인 want의 목적어로 사용되기 위해 to 부정사의 형태로 변형되어 사용되었으며, to study도 동사의 특성이 남아 있어 English를 목적어로 취하고 있는 문장이다.

③ 보어로 사용된 경우

• My dream is to be a chef.

be 동사 "is" 다음에 My dream을 설명하는 주격 보어로 사용된 경우이며, be 동사의 목적어로 a chef가 뒤따르고 있다.

2) 형용사적 용법(문장 내에서 형용사로 사용)

형용사적 용법은 동사를 형용사처럼 사용하는 것이다. 즉, 명사를 꾸며주는 역할을 한다.

• I want something to eat.

어떤 것이 필요한데, 그게 뭐냐면 먹을 것이다. 즉, to eat이 형용사처럼 something을 꾸며주고 있다.

다른 예를 한 번 더 들어보자.

• I built a house to live in.

집은 집인데 어떤 집? 내가 살 집이다란 의미로 to live가 형용사처럼 house를 꾸며 주고 있다.

만약 이 문장을 다음과 같이 한다면 목적을 나타내는 부사적 용법이 된다.

• I built a house to give to my parents. (목적을 나타내므로 ~하기 위해서로 해석된다.)

to give my parents는 앞에 나오는 명사 house를 꾸며 주는 것이 아니라 주동사 built라는 행위의 목적을 나타내는 부사적 용법이 되는 것이다.

3) 부사적 용법(문장 내에서 부사로 사용)

부사적 용법은 문장에서 이유나 목적을 나타내며, 동사가 부사의 형태로 사용되는 것이다. 그리고 마찬가지로 동사의 성격이 남아 목적어를 가질 수 있다.

- I built a house to make my wife happy.

집을 짓는 목적이 아내를 행복하게 해 주기 위함이다. 그러므로 built의 목적을 나타내는 부사적 용법이 된다.

to make가 house를 꾸며주는 것이 아니라 주동사인 built의 목적을 설명하므로 목적을 나타내는 부사적 용법이 된다. 부사는 문장구조에 영향을 주지 않기 때문에 앞서 배운 문장의 5형식으로 구분하면 3형식 문장이 되는 것이다.

2. 분사(동사원형 + ed, 동사원형 + ing)

to 부정사 다음으로 많이 사용되는 변형은 동사가 분사로 변형되어 형용사처럼 사용되는 분사구문이다. 분사구문은 수동의 의미를 가지는 과거분사와 능동의 의미를 가진 현재분사로 나눌 수 있다. 그리고 형용사 역할을 하기 때문에 명사를 꾸며주는 역할을 한다.

1) 과거분사

- I have a house surrounded by trees.

집은 집인데 나무로 둘러싸인 집이다. 수동의 의미를 가지기 때문에 동사원형에 ed를 붙여 과거분사로 사용된 경우이다.

이 문장은 관계대명사 문장으로 변경도 가능하다.

⇒ I have a house which is surrounded by trees.

관계대명사도 형용사의 역할을 하며 선행사인 명사를 꾸며준다. 학창시절에 배운 관계대명사절에서 주어와 동사를 동시에 생략할 수 있다고 배웠을 것이다. 이렇게 관계대명사 문장에서 주어, 동사를 생략하게 되면 분사구문이 되는 것이다. 영문법은 서로 이렇게 연관성이 있으며 연결되어 있다.

2) 현재분사

과거분사가 수동의 의미를 가지고 있다면, 현재분사는 능동의 의미를 가지고 있다.

다음과 같은 문장을 살펴보도록 하자.

- There is a man standing next to my sister.

그 남자가 서 있는 것이므로 능동의 의미가 있어 현재분사가 사용된 경우다.

이 문장도 다음과 같이 관계대명사의 문장으로 고칠 수 있다.

⇒ There is a man who stands next to my sister.

만약 이 문장도 주어인 a man의 입장에서 수동의 의미로 쓰이면 다음과 같이 과거분사의 문장으로 쓰일 수 있다.

- There is a man surrounded by people.

※ 중요한 부분은 분사는 능동이든, 수동이든 명사를 꾸며주는 역할을 한다는 사실이다.

3. 동명사(동사원형 + ing)

마지막 동사 변형은 동사원형에 ing를 붙여 명사로 사용하는 동명사이다.

동명사는 말 그대로 동사를 명사로 변형하여 사용하는 것이다.

※ 형태가 같은 현재분사는 명사를 꾸며주는 형용사 역할을 한다.

"달리기는 나의 취미이다."라는 영어 문장을 만들고 싶을 때 우리가 가장 먼저 떠오르는 단어는 달리다의 의미인 동사 run일 것이다. 하지만 run은 동사이기 때문에 다음과 같이 주어의 위치에 사용하면 틀린 문장이 된다.

• Run is my hobby.
(S)

주어 자리에 동사가 올 수 없고 명사만 올 수 있기 때문이다.

My hobby is run. 도 마찬가지다. 목적어 자리에 동사가 올 수 없기 때문이다.
(O)

그래서 우리는 run이라는 동사를 명사로 만들어 줄 필요가 있으며, 이때 동명사를 사용한다.

동명사를 사용하면 다음과 같은 문장으로 바꿔 줄 수 있다.

• Running is my hobby.
• My hobby is running.

※ run은 물론 명사형도 있지만 상기 문장에서 사용된 running은 달리는 행위를 의미하기 때문에 run보다 running을 사용하는 것이 보다 자연스럽다.

이렇게 보면 쉬운 것 같지만 동사 변형에서 몇 가지 혼란스러운 부분이 있다. 특히, 동명사와 현재분사는 형태가 같아 혼동될 수 있다. 대표적으로 혼동되는 부분을 살펴보도록 하자.

[혼동 1] **동사변형에서 명사의 역할을 하는 것은 to 부정사의 명사적 용법과 동명사 두 가지이다. 그러면 이 둘을 어떻게 구분하여 사용해야 할까?**

⇒ 명사를 대신한다는 점에서 용법이 동일하다.

to 부정사: 미래지향적인 의미가 있다.

• I remember to close the door. (remember의 목적어로 to close가 사용되었다)

나는 문을 닫아야 하는 것을 기억한다. 이렇게 쓰면 아직 문을 닫는 행위는 일어나지 않았지만 미래의 어느 시점에서 문을 닫아야 한다는 사실을 기억한다는 의미이다.

동명사: 현재 또는 과거의 의미가 들어 있다.

- I remember closing the door. (마찬가지로 remember의 목적어로 closing이 사용되었다)

문을 닫는 행위가 이미 일어난 경우이며, 문을 닫았다는 사실을 기억한다는 의미가 있다.

remember, like, prefer, start, love, hate, begin 등은 문장의 의미에 따라 미래지향적인 일에는 to 부정사를 과거나 현재의 행위를 표현할 때는 동명사를 사용하게 된다. 하지만 많은 동사들이 의미 자체에 미래지향적 또는 과거지향적인 의미가 들어 있어 굳이 암기하지 않아도 각각 to 부정사, 동명사를 선호하는 동사들을 구분할 수 있다.

미래지향적인 의미로 to를 좋아하는 동사

expect, hope, wish, decide, want, plan, promise

- I decided to go for a picnic this weekend with my son.

결정을 한 다음에 뭔가를 하는 것이 일반적이다. decide는 미래지향적인 동사이기 때문에 to 부정사가 뒤따른다.

현재 또는 과거 지향적인 의미로 동명사를 좋아하는 동사

avoid, deny, endure, give up, postpone

- I give up saving money.

give up은 보통 미래의 무언가를 포기하는 것이 아니라 이미 포기한 행동을 표현하거나 현재 포기하기로 한 일의 결정 사항을 말한다. 따라서 현재 또는 과거 지향적인 의미로 동명사가 오는 것이다.

동명사와 to 부정사의 명사적 용법은 이렇게 구분하여 사용할 수 있다.

[혼동 2] 동명사와 현재분사의 구분은 어떻게 해야 할까?

⇒ 동사 + ing로 형태가 동일하다.

동명사와 현재분사는 모두 동사원형+ing의 형태로 동일하지만, 동명사는 명사의 역할을 하고, 현재분사는 형용사로 명사를 꾸며준다는 차이점이 있다. 즉, 형태는 같지만 용법이 다른 것이다.

예를 들면, Running is my hobby.에서 running은 동사인 run을 주어로 사용하기 위해 동명사의 형태로 사용되었다. 하지만 Look at the boy running into the shop.라는 문장에서 running은 boy를 꾸며주는 현재분사로 사용되었다. 명사를 꾸며주는 형용사로 사용하기 위해 동사가 현재분사로 변형된 경우이다. (달리고 있는 소년)

동명사와 현재분사를 구분 짓는 핵심은 명사의 자리에는 동명사가 오고 형용사의 자리에는 현재분사가 온다는 것이다. 명확히 구분하여 시험을 보는 것이 목적이 아니기 때문에 이 정도로만 알고 있어도 전혀 문제없다.

[혼동 3] 과거분사인지? 현재분사인지? 구분이 어려운 경우

⇒ I'm interesting. 또는 I'm interested.

분사구문에서 동사원형에 ed를 붙이면 수동의 의미가 있는 과거분사이고, 동사원형에 ing를 붙이면 능동의 의미가 있는 현재분사라고 배웠다. 쉬운 개념이지만 막상 대화 중에 사용하려고 하면 혼란스러운 단어들이 있다. 대표적인 예가 interest라는 단어이다.

"나는 어떤 것에 흥미가 있다."는 표현은 I'm interested in something. 이

고 어떤 것이 나에게 흥미가 있다는 표현은 Something is interesting to me. 이다. 내가 어떤 것에 흥미가 있다는 의미는 어떤 것이 나를 흥미롭게 만들었기 때문에 주어인 "I"의 입장에서는 수동의 의미가 되어 interested가 맞는 문장이다. 따라서 다음과 같이 써야 한다.

- I'm interested in this book.

하지만 어떤 책이 흥미가 있다고 표현할 때는 This book is interesting.이 맞는 표현이다. this book이 interesting한 주체이기 때문에 능동의 표현으로 써 줘야 한다.

이것도 어렵다면 다음 두 문장만 외우고 넘어 가자.

I'm interested in this book.

= This book is interesting to me.

반대로 책이 아니라 "내가 흥미로운 사람이다."라는 표현을 하고 싶으면 어떻게 해야 할까? 흥미를 만드는 주체가 나이기 때문에 주어의 입장에서 보면 다음과 같이 현재분사로 표현을 해 줘야 한다.

I'm interesting.

쉬운 문장이지만 반복하여 체화하지 않으면 대화 중에 실수하기 쉬운 문장이다. 이해를 위해 한 문장만 더 짚고 넘어가자.

- I'm bored in class. (나는 수업이 지루했다. 수업이 날 지루하게 만들었기 때문에 수동의 의미인 과거분사가 쓰인 경우이다.)
- The class is boring. (수업이 지루하다. 지루하게 만든 주체가 수업이기 때문에 능동의 의미인 현재분사가 쓰인 경우이다.)

이처럼 분사구문은 용법의 차이에 따라 완전히 다른 의미로 쓰인다.

I'm boring in class. 라고 하면 내가 수업을 지루하게 만들었다는 뜻으로 전혀 다른 뜻이 된다.

지금까지 우리는 영어 단문을 만들기 위한 문장의 주요 구조, 문장성분과 품사의 역할과 의미, 그리고 마지막으로 이런 단문을 자유자재로 만들기 위한 동사의 변형까지 알아보았다. 여기까지가 영어에 있어서 단문을 만들기 위한 문법의 모든 것이다.

다음은 이러한 단문들이 접속사를 통해 어떻게 결합되어 중문, 복문 또는 혼합복문이 되는지 알아보도록 하겠다. 여러분들은 이미 영어 문장구조의 모든 것을 배웠으며, 나머지 부분은 이러한 단문을 확장시키기 위해서 접착제 역할을 하는 접속사와 전치사가 어떻게 사용되는지만 배우면 된다.

2-7

영어 단문의 결합 (중문, 복문, 혼합복문)

지금까지 배운 영어의 문장구조를 이용하여 우리는 어떠한 형식의 단문이라도 만들 수 있게 되었다. 하지만 단문만을 사용해서 말을 하거나, 글을 쓰게 되면 앞서도 얘기했지만 매우 단조롭게 된다. 이러한 단조로움을 없애고 자연스러운 문장을 만들기 위해서는 단문과 단문을 연결시켜야 한다.

단문을 연결시키는 방법에는 등위 접속사 또는 등위 상관관계 접속사로 대등하게 연결해 주는 1) 중문이 있고, 종속 접속사를 이용하여 주절과 종속절로 연결해 주는 2) 복문이 있다. 그리고 이러한 중문과 복문을 혼합하여 사용하는 3) 혼합복문의 구조가 있다.

영어 문장의 결합 형태

1) **중문**: 단문 + 등위 접속사 + 단문

※ 등위 상관관계 접속사도 중문을 만들 때 사용된다.

2) **복문**: 단문 + 종속 접속사 + 단문

3) **혼합복문**: 중문 + 복문

■ **중문과 복문의 비교**

구분	중문(등위 접속사로 연결)	복문(종속 접속사로 연결)
종류	and, but, or, so, yet, for (등위 상관관계 접속사도 있음)	whether, if, that, when (명사절, 형용사절, 부사절이 있음)
연결구조	단문 + 등위 접속사 + 단문	단문 + 종속 접속사 + 단문
특징	단문과 단문이 동등한 지위로 연결	주절이 종속절을 이끔(종속절은 독립하여 존재할 수 없음)
예문	I love my girl friend and she loves me too.	I know that she doesn't love me.

2-8

중문의 구조와 등위 접속사

중문: 단문 + 등위 접속사 + 단문

학습목표	중문 구조의 이해 등위 접속사의 종류와 활용 등위 상관관계 접속사의 이해와 수일치

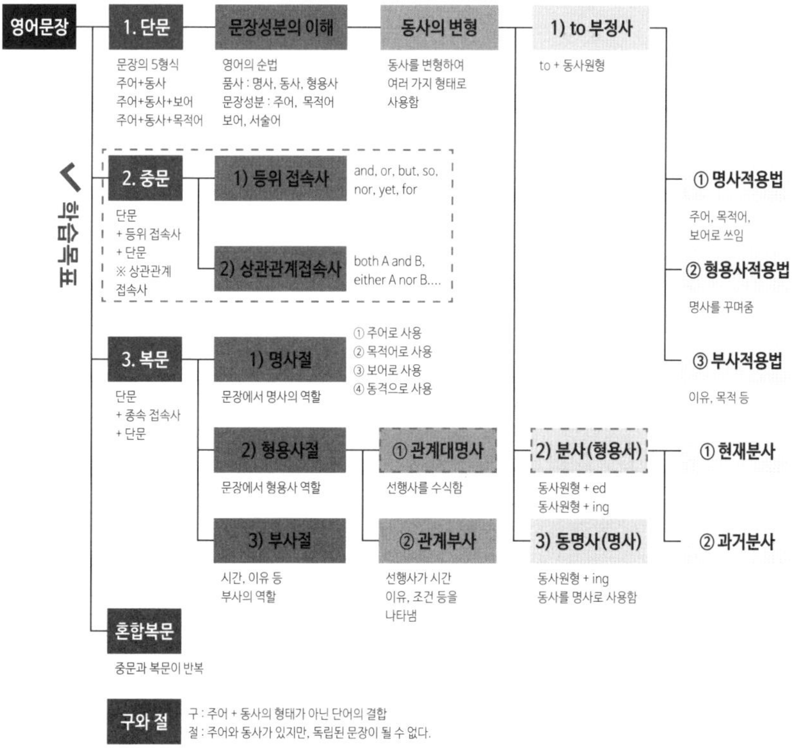

단문과 단문을 등위 접속사 또는 등위 상관관계 접속사로 동등한 지위로 연결시켜 한 문장으로 만드는 것을 중문이라고 한다.

1. 등위 접속사

등위 접속사는 단문과 단문을 동등한 지위로 연결시켜 주기 때문에 각각의 단문이 독립하여 존재할 수 있다(복문에서 종속 접속사로 연결된 종속절은 주절 없이는 독립적으로 존재할 수 없다).

다음과 같은 예를 보도록 하자.

- I went home late last night. I watched TV.

2개의 단문을 등위 접속사 and로 연결하여 중문을 만들 수 있다.

I went home late last night and I watched TV.

(단문 + 등위 접속사 and + 단문)

각각의 단문이 동등한 지위로 연결되어 있으며 각각의 문장이 독립되어도 문장의 의미가 성립한다.

그러나 다음과 같은 복문에서는 종속절이 독립하여 존재할 수 없다.

When I got home, my little brother was watching TV.

When 이하가 종속절이고, my little brother 이하가 주절이다. 주절은 독립을 해도 의미가 명확히 전달되지만, when 이하의 종속절은 주절 없이는 독립되어 존재할 수 없다. 즉, 주절인 "내 동생이 TV를 보고 있었다."는 독립된 구조로 의미 전달이 된다. 하지만 종속절인 "내가 집에 왔을 때"라는 문장은 독립되어 단독으로 의미 전달을 명확히 할 수 없다.

그러면 문장과 문장을 대등하게 연결해 주는 등위 접속사는 어떤 것이 있는지 알아보도록 하자.

1) and (~와, 그리고): 첨가의 의미

- 단어 + 단어: king and I, you and me, banana and apple
- 구 + 구: I like going skiing and having a party.
- 절(단문) + 절(단문): We had a birthday party for Kevin, and we gave him a birthday gift.

2) but (그러나): 대조를 나타냄

- 단어 + 단어: I am poor but happy.
- 구 + 구: Having dinner but still feeling hungry.
- 절(단문) + 절(단문): I love watching movies but I don't like watching TV.

3) or (또는): 선택을 나타냄

- 단어 + 단어: Would you like tea or coffee?
- 구 + 구: Would you like to go fishing or to watch movies?
- 절(단문) + 절(단문): Do you want to have a bath now or do you want to have dinner first?

4) so (그래서): 인과관계를 나타냄

- I didn't love her so we broke up.

5) yet (그러나): 대조를 나타냄, but, nevertheless와 유사

- He studied hard yet failed the exam.

6) nor (~도 또한 아니다)

nor는 부정문과 함께 쓰이며, 어순은 다음과 같다.

부정문, nor + 조동사 + 주어 + 동사

- He doesn't want to live in the city, nor does he want to live in the countryside.

7) for (왜냐하면): 이유를 나타냄

- He didn't attend the meeting for he woke up late.

2. 등위 상관관계 접속사

등위 상관관계 접속사는 등위 접속사와 마찬가지로 단문을 동등한 지위로 연결시켜 중문을 만들어 주는 역할을 한다. 하지만 등위 접속사가 한 개의 단어로 이루어져 있는 반면, 등위 상관관계 접속사는 2개의 단어가 짝을 이루어 형성되어 있다는 차이가 있다.

또한 다음의 예처럼 등위 상관관계 접속사로 연결된 문장에 있어서는 A, B 두 명사 중 뒤따르는 동사의 수일치를 어디에 해야 하는지가 매우 중요하다.

영어 문장에 있어서 수일치란 앞에 나오는 명사가 단수면 단수 동사를, 복수면 복수 동사를 사용하는 것을 말한다. 등위 상관관계 접속사는 보통 2개의 명사가 나오기 때문에 뒤에 나오는 동사의 수일치를 어디에 맞춰야 하는지가 중요하다. 다음의 예를 살펴보도록 하자.

등위 상관관계 접속사	의미	수일치
both A and B	A와 B 모두	항상 복수
either A or B	A 또는 B 둘 중 하나	B에 수일치
neither A nor B	A도 B 둘 다 아닌	B에 수일치
not only A but also B =B as well as A	A뿐만 아니라 B까지도	B에 수일치
not A but B =B, not A	A가 아니라 B이다	B에 수일치

※ both가 나오면 무조건 복수형 동사가 뒤따르고 나머지 경우에 있어서는 모두 뒤에 나오는 명사 B에 수일치를 한다.

1) Neither A nor B: A도 B도 둘 다 아닌

- Neither you(A) nor I(B) am interested in this book.

B에 수일치를 해야 하며, B에 1인칭 명사 "I"가 왔기 때문에 be 동사 중 am이 온 경우이다. 즉, 동사의 수일치를 A와 B 중 B에 일치시킨 경우이다.

2) Both A and B: A와 B 둘 다

- Both you and I were invited.

Both A and B의 경우, A와 B 상관없이 무조건 복수 취급을 한다. 따라서 복수 동사인 were가 뒤따르고 있는 경우이다.

3) either A or B: A 또는 B 둘 중 하나

- Either you or she is wrong.

뒤에 나오는 명사 she에 수일치를 했기 때문에 3인칭 단수 be 동사인 is가 뒤따른다.

4) not A but B: A가 아니라 B다. (= B, not A)

- She is not a queen but a princess.

= She is a princess, not a queen.

5) not only A but (also) B: A뿐만 아니라 B까지도

= B as well as A

- Not only Kevin but also his brothers are kind.
- His brothers as well as Kevin are kind.

수일치: B (B에 수일치를 해야 하므로 is가 아닌 are가 왔음)

6) Neither A nor B: A도 B도 둘 다 아닌

- Neither you nor he does that job.

수일치 : B (he에 수일치를 해야 하므로 do가 아닌 does가 왔음)

복문의 구조와 종속 접속사

복문: 단문 + 종속접속사 + 단문

학습목표	복문 구조의 이해 종속 접속사의 종류와 역할 명사절의 이해 형용사절의 이해(관계대명사, 관계부사) 부사절의 이해

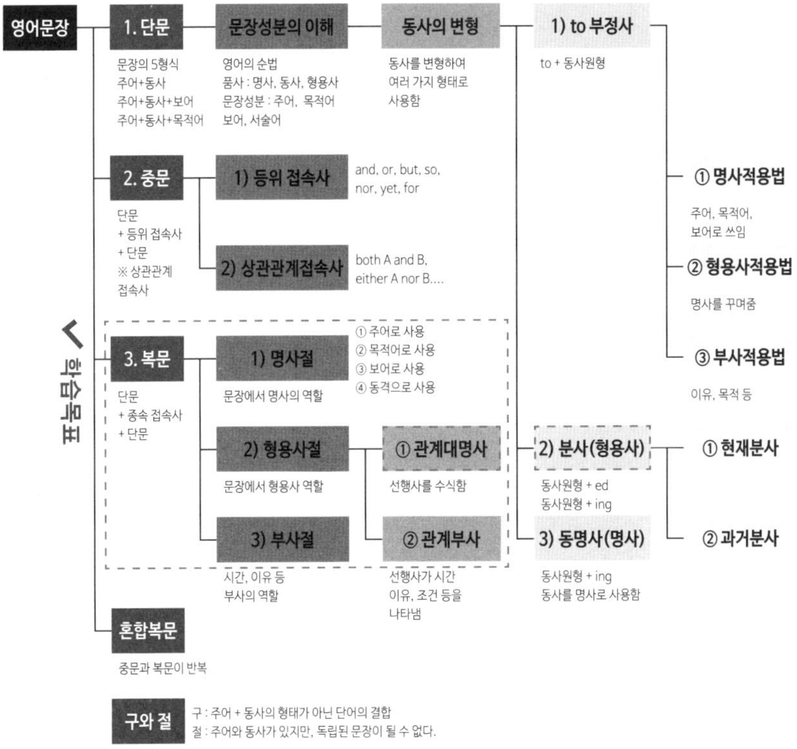

앞서 배운 것처럼 영어 문장에 있어 중문은 등위 접속사를 사용해서 동등한 지위로 단문과 단문을 연결시켜준다. 하지만 복문은 주가 되는 주절이 있고 주절 없이는 독립적으로 존재할 수 없는 종속절로 구성되어 있다.

또한 복문은 중문보다 많이 사용되며 세부적으로는 문장에서 1) 명사의 역할을 하는 명사절, 2) 형용사의 역할을 하는 형용사절, 3) 부사의 역할을 하는 부사절로 나뉜다.

1. 종속 접속사의 명사절

명사절은 문장을 명사처럼 사용하는 것이다. 따라서 명사의 역할인 주어, 목적어, 보어로 쓰일 수 있다. 다음의 문장을 보도록 하자.

1) 명사절이 주어로 사용된 경우(that절, 가주어 it)

주어로 사용되는 경우의 종속 접속사는 대부분 that이 사용된다. 그리고 자연스런 문장을 만들어 주기 위하여 가주어 it을 써주는 경우가 많다. 예를 보도록 하자.

- That is true. (이것은 진실이다.)
- He is not honest. (그는 정직하지 않다.)
- That he is not honest is true. (That he is not honest가 문장의 주어이다.)

That이 문장 처음에 오면 어색한 문장이 되기 때문에 가주어 it을 써준다.

- It is true that he is not honest.

2) 명사절이 목적어로 사용된 경우

명사는 문장에서 목적어가 될 수 있기 때문에 명사절도 마찬가지로 문장에서 목적어의 역할을 할 수 있다. 이러한 목적어로 사용되는 경우 중 가장 많이 사용하는 표현은 that으로 연결되는 구문이다.

다음과 같이 동사의 뒤에 주로 that으로 연결되며, that절 이하가 주동사의 목적어로 사용된다.

know, think, believe, hope, say, propose, suggest

영어회화를 할 때 목적어로 사용되는 명사절은 가장 많이 쓰이는 형태 중 하나이기 때문에 반드시 기억해야 하며, 이러한 명사절만 잘 활용해도 영어 실력이 크게 향상될 수 있다. 또한 위와 같은 동사 다음에 습관적으로 that을 붙여 말하고자 하는 부분을 말하면 편하게 영작도 할 수 있다.

예를 들면, "나는 지구가 둥글다는 것을 알고 있다."라는 문장을 만든다고 생각해 보자.

주어는 나이므로 "I"가 오며, 주절의 동사는 안다는 사실이므로 know가 된다.

그러면 나머지는 "지구가 둥글다." 라는 사실만 연결하면 된다. 습관적으로 that을 붙여서 문장을 만들면 I (S) know (V) that the earth is round. (O) 라는 문장이 만들어진다.

that 이하는 know의 목적어가 되는 것이다. 나는 that 이하를 안다. 그리고 that 이하는 the earth is round가 되는 것이다.

조금 복잡한 4형식 문장에서 알아보도록 하자.

- 그가 나에게 그녀를 사랑한다고 말했다.

딱 봐도 '나에게, 그녀를'이라는 목적어가 2개가 나오기 때문에 4형식 문장임을 알 수 있다. 주어는 당연히 "he"가 되고 주절의 동사는 "말했다"이기 때문에 "told"가 된다.

문장을 만들어 보면

- He told me that he loves her.
  (S) (V) (IO) (DO)

동사 told의 간접목적어는 me가 되고 that 이하가 직접목적어가 되는 것이다.

이러한 that절 이외에도 whether, if도 종속 접속사에서 명사절을 이끄는 대표적인 접속사들로 사용된다.

- I don't know whether you will come or not. (whether절 이하가 주동사 know의 목적어 역할, 즉 주어인 I는 whether 이하를 모르는 것이다.)
- I don't know if it will rain tomorrow. (if절 이하가 주동사 know의 목적어 역할)

두 문장 모두 know의 목적어로 각각 whether, if가 이끄는 명사절이 사용된 경우이다. 즉 동사 know는 목적어가 필요하며, 목적어로 명사 대신 명사절이 온 것 뿐이다.

의문사가 이끄는 문장도 명사절로 목적어의 역할을 할 수 있다.

- Do you know what time the movie starts?
- Do you know how we get to the station?

know의 목적어로 사용된 경우이며, 종속절을 의문사 + 주어 + 동사의 순으로 사용할 수 있다.

※ 일반적인 의문문과 종속 접속사 내 의문문은 어순이 변경된다.

-일반적인 의문문: 의문사 + 동사 + 주어

- What time is it now?

-종속 접속사로의 의문문: 의문사 + 주어 + 동사

- Do you know what time it is now?

3) 명사절이 보어로 사용된 경우

명사의 또 다른 역할은 문장 안에서 보어로 사용되는 것이다.

문장형식에서 배운 것처럼 주로 be 동사 다음에 보어가 오게 된다.

- The truth is that he loves her.
  (S) (V) (C)

that절은 the true를 보충 설명해 주는 보어로 사용된 경우이다.

4) 명사절이 동격으로 사용된 경우

다음과 같은 단어들 다음에는 동격을 나타내는 명사절이 사용되기도 한다.

fact, news, idea, rumor

- The fact that he loves her (S) shocked (V) us (O).

이 문장에서 the fact과 종속절인 that 이하가 동격이다. 이러한 경우 문장에서 동격주어로 사용된 명사절이라고 볼 수 있다.

2. 종속 접속사의 형용사절

앞서 종속 접속사의 명사절에 대해서, 명사절은 명사처럼 문장 내에서 주어, 목적어, 보어의 역할을 한다고 배웠다. 지금부터는 형용사의 역할로 사용되는 형용사절에 대해서 알아보도록 하겠다. 먼저 형용사의 역할을 하는 형용사절을 이해하기 위해 형용사와 형용사절의 차이점을 알아보도록 하자.

구분	형용사	형용사절(관계대명사, 관계부사)
구조	단어	주어 + 동사의 문장
역할	명사수식, 보어	명사만 수식 (보어로 사용될 수 없다.)
수식위치	명사의 앞뒤에서 수식	명사의 뒤에서만 수식 (선행사 수식)
예시	There is a beautiful girl. I know someone beautiful.	The girl who lives next door loves me.

표에서 보는 것처럼 형용사절이라고 특별히 어렵게 생각할 필요는 없다. 형용사절도 형용사와 마찬가지로 문장 안에서 명사를 수식하는 역할을 한다. 다만 보어로 쓰이지 않는다는 점과, 항상 명사의 뒤에서만 앞선 명사를 수식한다는 점이 다르다(형용사는 명사를 앞에서도, 뒤에서도 수식할 수 있다).

종속 접속사의 형용사절은 우리가 흔히 알고 있는 관계대명사와 관계부사가 있다.

관계대명사는 학창시절에 배웠던 부분을 잘 떠올려 보면 관계대명사 앞에 항상 꾸밈을 받는 선행사가 온다는 것을 배웠던 기억이 있을 것이다. 이 선행사가 바로 명사이며, 관계대명사는 늘 이 선행사를 꾸며주는 형용사절이 되는 것이다. 단어가 명사를 꾸며주면 형용사인 것이고, 문장 전체가 명사를 꾸며주면 형용사절이 되는 것이다.

이러한 형용사절인 관계대명사절에서 관계대명사는 주격, 소유격, 목적격으로 연결될 수 있으며, 선행사가 사람인지, 사물인지에 따라서 사용되는 관계대명사가 다시 나뉜다.

선행사	주격	소유격	목적격
사람	who	whose	who / whom
사물, 동물	which	of which / whose	which
사람, 사물, 동물	that		that

이 표를 이해하면 관계대명사는 다 배운 것이나 다름없다. 관계대명사는 종속절을 이끄는 접속사 개념이기 때문에 기본적으로 두 문장을 한 문장으로 만든다. 그리고 선행사인 명사를 꾸며주는 역할을 한다. 종속절을 시작하는 관계대명사의 역할이 주어이면 주격 관계대명사를, 목적어이면 목적격 관계대명사를 써주면 끝이다.

1) 관계대명사

§ 주격 관계대명사

- I love a girl.
- She lives next door.

⇒I love a girl who lives next door.

두 문장을 관계대명사를 이용하여 한 문장으로 만든 복문이다.

먼저 꾸밈을 받은 명사를 찾아보니 a girl이다. she는 사람이므로 who를 써 줘야 한다. 종속절인 관계대명사절이 a girl을 꾸며주는 역할을 하며 who가 she를 대신하여 쓰였다. 그러므로 주격 관계대명사가 되는 것이다. 관계대명사 다음에 동사가 바로 오면 주격 관계대명사일 확률이 매우 높다.

§ 소유격 관계대명사

- I love a girl.
- Her father is a CEO.

⇒I love a girl whose father is a CEO.

꾸밈을 받는 선행사는 앞선 문장과 같이 a girl이다. 그러나 종속절의 주어는 she가 아니고 her father이다. '~의 아버지'라고 하면 주격이 아니고 소유격이 되는 것이다. 이 복문에서는 her father를 대신해서 소유격 관계대명사인 whose가 오게 된 것이다.

§ 목적격 관계대명사

- The girl lives next door. I love her.

뒤에 문장이 주절이 되면, I love her who lives next door.로 사람이 선행사인 주격 관계대명사의 문장이 된다. 하지만 앞의 문장을 주절로 하고 뒤의 문장을 종속절로 연결하면 다음과 같은 문장이 된다.

- I love her.
- The girl lives next door.

⇒The girl whom I love lives next door.

whom은 종속절의 내가 사랑하는 대상, 즉 목적어인 "her"를 나타낸다. "her"는 종속절의 주어가 아니고 나에게 사랑을 받는 대상인 목적어인 것이다. 따라서 목적격 관계대명사인 whom이 쓰이게 된다.

간략하게 보면 다음과 같다.

- 주격 관계대명사 + 동사
- 소유격 관계대명사 + 동사
- 목적격 관계대명사 + 주어 + 동사

선행사가 사물이나 동물인 경우도 동일하다.

- I bought a book, which is interesting.

선행사: 사물, 관계대명사: 주격

따라서 선행사가 사물인 경우의 주격 관계대명사인 which가 사용된 것이다.

- I read a book. It has a very interesting story.
- I read a book which has a very interesting story.

선행사: 사물, 관계대명사: 소유격

일반적으로 영어회화를 사용할 때 소유격 관계대명사는 조금 어색한 감이 있어 많이 사용되지는 않는다.

이번에는 관계대명사의 문장을 보고 어떤 관계대명사가 쓰였는지 알아보도록 하자.

- I bought a book which my friend recommended to me.

선행사: 사물, 관계대명사: 목적격

관계대명사 다음에 주어 + 동사가 나왔기 때문에 목적격 관계대명사가 쓰였다는 것을 알 수 있다. 관계대명사 다음에 동사가 오면 주격 관계대명사일 확률이 높다.

이것이 관계대명사의 전부이다. 조금 복잡하게 들어가면 관계대명사의 제한적 용법과 계속적 용법이 있지만 여기서는 너무 깊이 들어가지 않기로 하겠다.

2) 관계부사

관계대명사, 관계부사 모두 단문을 연결하여 복문을 만드는 종속 접속사의 역할을 한다. 그리고 선행사인 명사를 꾸며준다는 공통점이 있다. 관계대명사는 종속절에서 명사의 역할인 주어, 목적어, 보어의 역할을 할 수 있다. 따라서 종속절의 문장에 동사만 있어도 사용이 가능하다. 하지만 관계부사는 말 그대로 부사의 역할을 하기 때문에 문장에서 주어, 목적어, 보어로 사용될 수 없다. 따라서 종속절에 주어, 동사가 포함된 완전한 절이 와야 한다. 다음 예문을 보도록 하자.

- I love a girl (who) lives next door.
  (V)

주격 관계대명사로 종속절에 lives라는 동사가 바로 와도 사용될 수 있다. 관계대명사인 who가 종속절의 주어 역할을 하기 때문이다. 그러면 관계부사의 문장을 보도록 하자.

- I think about the place (where) we first met.
  (S) (V)

※ 관계부사는 문장의 주어 역할을 할 수 없기 때문에 종속절에 주어, 동사가 있어야 한다.

관계부사 where이 선행사 the place를 꾸며주고 있기 때문에 종속 접속사의 형용사 절로 사용된 경우이다(선행사 the place를 종속절인 where 이하가 꾸며주므로).

하지만 관계대명사와 달리 관계부사는 부사의 역할을 하기 때문에 종속절의 나머지 부분이 주어, 동사가 포함된 완벽한 절의 형태로 이루어져 있어야 한다. 그래서 우리는 여기에 관계대명사가 아닌 관계부사라는 명칭을 붙였다.

다소 혼동이 올 수 있지만 다행히 관계부사는 선행사로 대부분 시간, 장소, 이유, 방법 등을 나타내며 각각 선호하는 관계부사가 다음과 같이 정해져 있다.

§ **when:** 시간 관련 선행사를 이끄는 관계부사

주요 선행사 – time, year

- Do you remember the time when we met for the first time.

§ **where:** 장소 관련 선행사를 이끄는 관계부사

주요 선행사 – place, house

- Can you tell us the place where we can meet?

§ **why:** 이유 관련 선행사를 이끄는 관계부사

주요 선행사 – the reason

- I know the reason why he couldn't come.

§ **how:** 방법 관련 선행사를 이끄는 관계부사

주요 선행사 – the way

- Do you know the way how we get to the station?

하지만 선행사 the way와 how는 동시에 사용하지 못하므로 다음이 맞는 문장이다.

※ the way는 명사지만 방법을 나타내는 의미에서 부사의 의미로 사용되기 때문에 ~하는 방법으로 해석된다. 그리고 how는 방법을 나타내는 관계부사로 의미의 중첩을 피하기 위해서 the way랑 같이 사용되지 않는다.

⇒ Do you know the way to get to the station?

또는

⇒ Do you know how to get to the station?

이 맞는 문장인 것이다.

이처럼 관계대명사와 관계부사는 같은 듯 다르다. 선행사인 명사를 꾸며주는 형용사나 문장을 연결시키는 접속사로서의 역할은 같으나, 관계대명사 뒤에는 불완전한 절이 올 수 있으나 관계부사 뒤에는 불완전한 절은 못오고 완전한 절이 와야 한다는 점이 다르다.

3) 종속 접속사의 부사절

이제 종속절의 마지막인 부사절에 대해서 알아보도록 하자. 문장에서 부사가 동사, 형용사, 부사를 수식하듯 부사절도 문장 안에서의 역할은 같다.

앞서 학습한 형용사절의 관계부사와 관계대명사는 선행사인 명사를 수식하지만 부사절은 동사를 수식한다.

부사절은 영어 문장에서 가장 많이 쓰이며 그 종류도 다양하므로 반드시 많은 연습을 통해 익숙해져야 한다.

① 시간

when, while, before, after, until, as, since, once

- Please tell me when you get ready.

주절의 동사인 tell을 구체화하면서 꾸며주는 역할을 한다. 말을 해 주는데 언제? 당신이 준비가 됐을 때. 관계부사와 달리 동사인 tell을 꾸며주기 때문에 종속 접속사의 형용사절이 아니며, 종속 접속사 중 시간을 나타내는 부사절인 것이다. 또한 when you get ready는 주어와 서술어가 있는 문장이지만 목적어가 없는 불완전한 문장으로 종속절의 특징도 가지고 있다.

② 이유

because, as

• I was late for school because I got up late in the morning.

Because 이하가 앞의 명사인 school을 꾸며주는 형용사 역할을 하는 것이 아니고, was late의 이유를 설명하는 부사의 역할을 하기 때문에 부사절이 되는 것이다.

③ 조건

if (만약에 ~라면), unless (~하지 않는 한)

• If I find your wallet, I will let you know.

④ 양보

though, although, as, even if, even though,
whether (비록 ~일지라도)

• Though he studied hard, he didn't pass the exam.

⑤ 목적

so that (~하기 위해서)

• I saved money so that I could buy a house in Seoul.

⑥ 결과

so that (너무 ~해서 ~하다.)

• I was so sick that I came home early.

⑦ 정도

as long as

• As long as you do your homework, you can play the computer games.

지금까지 우리는 영어 단어를 조합하여 어떻게 단문을 만드는지, 그리고 이러한 단문을 연결하여 어떻게 복문 혹은 중문을 만들 수 있는지에 대해서 배웠다. 그리고 이 두 가지를 결합하면 다음과 같은 혼합복문도 만들 수 있다.

When he was 17 years old, he met his wife who lived next door and they got married 10 years later.

하지만 우리가 배워야 할 한 가지가 아직 더 남아 있다. 우리는 접속사 외에 전치사를 이용하여 문장을 확장할 수 있다. 지금부터는 이러한 전치사의 역할과 기능에 대해서 알아보도록 하자.

2-10

명사와 명사를 연결시켜 주는 전치사

단문 확장의 마지막 단계는 명사(대명사)와 명사(대명사)를 연결하는 전치사이다. 전치사는 그 쓰임이 매우 다양하다. 명사와 명사를 연결시켜 문장을 끊임없이 확장하기도 하고 동사의 뒤에 붙어 동사의 뜻을 바꿔주기도 한다.

동사의 뜻을 바꿔주는 전치사

stop에는 "멈추다"라는 뜻이 있지만 by와 함께 stop by로 사용하면 "잠시 들르다"란 의미로 사용된다.

- Would you stop by the market and buy some snacks for me?

다른 예를 보면, pull에는 "당기다"라는 의미가 있다. 하지만 이 단어도 전치사 over가 붙으면 pull over로, "차를 한쪽으로 주차하다"라는 의미가 된다.

미국 영화를 볼 때 자동차 추격 장면에서 경찰들이 다음과 같이 외치는 걸 들어 본 적이 있을 것이다.

- Pull over your car!

이렇듯 전치사는 동사의 뒤에서 동사의 뜻을 바꿔주는 역할을 하기도 한다.

명사와 명사를 연결시켜 주는 전치사

전치사의 또 다른 역할은 명사와 명사를 연결하는 것이다. 영어 문장에서는 명사가 연속해서 두 번 쓰일 수 없다. 두 번 연속해서 쓰이기 위해서는 접착제 역할을 하는 전치사가 반드시 필요하다.

예를 들면, I met a symbol beauty. 이렇게 하면 symbol과 beauty 둘 다 모두 명사이기 때문에 틀린 문장이 된다. 올바른 문장이 되기 위해서는 소유를 나타내는 of를 써 줘야 한다.

I met a symbol of beauty.가 맞는 표현이다.

영어에는 많은 전치사들이 있으며 때로는 정확한 의미의 차이를 구분하기가 어려운 경우가 많다.

하지만 주요 전치사의 큰 개념을 알고 가면 크게 어려울 것도 없는 것이 또한 전치사이다.

전치사의 종류	관통하는 의미	사용 예
on	접촉의 의미 (시간, 공간, 사물)	on the table (탁자 위에) on time (정시에) on vacation (휴가 중) on the phone (통화 중)
at	집중의 의미 좁은 범위의 공간	at 9 am (9시에) look at (어느 지점을 보다)
in	어떤 범위 안에 (시간, 공간, 장소) 넓은 범위의 공간	in the morning (아침에) in the city (도시에) in time (시간 안에)
to	방향성을 나타냄	to me (나에게) to the river (강으로) listen to the music (음악을 듣다) ※ 음악소리 쪽으로 귀를 기울임
for	~을 위하여 ~을 향하여	for me, for my wife (~를 위해) for the city (도시를 향해, 목적이 있음) ※ to the city는 목적이 없이 방향성만 의미
of	부분의 의미	one of them (그 둘 중 하나)
by	~의 옆에	stand by me (내 옆에)
about	대략	about 3 o'clock (3시 정도에)

with	~와 함께	with me (나와 함께)
along	~을 따라서	along the river (강을 따라서)

1) 접촉의 의미를 갖는 on

전치사 on을 가장 많이 쓰는 경우는 on the table과 같이 물건이 어디어디에 놓여 있다고 표현하는 경우일 것이다. 하지만 on은 이 밖에도 많은 곳에 쓰인다. 전치사 on을 관통하는 의미는 무언가와의 접촉이다.

- on time: 정각에 (정각에 접촉)
- try on the black shirt: 옷을 입어보다 (물리적인 접촉)
- on vacation: 방학 중에 (방학이라는 시간과 접촉)
- on the phone: 통화 중이라는 의미이다. 접촉의 의미가 있기 때문에 on이 쓰인 경우이다.

2) 집중의 의미 at

at은 집중의 의미가 있다.

장소를 표현할 때도 많이 사용하는 at은 콕 집어서 표현하기 때문에 넓은 의미를 표현하는 전치사 in과 구분된다.

in town은 도시에서, 즉 넓은 공간의 의미를 표현할 때 사용하고, at the shop하면 어느 특정 공간을 표현할 때 사용한다. 즉, at은 in보다 범위가 좁고 구체적이다.

- Let's meet at the △△ department store in Seoul.

at은 방향을 나타낼 때에도 쓸 수 있다.

He shouted to me. 전치사 to는 방향성을 나타내기 때문에 "그는 나를 향해 소리쳤다."로 해석된다. 즉 "내 쪽으로 소리쳤다."이지, 정확히 그가 나에게 소리쳤는지 아닌지는 모르는 상태인 것이다. 반면 He shouted at me.라고 쓰면 콕 집어서 "그는 나에게 소리쳤다."가 된다.

다른 예를 들어 보자.

- in the morning (아침 중에, 광범위한 시간)
- at 9:00 AM (9시에, 콕 집어 9시를 말할 때)

3) 어떤 영역을 표현하는 in

in은 어떤 영역을 표현할 때 사용한다. 공간뿐만 아니라 시간을 표현할 때도 동일한 의미로 사용된다.

- on time: 특정 시간, 정시에 (on은 접촉의 의미로 정확히 딱 그 시간을 의미)
- in time: 특정 시간 범위 안에, 즉 정확히 언제를 얘기한다기보다는 범위를 얘기하는 것이다.

I arrived to school on time. 9시까지 등교였는데 9시 정시에 도착했다는 의미이다. 접지의 의미가 있다. 9시에 접지해 있는 것이다.

I arrived to school in time. 정확히 몇 시인지는 모르지만 정해진 범위의 시간 내에 도착했다는 의미이다. 즉, 9시까지 등교인데 정확히 알지는 못해도 대충 9시 안에 도착했다는 의미이다.

in은 시간, 장소 외에도 상황을 설명할 때도 쓰인다.

- in danger: 위험한 상황에 있는 (위험의 범위 안에 있다는 의미)
- working in something: 어떤 일을 하고 있는 중인 (일하는 시간의 범위 안에 있다는 의미)

TIP PLUS!

working on과 working in의 차이점

on은 접지의 의미가 있다고 하였다. 그래서 working on은 지금 어떤 일을 하고 있는 중이라는 의미, in은 영역의 의미이므로 working in은 지금 당장 그 일을 하고 있지 않아도 어떤 일을 시작해서 하고 있는 중이라는 의미이다.

- I am working on the project. 나는 지금 프로젝트를 하고 있는 중이다(말하는 시점에 그 일을 하고 있는 중이라는 의미이다).
- I am working in the project. 나는 지금 그 프로젝트에 참여 중이다(말하는 중에 그 프로젝트 관련 일을 하지 않아도 현재 시점에서 그 프로젝트에 참여 중이라는 의미이다).

4) 방향을 나타내는 to

to는 방향성을 나타내는 전치사이다.

to me라고 하면 '나에게'라는 의미이고, to you라고 하면 '너에게'라는 의미이다.

- He shouted to me. 나에게 소리쳤다.
- He bought a birthday gift to me. (나에게 생일 선물을 줬다는 단순 의미)

cf. He bought a birthday gift for me. (나를 위해 선물했다는 의미가 더 강함)

- We headed to the city. 우리는 도시로 향했다. (목적 없이 방향성만 나타냄)

전치사 for는 to와 달리 단순히 방향성이 아닌 목적성을 내포하고 있다.

- We headed for the city. (어떤 목적을 위해 도시로 떠났다는 의미를 내포하고 있음)

5) ~을 위하여, ~를 향해서의 의미를 가진 for

to는 방향성 그 자체에 의미가 있다면 for의 의미에는 의도가 담겨져 있다.

- He left to the city. 그에게 목적이 있는지 없는지 모르지만 도시로 향했다는 의미이다.

반면 He left the hometown for the city. 라고 하면 목적을 가지고 무언가를 하기 위하여 도시로 떠났다는 의미이다.

다른 예를 한 번 더 들어 보자.

- He gave a flower to her. 그는 그녀에게 (의도를 가지지 않고) 꽃을 주었다.
- He gave a flower for her. 그는 그녀에게 (생일이기 때문에) 꽃을 주었다.
  즉, to는 단순 방향성의 의미가 있고 for는 ~를 위하여 라는 의미로 말하는 사람의 의도 또는 목적이 있는 것이다. 하지만 보통 이런 문장은 He gave her flower.인 4형식 문장으로 쓰인다.

6) 부분을 표현하는 of

of는 어떤 전체에서 부분을 표현할 때 사용하는 전치사이다.

- one of us: 우리 중에 하나 (우리 중에 한 명)
- friends of mine: 내 친구 중 한 명 (여러 친구 중에 나의 친구)
- the lord of the rings: 반지의 제왕 (제왕 중에 반지의 제왕)

7) 그 밖의 대표적인 전치사들

§ about: 대략의 의미

- about 3 o'clock: 대략 3시에
  cf. at 3 o'clock: 정확히 3시에
  in 3 o'clock: 3시 안에

§ by: ~의 옆에, ~까지

- stand by me: 내 옆에서
- by 12 o'clock: 12시까지

§ with: ~와 함께의 의미

- stay with me: 나와 함께 하자
- come and see with me: 와서 나와 함께 보자

§ among: ~ 중에

- among us: 우리들 중에

§ along: ~을 따라서, ~와 함께

- along the river: 강을 따라서

§ through: ~을 관통하는

- through the web-site: 웹사이트를 통해서

§ **방향을 나타내는 전치사들**

- up(위), down(아래)

  going up, going down

§ **위치를 나타내는 전치사들**

- above(위에), over(위에), under(아래), underneath(아래)

  above the box, under the box

2-11

영어 문장에서 구와 절은 뭐지?

영어 문법에 있어서 구와 절은 우리에게 다소 생소하게 느껴질 수 있다. 우리말에서는 구와 절을 크게 구분하고 있지 않기 때문이다. 형태적인 구분을 하면 구는 주어와 술어(동사)가 갖추어지지 않은 단어들의 모임이며, 절은 주어와 술어를 가진 문장의 형태를 취하고 있는 구조이다. 그렇다고 하더라도 독립하여 사용할 수는 없다. 즉 구와 절 모두 독립하여 존재할 수 없으며, 문장 속에서 문장성분으로만 존재할 수 있다. 영문법의 구와 절을 이해하기 위해서는 왜 구와 절이 필요한지를 먼저 알아야 한다.

앞서 우리는 동사가 문장에서 동사 외 다른 품사로 활용하기 위해서 변형을 하여 사용한다는 것을 배웠다. 구도 마찬가지다. 명사를 부사로 사용하기 위해 전치사를 붙여 전치사구(부사 역할)로 사용한다든지, 동사에 to를 붙인 to 부정사구, 동사에 ed, ing를 붙여 분사구로 만들어 사용하는 것이다. 구는 완전히 새로운 개념이 아니라 앞서 배운 동사변형 등을 통해 생겨나는 것이라고도 볼 수 있다.

- I met her in the restaurant.

the restaurant라는 명사 앞에 in이라는 전치사가 붙어 장소를 나타내는 부사구로 사용되었다.

- I want to buy a new house.

동사 buy 앞에 to를 사용하여 buy를 준동사로 바꾸고 to buy a new house를 want의 목적어로 사용하는 명사구가 생기게 된 경우이다.

문장에서 목적어는 명사만 올 수 있기 때문에 명사구가 쓰였으며, 앞서 배운 표현으로는 동사변형 중 to 부정사의 명사적 용법이라고 하는 것이다.

- I saw the woman standing next to the big tree.

동사 stand를 woman을 꾸며주는 형용사로 사용하기 위해 현재분사로 만들어준 경우이며, standing 이하가 명사인 the woman을 꾸며주는 형용사 역할을 하는 형용사구가 된 경우이다. 이 문장도 마찬가지로 동사변형 중 현재분사에 해당하며, 다음과 같이 종속 접속사의 관계대명사 절로도 변경이 가능하다.

- I saw the woman who was standing next to the big tree.

마지막으로 ed를 붙여 분사가 수동의 의미로 쓰이는 경우도 하나 살펴보고 가도록 하겠다.

- I used to live in a house surrounded by oak trees.

동사 surround가 house를 꾸며주는 형용사로 사용하기 위해 분사구로 만들어준 경우이며, 집이 나무를 둘러싼 것이 아니라 주어인 집이 나무에 둘러싸여 있기 때문에 수동의 의미로 동사원형+ed를 사용한 경우이다. 마찬가지로 준동사 surrounded가 명사 house를 꾸며주는 형용사로 사용된 경우로 surrounded 이하는 형용사구가 된다.

구는 이처럼 기존 기본 문법과 연결되어 있는 동시에 기존 문법에 의하여 부차적으로 생겨난 개념으로 봐도 좋다. 영문법은 같은 말을 다른 형태와 이름으로 부르고 있을 뿐 이처럼 다 연결되어 있다.

그러면 절에 대해 알아보기로 하겠다.

절은 구와 마찬가지로 문장을 명사, 형용사, 부사로 사용하기 위해 만들어진 개념이다. 이 또한 완전 새로운 개념이 아니라 앞서 종속 접속사를 설명할 때 나온 종속절이 여기에 해당한다.

문장에서 절을 명사로 만들어 명사절로 사용하는 것이 복문의 명사절이다.

명사절은 명사의 성격을 가지고 있어 문장에서 주어, 목적어, 보어의 역할을 한다.

- I know that he is not a rich guy.
  (S) (V) (O)

he is not a rich guy.에는 주어와 술어 모두 존재한다. 문장에서 know의 목적어로 사용하기 위해 that을 붙여 that 이하를 know의 목적어인 명사절로 만든 경우이다. 즉 우리말로 한 번 더 설명하면, 나는 안다 that 이하를 이라는 문장이다. 알기는 아는데 무엇을 아는지 목적어가 필요한 경우이다. "I know Calvin. I know your friend."처럼 목적어가 단어일 때는 절이 필요 없지만, 지금 문장처럼 목적어가 단어 또는 구가 아닌 문장이라면 이 문장을 목적어로 사용하기 위해 명사의 형태로 바꿔줘야 한다. 이때 종속 접속사 that이 필요하게 되며, 이를 명사절이라고 부른다.

우리말도 "나는 철수를 안다."처럼 목적어가 단어인 경우도 있지만, "나는 나무에 잘 올라가는 철수를 안다."처럼 구나 절이 필요한 경우도 있다.

이처럼 절은 문장을 문장성분으로 사용하기 위해 만들어지는 개념이다.

Chapter 3.

1시간에 끝내는 영어 말하기

1단계

소리의 비밀 (발음편)

3-1

영어와 우리말 소리는 뭐가 다를까?
(소리의 차이를 모르면 영어를 듣지도 말하지도 못한다)

이 장에서는 본격적으로 우리말과 영어발음에 어떤 차이가 있고 어떻게 해야 정확한 영어 소리를 낼 수 있는지 알아보도록 하겠다. 장담하건대 이 장에 나온 발음을 모두 학습하고 나면 당장 사전을 펼쳐 발음기호를 보고 소리를 내보고 싶은 충동을 느낄 것이다. 그리고 지금까지 막연히 알고 있던 소리에 대한 확신이 생기고, 대화에 자신감이 생길 것이다.

그러면 먼저 영어발음에 대해서 알아보자. 앞서 여러 번 설명한 것과 같이 영어에 있어서 정확한 발음은 명확한 의사전달을 하기 위한 매우 중요한 요소이다. 음치가 노래를 못하는 이유는 노래를 정확히 듣지 못해서라고 한다. 영어도 마찬가지다. 정확히 듣지 못하면 정확한 발음을 할 수 없다. 그리고 영어의 발음 원리를 정확히 알지 못하면 영어를 제대로 들을 수 없기 때문에 말을 할 때 정확한 발음으로 소리를 낼 수 없다. 그런데 우리는 이렇게 중요한 영어발음에 대해 심도 있게 학습하거나 배운 적이 없다. 그래서 영어의 소리를 우리말에 끼워 맞춘 형태로 받아들이는 습성이 있다. 이는 대화를 할 때 있어서 명확한 의사전달을 방해하게 된다.

한국뿐만 아니라 중국 사람들은 중국의 발음이, 일본 사람들은 일본어의 발음이 영어에 남아 있다. 지금부터라도 영어의 소리에 관심을 가지고 받아들여야 더욱 명료한 영어를 구사할 수 있다. 그러면 지금부터 영어 소리와 우리말 소리가 어떻게 다른지 알아보도록 하자.

1. 소리를 내는 최소 단위가 다르다

우리말의 최소 단위는 음절이고, 영어의 최소 단위는 음소이다. 음소의 사전적 정의를 찾아보면 음운론상 나눌 수 있는 소리의 최소 단위라고 나와 있다. 영어는 모음, 자음 각각 알파벳 하나만으로도 소리를 낼 수 있지만, 우리말은 음소만으로는 소리를 낼 수 없고 음소가 결합하여 만들어진 음절이 되어야 소리를 낼 수 있다. 즉, 음절이 최소 단위인 것이다.

- 한글음소: ㄱ, ㄴ, ㄷ, ㄹ, ㅁ, ㅂ, ㅅ, ㅏ, ㅣ, ㅜ, ㅔ, ㅗ
  (음소만으로 소리를 낼 수 없다)
- 영어음소: a, b, c, d, e, f, g, h, i, j, k, l, m, n
  (음소만으로도 소리를 낼 수 있다)

우리말은 음소단위인 ㄱ, ㄴ, ㄷ, ㄹ, ㅁ 등의 자음 또는 ㅏ, ㅔ, ㅣ, ㅗ, ㅜ 등의 모음만으로는 소리를 낼 수 없다. 가, 나, 다, 라, 마처럼 자음과 모음이 결합해야지만 소리를 낼 수 있다. 즉 소리를 내기 위해서는 자음, 모음이 최소 1개 이상씩은 필요하다. 하지만 영어는 음소단위인 g, n, d 등의 자음 또는 a, e, i, o, u 등의 모음 하나만으로도 소리를 낼 수 있다.

이러한 차이가 한국 사람의 영어발음을 이상하게 만든다. 대부분의 한국 사람들에겐 영어를 발음할 때 우리말 소리를 내는 것처럼 모든 자음에 모음을 붙여서 발음을 하는 습성이 있다. 이는 일본사람들이 맥도널드를 받침 없이 마쿠도나르도라고 발음하는 것만큼 원어민이 들었을 때는 매우 이상한 발음인 것이다.

예) Bus - 한글로 발음할 때는 버스로 발음된다. 하지만 정작 영어의 발음은 "버스"가 아니라 버ㅅ이다. 즉 s발음은 ㅅ만 발음하고 열어 둔채 끝내야 하는데 한글은 자음만으로 소리를 낼 수 없기 때문에, "ㅅ"에 "ㅡ"를 붙여 "스"라고 발음하게 된다. 그래서 외국인들이 들을 때 잘 알아듣지 못하게 되는 것이다. 이해를 돕기 위해 다음의 다른 예를 보도록 하겠다.

- bed "베드"가 아니라 "베ㄷ"
- bet "베트"가 아니라 "베ㅌ"

지금 이렇게 설명해도 이해가 안 될 수 있다. 왜냐하면 우리는 자음 + 모음이 최소 소리의 단위로 머릿속에 자리 잡혀 있기 때문에 자음만으로 소리를 낼 수 있다는 개념을 이해하기란 쉽지 않다. 하지만 뒤에 나올 음소 단위의 영어 소리를 공부하게 되면 이해가 될 것이다. 나 역시 이 부분이 처음에는 머리로는 이해가 되었는데 소리로는 도저히 구분해낼 수 없었다. 하지만 영어발음기호를 기준으로 꾸준히 발음 훈련을 하면 곧 구분이 가능해진다.

이렇게 영어발음을 할 때 모음을 붙이는 습관은 종성만이 아닌 초성, 중성, 종성에서 모두 나타나므로 정확한 발음을 하기 위해서는 영어 소리의 특징을 정확히 알아야 한다.

초성에 모음을 붙이는 잘못된 예

- student /ˈstuː.dənt/

발음기호를 보면 초성인 s뒤에 바로 t가 나온다. 그럼으로 우리말처럼 "스"라고 "ㅡ"모음을 붙이면 잘못된 발음이 되는 것이다.

-잘못된 발음: 스튜던트

-올바른 발음: ㅅ튜던ㅌ

종성에 모음을 붙이는 잘못된 예

- church /tʃɝːtʃ/

초성인 [tʃ] 다음에는 [ɝ]의 모음이 있음으로 우리말 "처"처럼 발음을 해도 되지만 종성은 모음 없이 [tʃ]로 끝나기 때문에 우리말 "치"로 발음하면 틀린 발음이 된다.

-잘못된 발음: 처치

-올바른 발음: 처ㅊ

열린 발음이란?

bus에서 종성인 "s"는 성대를 울리지 않고 혀를 윗니 뒤에 대고 틈을 만들어 ~스 하고 바람을 내보내면서 내는 소리이다. 이러한 자음만으로 내는 소리를 열린 발음이라고 한다. 하지만 한국 사람들은 종성 "s"를 발음할 때 우리말의 특성인 모음을 붙여서 "스"라고 발음을 한다. 즉, 모음으로 발음을 닫아 발음을 한다. 영어의 종성에는 자음으로만 끝나는 열린 발음들이 많이 있기 때문에 주의하여 발음해야 한다.

2. 영어의 발음은 모음을 중심으로 여러 개의 자음이 붙을 수 있다

이러한 소리의 특성이 만드는 문제 중 또 다른 부분으로는 영어는 모음을 중심으로 여러 개의 자음이 붙을 수 있다는 점이 있다. 다음의 예를 보자.

"STRANGE" 이 영어 단어는 STR과 NGE 사이에 A라는 모음이 하나 있는 1음절 단어이다. 하지만 한글로 읽을 때는 "스트레인지"라고 읽는 경우가 많다. 이렇게 하면 우리말로는 5음절로 늘어나게 된다. 즉, 올바른 영어 소리로 표현하기 위해서는 5개의 음절인 스트레인지를 한음절로 발음해야 하는 것이다. 영어를 이렇게 우리말처럼 발음하게 되면 발음이 많아져서 발음이 길어지게 된다. 이러한 차이는 모음을 중심으로 여러 개의 자음이 붙을 수 있는 영어의 특징 때문에 생겨나는 것이다.

또 다른 예로는 쉽지만 많이 실수하는 "and"를 살펴보도록 하자. 대부분의 사람들이 "앤드"라고 2음절로 발음하는 경우가 많은데, 정확한 영어발음은 "앤ㄷ" 1음절로 발음을 해야 한다. 두 개의 독립된 소리 같지만 초성과 종성이 다른 하나의 소리인 것이다. 우리말로 표현하자면 초성이 "앤"이고 종성이 "ㄷ"인 한음절로 발음해야 하는 것이다. 이러한 영어 소리의 특징으로 인하여 영어의 소리는 병렬식 구조라고도 한다. 한국식으로 "앤드"를 이렇게 하나씩 독립된 발음을 하면 두 음절이 되는 것이고, 반대로 "앤"만 발음하면 "ㄷ"가 묵음처리가 되어 잘못된 발음이 되는 것이다.

영어의 이러한 소리 구조로 인해 영미권 사람들이 한국말을 할 때, 모든 소리를 연결해서 말하는 습성이 나타난다. 우리말은 "안/녕/하/세/요" 이렇게 하나하나 끊어서 명료하게 발음하지만, 외국인들은 음절단위의 발음에 익숙하지 않기 때문에 소리를 다 연결해서 "아녀엉하아세에요" 처럼 길게 늘여서 발음하는 것이다. 우리에게는 "안녕하세요"가 정확히 5음절이다. 하지만 외국인들에게는 2음절 또는 3음절로 느껴진다. 그래서 음소를 연결하여 마치 2,3음절처럼 옆으로 늘려서 발음하게 되는 것이다.

3. 영어에는 한글과 똑같은 소리가 하나도 없다

우리말과 영어의 소리에는 똑같은 소리가 하나도 없다. 그럼에도 불구하고 대부분은 영어를 들을 때 이러한 사실을 인지하지 못하고 가장 유사한 우리말 소리에 매칭시켜서 듣고, 말한다. 그리고 이러한 잘못된 방법이 반복되어 결국 한국식 잘못된 발음이 만들어 지게 되는 것이다. 우리나라 지명표현에서도 예를 찾아 볼 수 있다.

부산의 영어 표기를 보면 Pusan도 있고 Busan도 있다. 사실 "P"와 "B"는 영어에 있어서는 완전히 다른 발음이나 한글로 표현을 할 때는 둘 다 "ㅂ"이나 "ㅍ"이라고 표현할 수밖에 없다. 왜냐하면 정확하게 우리말로 하면 "ㅂ"도 아니고 "ㅍ"도 아니기 때문이다. 무엇보다 영어에는 있는 유성음, 무성음의 구분이 우리말에는 없다. 그래서 우리 나라사람들은 대부분 "P"와 "B" 발음을 구분하지 못하고 같이 쓰는 경우가 많다. 이러다 보니 영어의 발음이 명료해지지 않는 것이다.

영어발음에 있어서 "B"와 "P"는 양 입술을 사용하며, 공기를 모았다가 터트리는 파열음이라는 점에서는 같으나 "B"는 성대를 울리는 유성음이고 "P"는 성대를 울리지 않는 무성음이라는 점에서 완전히 다르다. 즉 bus를 발음할 때는 버ㅅ하고 성대를 울려서 발음해야 하고, pork를 발음할 때는 성대를 울리지 않고 포ㅋ 라고 발음해야 한다.

우리말을 할 때는 유성음과 무성음, 즉 성대를 울리든 안 울리든 의미에 있어서 큰 차이가 없다. 하지만 영어의 소리에 있어서는 이러한 부분이 중요하기 때문에 발음에 차이를 두지 않으면 의미가 다르게 전달되어 웃지 못하는 일이 생기기도 한다.

이러한 유성음 무성음의 차이뿐만 아니라 같은 무성음에서도 조음 방식의 차이로 인하여 의미가 잘못 전달되는 경우도 있다.

예를 들면 돼지고기란 뜻의 pork의 발음과 음식을 먹을 때 사용하는 fork의 발음에서 p와 f는 모두 성대가 울리지 않는 무성음인 점은 같으나 조음 방식이 다르다. p는 양 입술을 붙였다 떼면서 공기를 터트리듯이 내는 양순음이고, f는 윗니와 아랫입술 사이에서 발생하는 치음이다. 이러한 발음의 구분을 하지 않고 같은 방식으로 발음을 하면 다음과 같은 일이 발생할 수 있다.

외국식당에 가서 Do you have a fork? 라고 하면 가끔 We don't serve pork.라고 하는 웃지 못하는 상황이 실제로 발생한다. 포크 있느냐고 물어봤는데 돼지고기로 알아듣고 대답하는 경우이다. 다시 정리해 보면 b, f, p, v는 한글로 표현할 때는 모두 유사하지만 사실 모두 다른 소리를 가지고 있는 것이다.

[f]-소리의 위치(입술과 이), 발성방식(마찰음), 성대의 진동 여부(무성음)

즉, 성대를 울리지 않은 상태에서 앞니와 입술 사이로 나는 소리이다.

※ 마찰음: 날숨이(내뱉는 숨) 어딘가에 간섭을 받아 나는 소리. 윗니를 아랫입술에 대고 그 사이로 바람을 내뱉으며 만드는 소리이다.

[v]-소리의 위치(입술과 이), 발성방식(마찰음), 성대의 진동 여부(유성음)

[f]의 소리를 내는 방법과 모두 동일하나 성대를 울려서 소리를 내야 한다.

[p]-소리위치(양 입술), 발성방식(파열음), 성대의 진동 여부(무성음)

입안에 공기를 모아 양 입술을 다물었다가 공기를 터트리며 소리를 낸다.

※ 파열음: 마찰음과 달리 입속에 공기를 모았다가 터트리며 내는 소리이다.

[b]-소리위치(양 입술), 발성방식(파열음), 성대의 진동 여부(유성음)

[p]와 동일한 방식이나 성대를 울려서 발음을 한다.

모두 유사하지만 다른 소리이며 더욱이 한글에는 없는 소리이다.
정확한 차이를 알기 위해 다음과 같은 영어 단어를 발음해 보자.

- face /feɪs/ (무성음)
- vase /veɪs/ (유성음)
- pace /peɪs/ (무성음)
- base /beɪs/ (유성음)

이렇게 유사하지만 다른 발음을 비교해 보면 소리가 어떻게 다른지 정확히 알 수 있으며, 이처럼 최소한의 음소만 달라 소리의 차이를 비교할 수 있는 것을 Minimal pair라고 한다.

4. 우리말과 달리 영어는 문장과 단어에는 강세(stress)가 있으며, 강세가 리듬을 만든다

영어는 우리말과 달리 문장 속에서도 강하게 말하는 단어가 있고 약하게 말하는 단어가 있다. 그리고 단어 하나하나 안에서도 강하게 발음하는 음절과 그렇지 않은 음절이 있다. 이러한 변화가 우리말과 달리 문장과 단어를 보다 리드미컬하게 만든다. 중국어에도 성조라는 것이 있다. 성조에 따라서 뜻이 달라지기도 한다. 영어도 중국어와 마찬가지로 단어의 강세(stress)에 따라서 뜻이 달라지기도 한다. 따라서, 영어에 있어서 강세(stress)는 있어도 되고 없어도 되는 것이 아니라 정확하게 해야 뜻이 명확하게 전달되는 요소이다. 원어민들은 발음이 정확하지 않아도 강세만 정확하게 말하면 오히려 알아듣는 경우도 있다. 강세의 법칙은 너무도 많고 복잡하여 우리가 다 알기는 쉽지 않다. 원어민들도 법칙을 외우고 암기해서 사용하기보다는 말을 배울 때 자연스럽게 알게 되는 부분이다. 따라서, 우리는 모든 규칙을 암기할 필요는 없으며 이런 것이 있다는 정도만 알고 쉐도우 스피킹 연습을 할 때 자연스럽게 받아들이면 된다. 하지만 다음과 같은 기본 규칙은 알아야 할 필요가 있다.

1) 문장 속에서 강하게 발음되는 품사와 약하게 발음되는 품사

■ 영어 품사별 stress

Stress가 있는 품사 (주요 내용이 있는 내용어)	Stress가 없는 품사 (내용보다는 기능어)
명사-star, light, river, home, school	전치사-at, in, to, with, on
형용사-good, beautiful, old, delicious	접속사-and, but, or, that
동사-run, eat, take, get, sleep, go	관사-a, an, the
부사-happily, easily, hardly, available	인칭대명사-you, he, she, they
의문사-what, where, when, who	조동사-will, can, may, shall, might
지시대명사-this, that, those, these	be 동사-am, are, is
감탄사-what, how	

영어는 문장 속에서 주요 내용을 전달하는 내용어인 명사, 형용사, 부사 등은 강하게 발음되며, 내용전달보다 기능을 담당하는 기능어인 전치사, 접속사, 관사 등은 거의 안 들리듯이 약하게 발음된다. 그래서 영어 리스닝을 할 때 관사가 잘 안 들리는 이유이기도 하다.

2) 영어는 단어 자체에도 강세가 있다

영어는 앞서 설명한 문장에서의 강세뿐만 아니라 단어 안에서도 강하게 발음되는 음절이 있고 약하게 발음되는 음절이 있다. 같은 단어라도 강세의 위치에 따라서 뜻이 달라지기도 하고 강세의 위치를 다르게 발음하면 다른 뜻으로 전달될 수 있기 때문에 단어마다 정확한 강세의 위치를 알아야 한다.

예를 들면, immediately/ɪ'miː.di.ət.li/라는 단어가 있다고 하자. 이 단어는 2음절에 강세가 있다. 즉, imMEdiately로 발음해야 한다. 하지만 IMmediately로 1음절에 강세를 두고 발음하게 되면 단어 자체를 못 알아들을 수 있다. 영어의 발음에서 이처럼 강세의 위치가 단어를 들을 때 중요한 정보가 되기 때문이다.

좀 더 이해를 돕기 위해 우리나라 오락 프로그램 중에 있는 게임을 예를 들어 보자.

예전 TV프로그램 중에 단어를 정해놓고 한 음절씩 높여 말하는 게임이 있었다. “강강술래”가 제시어라고 하면 다음과 같이 해야 한다.

강강술래, 강강술래, 강강술래, 강강술래

이런 것이 영어 단어에 있어서 강세로 이해하면 된다. 이러한 부분을 이해하지 못하면 영어의 소리를 정확히 들을 수 없다.

우리나라 말은 이렇게 다른 부분에 강세를 주어 말 한다고 하더라도 뜻이 변하지 않는다. 하지만 영어는 다음과 같이 뜻이 변하는 경우까지 있다.

- Present (명사, 선물), pREsent (동사, 제공하다.)
- Object (명사, 사물), obJEct (동사, 반대하다.)

이렇듯 영어는 우리말과 달리 문장과 단어 속에 강세가 있으며, 이러한 강세가 영어를 말할 때 마치 노래처럼 영어 문장을 리드미컬하게 만드는 것이다. 이러한 소리의 특징을 잘 이해해야 보다 원어민에 가까운 유창한 영어를 구사할 수 있다.

앞서 살펴본 바와 같이 얼핏 보면 우리말과 영어의 소리가 비슷한 것 같지만 정확히 소리의 원리를 알고 보면 완전히 다른 소리라는 것을 알 수 있다. 하지만 우리는 영어의 소리 공부를 정확히 해 본 적이 없으며, 대부분의 영어 발음은 우리가 이미 알고 있는 가장 유사한 한글 발음에 매칭시켜 흉내 내고 연습한 것이다. 그렇기 때문에 명료하고 정확한 영어 소리를 낼 수 없었고, 실제 이로 인하여 외국인과의 대화에서 어려움을 겪어왔다.

지금부터라도 올바른 방식의 영어발음을 학습하여 명료하고 정확한 발음을 하도록 노력하자. 그러다보면 의사소통에 어려움 없이 자연스럽게 프리토킹할 수 있는 단계까지 도달할 수 있을 것이다.

3-2

영어발음 파닉스인가? 발음기호인가?

앞서 설명한 대로 원활한 대화를 하기 위해 문법이 아닌 영어발음이 왜 중요한지에 대해서 알게 되었다. 또한 이 중요한 발음에 대해서 우리가 얼마나 그동안 등한시 했는지도 알게 되었다. 이제부터라도 정확한 발음을 공부해서 더 명료한 소리를 내야겠다는 마음까지 들었을 것이다. 그러면 정확한 영어발음 습득을 위해서 무엇을 어떻게 공부해야 하는 것일까? 누구는 파닉스(Phonics)를 공부해야 하고 누구는 IPA(발음기호)[1]를 공부해야 한다고 한다. 둘 다 많이 들어본 말이기는 한데 정확한 차이를 바르게 알고 있는 사람은 많지 않을 것이다.

언뜻 보면 별 차이가 없어 보이는 이 둘에는 태생적인 차이가 있다. 이를 이해하기 위해서는 다시 영어 소리의 원론으로 돌아가야 한다.

영어와 우리말은 모두 소리글자이다. 소리의 최소 단위는 음소이며, 우리말과 영어의 자음과 모음이 이에 해당한다. 하지만 영어와 우리말의 소리의 법칙 중 가장 큰 차이는 우리말은 음절(자음 + 모음)이 최소 소리의 단위이고 영어는 음소가 최소 소리의 단위라는 점이다. 즉 한글은 ㄱ, ㄴ, ㄷ과 같이 자음만으로 소리를 낼 수 없는 반면, 영어는 a, b, c와 같이 자음 또는 모음만으로도 소리를 낼 수 있다. 한국 사람들이 대부분 영어를 말할 때 이 자음에 습관적으로, ㅣ, ㅡ를 붙여서 발음하기 때문에 잘못된 영어발음을 하는 것이다. 영어발음은 모음 없이 자음만으로도 소리를 낼 수 있다.

1) IPA(International Phonetic Association): 국제음성학회에서 만든 음성기호

- 한글의 최소 소리 단위: 음절(자음 + 모음) / 가, 나, 다
- 영어의 최소 소리 단위: 음소(자음 또는 모음) / a, b, c

영어는 음소단위로 발음을 하는 소리글자이다. 소리를 더 세분화하여 발음할 수 있다는 점에서 문제가 생긴다. 우리말의 최소 소리단위인 음절은 한 개의 글자에 한 개의 소리만 가지고 있다. 예를 들면, 한글에서 "한"은 다른 소리를 낼 수 없다. 하지만 영어는 한글과 달리 완벽한 소리글자가 아니기 때문에 같은 모양의 알파벳이라고 할지라도 단어에 따라서 다른 소리가 난다. 알파벳 "O"를 예로 들어 보도록 하자. Olympic, Oriental, Olive는 모두 모음인 "O"로 시작하는 단어들이다. 하지만 그 소리는 다 다르게 나며, 그 이유는 발음기호가 다르기 때문이다. 반대로 알파벳은 다르나 발음기호가 같아 다른 알파벳이 같은 소리를 내는 경우도 있다.

※ 영어는 알파벳의 숫자보다 소리의 숫자가 많아 알파벳으로는 모든 소리를 표현할 수 없는 불안전한 소리글자이기 때문에 정확한 소리를 표현하기 위해서 별도의 발음기호를 사용하고 있는 것이다.

1) 알파벳은 같으나 발음기호(IAP)가 다른 경우

- Olympic [ə'lɪmpɪk]
- Oriental [ɔːri'entl]
- Olive ['ɑːlɪv]

※ 상기 발음기호의 소리가 어떻게 다른지에 대해서는 뒤에 나오는 모음 소리의 비밀을 참고하길 바란다.

2) 발음기호(IPA)는 같으나 알파벳이 다른 경우

- receive /rɪ'siːv/
- cheer /tʃɪr/
- tear /tɪr/

이렇다보니 원어민들도 알파벳만으로는 처음 보는 단어를 정확히 읽을 수가 없는 것이다. 정확히 소리를 내기 위해서는 알파벳 옆에 발음기호를 적어놓아야 한다. 하지만 그렇게 하면 책, 신문, 잡지 등 문자로 되어 있는 글을 읽기가 매우 번거로울 것이다. 이를 위해서 원어민들이 소리의 규칙을 정리한 것이 바로 파닉스인 것이다.

즉, 파닉스는 영어 알파벳들의 조합과 패턴을 보고 일정 규칙을 바탕으로 발음을 유추하는 것이다.

예를 들면 ch는 /tʃ/로 발음되며, ng는 /ŋ/으로, ph는 /f/로, sh는 /ʃ/로, th는 /θ/ 나 /ð/로 발음되는 규칙을 나타낸다. 파닉스를 알면 church를 처음 보는 단어라고 하더라도 이러한 규칙을 통해서 /tʃɜːtʃ/로 소리가 나는 것을 유추해 낼 수 있다.

하지만 여기에도 문제가 없는 것은 아니다. 앞서 설명한 대로 모든 알파벳이 모든 단어에 있어 동일하게 소리가 나지 않는 예외적인 경우가 상당히 많기 때문이다.

파닉스는 약 75%에 해당하는 영어 단어는 규칙이 맞지만 약 25%에 해당하는 단어는 규칙을 벗어난다고 한다. 그렇기 때문에 파닉스를 완벽하게 익힌다고 하더라도 완벽하게 영어의 소리를 낼 수 있는 것은 아니다. 예를 들면, chain과 chair는 모두 ai라는 이중모음을 포함하고 있지만 다음과 같이 서로 다른 소리를 가지고 있다.

- chain /tʃeɪn/
- chair /tʃeər/

원어민들은 파닉스 교육만으로도 많은 경험을 통하여 단어의 발음을 대부분 유추해낼 수 있다. 하지만 원어민이라고 해서 100% 맞출 수 있는 것은 아니다. 미국의 유명한 Spelling Bee라는 인기 프로그램이 있다. 이 프로그램은 문제를 듣고 답을 맞추는 퀴즈 프로그램인데, 핵심은 정답인 단어의 소리만

이 아니라 알파벳을 같이 맞춰야 한다는 점에 있다. 이는 영어 단어의 알파벳과 소리가 일치하지 않기 때문에 가능한 퀴즈인 것이다. 한국 사람들 입장에서 보면 매우 이해가 안 되는 게임이다. 우리에게는 처음 보는 글자의 소리를 듣고 받아 적는 것이 그리 어려운 일이 아니기 때문이다. 하지만 영어는 음소 단위의 언어이고 알파벳만으로는 모든 소리를 표현할 수 없기 때문에 이런 프로그램이 있을 수 있는 것이다. 만약 영어가 알파벳이 아니라 발음기호로 적혀 있다면 이런 게임도 없을 것이고 파닉스도 배울 일이 없을 것이다.

그러면 발음기호는 무엇일까? 파닉스가 원어민을 위한 알파벳 조합에 따른 소리에 대한 규칙을 가르치는 교육방법이라면 발음기호(IPA)는 서로 다른 국가 간에 다른 소리로 표현되는 언어를 공통기호로 기록하기 위해 1888년에 국제음성학회(International Phonetic Association)에서 발표한 음성기호이다. 나라마다 소리의 법칙이 달라 조금씩의 변형이 있지만, 이 음성기호로 모든 소리를 표현할 수 있는 것이다.

따라서 우리가 모국어가 아닌 외국어를 배울 때 정확한 소리를 알기 위해서는 파닉스가 아닌 발음기호로 공부를 해야 한다. 원어민처럼 많은 경험이 있어 파닉스가 갖고 있는 예외적인 규칙을 정확히 유추할 수 있다면 파닉스가 적합하겠지만, 원어민이 아닌 우리처럼 영어를 공부하는 사람들이 정확한 발음을 알기 위해서는 파닉스가 아닌 발음기호를 공부해야 하는 것이다.

발음기호가 어떤 단어에서 어떻게 소리를 표시하는지는 뒤에서 자세히 알아보기로 하겠다.

※ 즉, 파닉스는 원어민에 있어 처음 보는 단어가 어떻게 소리가 날 수 있는지 유추하는 데 도움이 되지만 원어민이 아닌 우리가 모르는 단어의 정확한 소리를 알기 위해서는 발음기호를 알아야 하는 것이다.

영어 단어를 발음한다는 것은 다음의 3가지를 정확하게 표현해야 하는 것이다.

1) 단어가 가지고 있는 정확한 소리

영어는 알파벳의 수보다 소리의 수가 더 많아 정확한 소리를 알기 위해서는 발음기호를 알아야 한다. 즉, 알파벳 기준이 아니라 영어발음기호를 기준으로 소리가 정확히 어떻게 나는지를 알아야 한다.

2) 뜻을 전달하는 강세

사전 외에 영어표기에 있어서 단어 자체에 강세를 표시하지는 않는다. 하지만 실제 원어민들은 단어를 들을 때 강세의 정보로 더 많은 내용을 받아들이고 인지한다.

또한 강세가 다르면 같은 단어에서도 뜻이 달라지기도 한다.

- object /ˈɑːb.dʒɪkt/

품사: 명사, 뜻: 물건, 사물

- object /əbˈdʒekt/

품사: 동사, 뜻: 반대하다

상기 단어에서 보듯이 object라는 단어는 첫음절에 강세가 오면 "사물"이라는 명사가 되고, 2음절에 강세가 오면 "반대하다"의 동사로 사용된다.

3) 단어가 가지고 있는 음절

영어 단어만 보고는 실제로 소리가 나는 음절의 단위를 알 수 없다. 예를 들면, 엔어멀이 맞는지? 에너멀이 맞는지? 알 수 없다. 따라서 음절의 구분을 알아야 정확한 소리를 발음 할 수 있다.

- animal /ˈæn.ə.məl/: 엔어멀 (○)
- animal /ˈæ.nə.məl/: 에너멀 (×)

결론적으로 우리가 모국어가 아닌 영어의 소리를 보다 정확히 익히기 위해서는 파닉스보다는 발음기호(IPA)를 기준으로 단어가 가지고 있는 앞서 살펴본 3가지 정보를 모두 습득해야 한다.

3-3

잘못된 외래어 발음이 영어발음을 망친다

앞서 설명한 대로 영어발음을 정확히 내기 위해서는 1) 영어의 소리(IPA), 2) 영어의 강세, 3) 영어의 음절구분을 알아야 한다. 우리는 영어의 이러한 소리의 특성을 모르고 있어서 영어를 들을 때 우리가 알고 있는 우리말 발음과 가장 유사한 발음에 연결시켜 잘못된 발음을 만드는 것이다. 이러한 잘못된 발음의 대표적인 예가 등잔 밑이 어둡다고 우리가 의심 없이 사용하고 있는 외래어, 또는 우리가 너무나 당연하게 생각하는 쉬운 단어에서 나타난다. 따라서 영어발음을 교정하기 위해서는 우리가 너무나 잘 알고 있어 당연하다고 생각하는 발음부터 고쳐 나가야 한다. 쉬운 단어들은 사용 빈도가 높아 상대적으로 의심 없이 사용되며, 이로 인하여 생각보다 잘못 발음되는 경우가 많기 때문이다. 여기에서는 우리가 잘못 발음하기 쉬운 외래어 위주로 각각 단계별로 1) 알파벳 정보만 있는 경우, 2) 발음기호(IPA)가 있는 경우, 3) 강세가 있는 경우, 4) 음절 정보가 포함된 경우로 나누어서 각각의 정보가 정확한 발음을 하는데 왜 중요한지에 대해서 알아보기로 하겠다.

1) 영어 알파벳 정보로만 읽어보기

알파벳 정보만으로는 단어를 정확히 소리 낼 수 없다.

알파벳으로만 읽어 보고 나중에 발음기호를 보면 기존에 당연하게 생각하고 있던 영어발음이 실제로는 다른 부분이 많다는 것을 알게 될 것이다.

2) IPA와 함께 읽어보기

영어의 소리에는 우리말과 같은 소리가 하나도 없다. 따라서 발음기호를 기준으로 정확한 영어의 소리를 알아야 한다. 발음기호를 보고 소리를 내 보면 알파벳 정보만 봤을 때와는 영어의 소리가 어떻게 다른지 알 수 있을 것이다.

3) IPA + 강세 정보와 함께 읽어보기

버낸어가 아니라 버낸어다. 강세의 정확한 위치를 모르면 의미 전달이 안 된다. 정확한 강세 정보가 같이 있어야 보다 정확한 영어발음을 할 수 있다.

4) IPA + 강세 정보 + 음절 구분 정보와 함께 읽어보기

정확한 소리를 발음하기 위해서 마지막으로 음절 구분을 알아야 한다. 버내너인지, 버낸어인지 음절을 구분해야 정확한 발음을 할 수 있다.

앞서 4단계를 순서대로 학습해 보면 왜 1) 영어의 소리, 2) 영어의 강세, 3) 영어 음절의 구분을 모두 알아야 하는지 이해할 수 있을 것이다. 이해를 돕기 위해 우리가 가장 쉽게 혼동하여 사용하는 외래어를 기준으로 알아보도록 하겠다.

외래어는 우리가 너무도 당연히 우리말로 발음을 하고 있어 외국인과 영어 사용 시 가장 많은 혼동을 주는 부분이다. 이 부분만 발음을 수정해도 영어가 많이 고급스러워지며, 수정된 발음을 다른 단어에 확장하여 적용할 수 있기 때문에 매일 반복해서 훈련하면 전체적으로 발음이 좋아지는 것을 경험할 수 있다.

영어발음을 교정하기 위해서는 너무나도 당연하게 생각하던 발음들을 처음부터 끝까지 다 의심하고 아주 쉬운 단어부터 다시 교정을 시작해야 한다. 우리가 당연하다고 생각하던 소리가 실제로는 그렇게 소리가 나지 않을 확률이 매우 높기 때문이다.

표를 보기 전에 이해를 돕기 위해 일단 쉬운 외래어의 예로 상기 3가지 단어의 정보들이 어떤 역할을 하는지 알아보도록 하자.

우리가 banana란 단어를 처음 보는 단어라고 생각해 보자. 이러한 경우 만약 알파벳만 있다면 우리는 정확한 소리를 내지 못한다. 바나나인지? 버낸어인지? 바너나인지? 모른다. 하지만 IPA가 있다면 정확한 소리는 낼 수 있다.

/bənænə/ 이제 우리는 "버낸어"라고 읽을 수 있다. 하지만 강세 정보가 없으므로 버낸어인지? 버낸어인지? 알 수 없다.

/bə'nænə/ 이렇게 강세 정보가 있어야 버낸어로 정확히 읽을 수 있다. 하지만 아직도 음절 구분이 없기 때문에 완벽하지는 않다. 버낸어가 맞는지? 아니면 버내너가 맞는지 알 수 없다. 보다 정확히 알기 위해서는 다음과 같은 음절 정보가 있어야 한다.

/bə'næn.ə/ 즉 정확한 발음은 굳이 우리말로 표현을 하자면 버낸-어이며, 2음절에 강세가 있는 3음절의 단어인 것이다. 이렇게 어디서 음절이 나뉘는지 모르면 버낸어를 버내너로 발음할 수 있으며, 이러한 미묘한 차이가 모이면 명료하지 못한 발음이 되는 것이다. 우리말로 따지면 마치 띄어쓰기를 잘못하여 "아버지 가방에 들어가신다."와 같은 느낌이다.

다음 표는 우리가 발음을 잘못 알고 사용하고 있을 확률이 높은, 쉽게 접할 수 있는 외래어를 모아놓은 것이다. 첫 번째는 알파벳만 표시를 했고, 두 번째는 IPA, 세 번째는 강세 그리고 네 번째는 음절의 구분을 각각 추가하여 표기하였다.

처음에는 영어 알파벳만 보고 본인이 생각하는 영어발음을 말해 보도록 하자. 그리고 두 번째는 IPA를 보고 발음을 해 보도록 하자. IPA를 보면 생각했던 것보다 많은 단어들이 실제로는 소리가 다른 것을 발견할 수 있을 것이다. 그리고 세 번째는 IPA와 강세, 네 번째는 음절의 구분까지 생각하면서 발음해 보도록 하자. 마지막으로 원어민 음성파일을 들으면서 자신의 발음과 원어민 발음이 어떻게 다른지 비교하면서 들어 보자. 이렇게 표에 나와 있는 기본 단어들로 연습을 하다 보면 지금까지 내가 생각했던 발음과 다른 부분을 찾을 수 있을 것이고, 또한 영어 단어에 있어서 왜 강세와 음절의 구분이 중요한지 알게 될 것이다. 여기에 나와 있는 기본 외래어 발음을 익히고 난 후 다른 단어를 학습할 때 동일한 방식으로 정확한 영어의 소리, 강세, 음절 구분을 학습한다면, 점점 원어민과 비슷한 영어발음에 접근할 수 있다.

※ 다음 표에 나와 있는 영어 단어들을 정확하게 읽기 위해서는 뒤에 나오는 영어 자음, 모음의 소리를 먼저 학습한 후 읽어보기를 권한다.

기존에 알고 있는 소리와 실제 원어민의 발음이 어떻게 다른지 이 책에서 제공되는 MP3 파일을 통하여 확인해 보도록 하자. 하지만 절대로 원어민 발음을 먼저 듣지 말고 스스로 1~4단계까지 발음을 먼저 해 보도록 하자. 스스로 차이점을 알아야 발전이 있다.

1) 영어 알파벳 정보로만 읽어보기

발음기호 없이 한번 읽어보길 바란다. 다음 페이지에서 IPA를 확인해 보면 생각했던 것과 다른 발음들이 많이 있을 것이다.

1) 영어 단어	우리말	2) IPA (US)	3) IPA+강세	4) IPA+강세+음절 구분
alcohol	알코올			
alkali	알칼리			
allergy	알레르기			
amateur	아마추어			
ballet	발레			
basil	바질			
biscuit	비스킷			
buffet	뷔페			
cafe	카페			
calory	칼로리			
camera	카메라			
chocolate	초콜릿			
cocoa	코코아			
collagen	콜라겐			
cosmos	코스모스			

Eiffel Tower	에펠타워			
erotic	에로틱			
film	필름			
label	라벨			
marathon	마라톤			
margarine	마가린			
mascara	마스카라			
narration	내레이션			
oasis	오아시스			
omelet	오믈렛			
opera	오페라			
orange	오렌지			
paris	파리			
radio	라디오			
ribbon	리본			
salmon				
sauna	사우나			
socket	소켓			
telepathy	텔레파시			
ticket	티켓			
veteran	베테랑			

2) IPA 정보로 읽어보기

이제 IPA 정보와 함께 읽어 보도록 하자. 생각했던 영어발음과 실제 발음이 많은 차이가 있다는 것을 알게 될 것이다. (자음, 모음 소리의 비밀 학습 후 읽어 보길 권한다.)

1) 영어 단어	우리말	2) IPA (US)	3) IPA+강세	4) IPA+강세+음절 구분
alcohol	알코올	/ælkəhɑːl/		
alkali	알칼리	/ækəlaɪ/		
allergy	알레르기	/ælɚdʒi/		
amateur	아마추어	/æmətʃɚ/		
ballet	발레	/bæleɪ/		

basil	바질	/beɪzəl/		
biscuit	비스킷	/bɪskɪt/		
buffet	뷔페	/bəfeɪ/		
cafe	카페	/kæfeɪ/		
calory	칼로리	/kælɚi/		
camera	카메라	/kæmrə/		
chocolate	초콜릿	/tʃɑ:klət/		
cocoa	코코아	/kəʊkəʊ/		
collagen	콜라겐	/kɒlədʒən/		
cosmos	코스모스	/kɑ:zmoʊs/		
Eiffel Tower	에펠타워	/aɪfəltaʊɚ/		
erotic	에로틱	/ɪrɑ:t̬ɪk/		
film	필름	/fɪlm/		
label	라벨	/leɪbəl/		
marathon	마라톤	/merəθɑ:n/		
margarine	마가린	/mɑ:rdʒɚri:n/		
mascara	마스카라	/mæskerə/		
narration	내레이션	/nereɪʃən/		
oasis	오아시스	/oʊeɪsɪs/		
omelet	오믈렛	/ɑm·lɪt,ɑmə-/		
opera	오페라	/ɒpərə/		
orange	오렌지	/ɔ:rɪndʒ/		
paris	파리	/perɪs/		
radio	라디오	/reɪdioʊ/		
ribbon	리본	/rɪbən/		
salmon		/sæmən/		
sauna	사우나	/saʊnə/		
socket	소켓	/sɑ:kɪt/		
telepathy	텔레파시	/təlepəθi/		
ticket	티켓	/tɪkɪt/		
veteran	베테랑	/vet̬ɚən/		

3) IPA + 강세 정보로 읽어보기

강세는 있어도 되고 없어도 되는 것이 아니라 정확한 의미 전달을 위해서는 필수적인 요소이다.

1) 영어 단어	우리말	2) IPA (US)	3) IPA+강세	4) IPA+강세+ 음절 구분
alcohol	알코올	/ælkəhɑ:l/	/ˈælkəhɑ:l/	
alkali	알칼리	/ækəlaɪ/	/ˈælkəlaɪ/	
allergy	알레르기	/æləʳdʒi/	/ˈæləʳdʒi/	
amateur	아마추어	/æmətʃəʳ/	/ˈæmətʃəʳ/	
ballet	발레	/bæleɪ/	/bælˈeɪ/	
basil	바질	/beɪzəl/	/ˈbeɪzəl/	
biscuit	비스킷	/bɪskɪt/	/ˈbɪskɪt/	
buffet	뷔페	/bəfeɪ/	/bəˈfeɪ/	
cafe	카페	/kæfeɪ/	/ˈkæfˈeɪ/	
calory	칼로리	/kæləʳi/	/ˈkæləʳi/	
camera	카메라	/kæmrə/	/ˈkæmrə/	
chocolate	초콜릿	/tʃɑ:klət/	/ˈtʃɑ:klət/	
cocoa	코코아	/kəʊkəʊ/	/ˈkəʊkəʊ/	
collagen	콜라겐	/kɒlədʒən/	/ˈkɒlədʒən/	
cosmos	코스모스	/kɑ:zmoʊs/	/ˈkɑ:zmoʊs/	
Eiffel Tower	에펠타워	/aɪfəltaʊəʳ/	/aɪfəlˈtaʊəʳ/	
erotic	에로틱	/ɪrɑ:t̬ɪk/	/ɪˈrɑ:t̬ɪk/	
film	필름	/fɪlm/	/fɪlm/	
label	라벨	/leɪbəl/	/ˈleɪbəl/	
marathon	마라톤	/merəθɑ:n/	/ˈmerəθɑ:n/	
margarine	마가린	/mɑ:rdʒəʳri:n/	/mɑ:rdʒəʳˈri:n/	
mascara	마스카라	/mæskerə/	/mæsˈkerə/	
narration	내레이션	/nereɪʃən/	/nerˈeɪʃən/	
oasis	오아시스	/oʊeɪsɪs/	/oʊˈeɪsɪs/	
omelet	오믈렛	/ɑm·lɪt,ɑmə-/	/ˈɑmlɪt,ɑmə-/	
opera	오페라	/ɒpərə/	/ˈɒpərə/	
orange	오렌지	/ɔ:rɪndʒ/	/ˈɔ:rɪndʒ/	
paris	파리	/perɪs/	/ˈperɪs/	
radio	라디오	/reɪdioʊ/	/ˈreɪdioʊ/	
ribbon	리본	/rɪbən/	/ˈrɪbən/	

salmon		/sæmən/	/ˈsæmən/	
sauna	사우나	/saʊnə/	/ˈsaʊnə/	
socket	소켓	/sɑ:kɪt/	/ˈsɑ:kɪt/	
telepathy	텔레파시	/təlepəθi/	/təˈlepəθi/	
ticket	티켓	/tɪkɪt/	/ˈtɪkɪt/	
veteran	베테랑	/vet̬ɚən/	/ˈvet̬ɚən/	

4) IPA + 강세 + 음절 구분 정보로 읽어보기 TRACK 001

영어 단어 발음의 모든 정보가 있기 때문에 완벽한 단어의 소리를 낼 수 있다.

1) 영어 단어	우리말	2) IPA (US)	3) IPA+강세	4) IPA+강세+ 음절구분
alcohol	알코올	/ælkəhɑ:l/	/ˈælkəhɑ:l/	/ˈæl.kə.hɑ:l/
alkali	알칼리	/ækəlaɪ/	/ˈælkəlaɪ/	/ˈæl.kəl.aɪ/
allergy	알레르기	/ælɚdʒi/	/ˈælɚdʒi/	/ˈæl.ɚ.dʒi/
amateur	아마추어	/ˈæmətʃɚ/	/ˈæmətʃɚ/	/ˈæm.ə.tʃɚ/
ballet	발레	/bæleɪ/	/bælˈeɪ/	/bælˈeɪ/
basil	바질	/beɪzəl/	/ˈbeɪzəl/	/ˈbeɪ.zəl/
biscuit	비스킷	/bɪskɪt/	/ˈbɪskɪt/	/ˈbɪs.kɪt/
buffet	뷔페	/bəfeɪ/	/bəˈfeɪ/	/bəˈfeɪ/
cafe	카페	/kæfeɪ/	/ˈkæfˈeɪ/	/kæfˈeɪ/
calory	칼로리	/kælɚi/	/ˈkælɚi/	/ˈkæl.ɚ.i/
camera	카메라	/kæmrə/	/ˈkæmrə/	/ˈkæm.rə/
chocolate	초콜릿	/tʃɑ:klət/	/ˈtʃɑ:klət/	/ˈtʃɑ:k.lət/
cocoa	코코아	/koʊkoʊ/	/ˈkoʊkoʊ/	/ˈkoʊ.koʊ/
collagen	콜라겐	/kɒlədʒən/	/ˈkɒlədʒən/	/ˈkɒl.ə.dʒən/
cosmos	코스모스	/kɑ:zmoʊs/	/ˈkɑ:zmoʊs/	/ˈkɑ:z.moʊs/
Eiffel Tower	에펠타워	/ˌaɪfəltaʊɚ/	/aɪfəltaʊɚ/	/ˌaɪ.fəlˈtaʊ.ɚ/
erotic	에로틱	/ɪrɑ:t̬ɪk/	/ɪˈrɑ:t̬ɪk/	/ɪˈrɑ:.t̬ɪk/
film	필름	/fɪlm/	/fɪlm/	/fɪlm/

label	라벨	/leɪbəl/	/'leɪbəl/	/'leɪ.bəl/
marathon	마라톤	/merəθɑːn/	/'merəθɑːn/	/'mer.ə.θɑːn/
margarine	마가린	/mɑːrdʒɚriːn/	/mɑːrdʒɚ'riːn/	/ˌmɑːr.dʒɚ'riːn/
mascara	마스카라	/mæskerə/	/mæs'kerə/	/mæs'ker.ə/
narration	내레이션	/nereɪʃən/	/ner'eɪʃən/	/ner'eɪ.ʃən/
oasis	오아시스	/oʊeɪsɪs/	/oʊ'eɪsɪs/	/oʊ'eɪ.sɪs/
omelet	오믈렛	/ɑm·lɪtɑmə-/	/'ɑmlɪt,ɑm·ə-/	/'ɑm·lɪt, 'ɑm·ə-/
opera	오페라	/ɒpərə/	/'ɒpərə/	/'ɒp.ər.ə/
orange	오렌지	/ɔːrɪndʒ/	/'ɔːrɪndʒ/	/'ɔːr.ɪndʒ/
Paris	파리	/perɪs/	/'perɪs/	/'per.ɪs/
radio	라디오	/reɪdioʊ/	/'reɪdioʊ/	/'reɪ.di.oʊ/
ribbon	리본	/rɪbən/	/'rɪbən/	/'rɪb.ən/
salmon		/sæmən/	/'sæmən/	/'sæm.ən/
sauna	사우나	/saʊnə/	/'saʊnə/	/'saʊ.nə/
socket	소켓	/sɑːkɪt/	/'sɑːkɪt/	/'sɑː.kɪt/
telepathy	텔레파시	/təlepəθi/	/tə'lepəθi/	/tə'lep.ə.θi/
ticket	티켓	/tɪkɪt/	/'tɪkɪt/	/'tɪk.ɪt/
veteran	베테랑	/vet̬ɚən/	/'vet̬ɚən/	/'ve.t̬ɚ.ən/

※ 여기에 표기한 우리말은 우리말 사전 외래어 표기법 기준임.

TIP PLUS!

우리의 영어발음이 한국형(콩글리쉬) 영어발음이 되는 과정

① 영어의 정확한 소리를 모르면서 영어 소리에 대해서 학습하지 않았다.

② 영어 소리를 듣고 소리를 낼 때 가장 유사한 우리말과 매칭을 시킨다.

⇒ eg. 영어의 자음 [p] 또는 [f]를 우리말 "ㅍ" 또는 "ㅂ"에 매칭하지만 실제로는 전혀 다른 소리이다.

③ 잘못 매칭된 영어 소리의 규칙을 다른 단어에도 자연스럽게 적용한다.

⇒ cafe는 외래어로 우리가 어렸을 때부터 발음을 카페로 인지하고 있다. 주변에서 너무 많이 들었기 때문이다. 하지만 정확한 발음은 cafe /kæf'eɪ/이로 발음된다.

이렇게 잘못된 정보를 바탕으로 잘못된 소리를 계속 쓰다 보면 원래의 소리인 /kæf'eɪ/를 알게 되었더라도 사용함에 있어서 상당히 어색함을 느끼게 된다. 더 큰 문제는 잘못된 소리의 규칙을 다른 단어에 확대하여 잘못 적용한다는 것이다. 예를 들어 유사한 단어인 buffet이라는 단어를 처음 접했다고 하면, cafe에서 fe가 우리말 소리로 "페"로 소리가 났기 때문에 buffet도 뷔페로 발음할 확률이 매우 높으며, 이러한 잘못된 사용이 누적되면서 fe는 "페"라고 소리가 난다는 잘못된 지식이 머리에 굳어지게 된다. 그리고 f는 우리말 "ㅍ", e는 우리말 "ㅔ"로 소리가 난다고 생각을 하게 되는 것이다.

단어를 처음 접했을 때 IPA의 발음기호를 봤다면 어렵지 않게 발음할 수 있으나 각자가 가지고 있는 잘못된 발음 지식으로 자의적으로 소리를 내서 잘못된 소리로 인식되는 것이다.

④ 자신만의 잘못된 영어 소리가 자신만의 소리로 머릿속에 자리 잡는다.

⇒ 잘못된 영어 소리를 스스로 믿게 된다.

⑤ 잘못된 영어 소리를 아무 의심 없이 반복해서 사용한다.

⑥ 잘못된 발음 지식을 처음 접하는 다른 단어에도 확대 적용한다.

⑦ 상대방은 그 소리를 알아듣지 못하고 본인은 원어민이 정확하게 발음을 해도 잘못된 발음 정보가 들어 있어 원어민의 소리를 듣지 못하게 된다.

⇒ 머릿속에 cafe의 발음이 영어로 "카페"라고 들어 있으면, 아무리 원어민이 "/kæf'eɪ/"라고 말해도 알아듣지 못하는 것이다.

영어발음을 교정하는 과정

① 지금까지의 영어 소리에 대한 지식을 모두 잊는다.

② 영어의 소리는 우리말의 소리와 전혀 다르고 같은 부분이 하나도 없다고 우리의 뇌를 리셋한다.

③ 영어의 자음, 모음 소리의 개별 특성을 익힌다. (IPA기준으로 학습한다.)

④ 우리가 알고 있는 아주 기본적인 단어부터 영어의 소리를 다시 확인한다.

⑤ 기존에 알고 있던 소리와 다른 소리가 있으면 Naver 단어장에 저장한다.

⑥ 저장된 단어를 시간이 날 때마다 반복하여 듣는다.

⑦ 쉐도우 스피킹을 이용하여 문장 안에서의 의식하여 소리를 익힌다.

⑧ 이렇게 익힌 영어의 소리를 의식하면서 문장에서 자연스러워질 때까지 다양한 방법으로 쉐도우 스피킹을 반복한다.

※ 단어장은 반드시 Naver 단어장일 필요는 없으며, 언제 어디에서나 볼 수 있는 Web 기반의 단어장이면 된다.

"우리는 영어를 못 듣는 것이 아니다. 단지 영어의 소리를 모르고 있는 것뿐이다. 이케아가 아니고 아이키아이다."

우리가 아이키아를 이케아로 생각하고 있기 때문에 원어민이 정확하게 "아이키아"라고 발음을 해도 우리는 알아듣지 못하는 것이며, 반대로 우리가 "이케아"라고 말하면 원어민들은 알아듣지 못하는 것이다.

3-4

멋있는 발음, 명료한 발음 무엇이 중요한가?

영어의 발음은 얼마나 중요하고 어느 수준까지 연습을 해야 하는 것일까?

아무리 말의 내용이 좋아도 발음이 좋지 못하면 영어 실력을 인정받기 어렵다. 반대로 발음만 좋고 내용이 없어도 영어를 잘한다고 말할 수는 없다. 하지만 어떤 사람이 말을 잘하느냐 못하느냐를 평가할 때 발음이냐 내용이냐를 굳이 선택해야 한다면 내용일 것이다.

하지만 그렇다고 하더라도 발음을 무시할 수 없는 것 또한 사실이다. 아무리 좋은 내용이라도 상대방에게 전달하지 못하면 소용이 없기 때문이다. 그러면 우리는 어떤 발음을 목표로 해야 할까? 영어를 처음 배울 때 발음에 있어서 가장 많이 하는 실수가 발음을 너무 굴리는 것이다. 영어 초보자가 듣기에 영어발음은 마치 "R" 사운드로 가득 차 있는 것처럼 들린다. 성인이 된 후 아무리 연습을 하더라도 원어민처럼 발음할 수 있는 날은 오지 않을지도 모른다. 그렇다고 포기하고 좌절할 필요는 없다. 우리에게 중요한 것은 원어민 같은 발음이 아니라 명료한 발음이다. 즉, 우리말과 영어 소리의 다른 점이 무엇인지 알고 그 부분에 대해서 연습을 한다면 충분히 외국인들과 의사소통을 할 수 있는 수준까지 갈 수 있다.

비록 원어민과 같은 수준의 발음은 아닐지라도 명료한 발음이 필요한 이유가 여기에 있다. 영어를 공부하는 이유는 서로 다른 언어를 가지고 있는 사람들과 영어로 의사소통하는 것에 있다. 따라서 명료한 발음은 영어를 모국어로 쓰지 않는 사람들과 영어로 대화 시 매우 중요한 요소이다. 원어민들은 우리가 대충 발음을 해도 문맥상 또는 정황상 내용을 유추하여 내용을 파악할 수 있기 때문에 대화를 할 수 있다. 우리도 외국인들이 정확한 발음이 아니더라도 비슷하게 말하면 알아들을 수 있는 원리와 같다. 하지만 문제는 원어민이 아닌 사람들끼리의 대화에서 발생한다.

예를 들면, 우리가 영국이나 미국사람과의 대화에 있어서 발음이 명료하지 않아도 그 사람들은 대충 이해해 주지만 중국, 일본, 프랑스 등 영어가 모국어가 아닌 사람들과의 대화에서 명료하지 않은 영어발음으로 대화를 하면 대화 자체가 안 되는 경우가 많이 있다. 그렇기 때문에 여러 다른 나라의 사람들과 대화를 하기 위해서는 명료한 발음이 필수적이다. 실제로 다국적 회사의 사람들과 컨퍼런스콜(전화회의)을 진행해 보면 대부분의 사람들이 모국어의 발음특징을 가지고 있어 서로 듣고, 이해하기가 매우 어려운 경우가 많다. 이러한 경우 결국 다른 사람들의 얘기를 듣기보다는 자기가 하고 싶은 말만 하고 마지막에 "Please send me an e-mail."하고 회의를 마무리하는 웃지 못 할 상황이 벌어지곤 한다. 영어발음을 원어민처럼 할 수는 없지만 최소한 명료성은 가져야 하는 이유가 여기에 있다.

3-5

영어발음을 위한 사전 어떻게 선택해야 할 것인가?

정확한 영어발음을 확인하기 위해서는 발음기호(IPA)를 확인해야 한다고 앞서 설명하였다. 하지만 막상 사전을 찾아보면 사전마다 발음기호가 다르고 미국식 발음기호와 영국식 발음기호가 달라 혼란을 갖게 된다. 그리고 대부분의 사전에는 영어발음에 중요한 음절구분이 잘 안 나와 있다. 정확한 영어발음을 하기 위해서는 다음 3가지 항목의 정보가 있어야 한다.

① IPA로 쓰여진 영어발음기호가 있을 것
② 영어 단어의 강세 표시가 있을 것
③ 영어발음기호에 음절의 구분이 있을 것

이러한 모든 조건을 만족하는 사전을 찾기란 쉽지 않지만 Web이나 핸드폰 Application에서 쉽게 사용할 수 있는 다음과 같은 사전을 추천한다.

1) Dictionary.com

내가 개인적으로 가장 선호하는 사전이다. 발음을 공부하는 데 최적화되어 있다. IPA, 강세, 음절의 구분을 모두 제공한다. 다만 유료 모바일 Application 버전에서는 IPA를 제공하지만 무료 Web 버전에서는 IPA 정보를 제공하지 않고 있다.

이러한 불편한 점 때문에 Web에서 사전을 이용해 발음을 확인할 때는 Cambridge 사전이 더 유용하다.

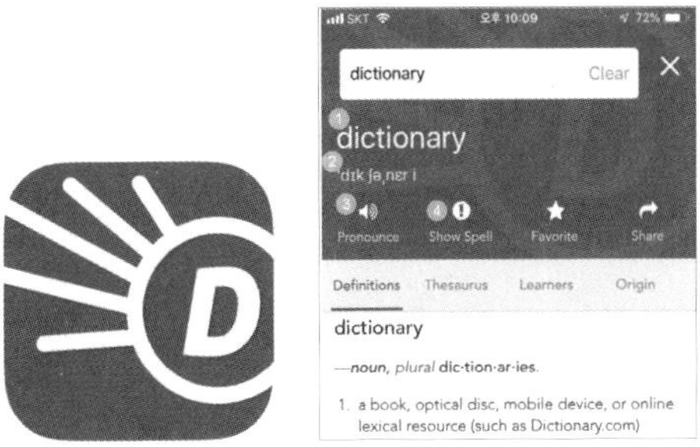

Dictionary.com
영어사전 모바일 버전

① 알파벳 정보를 제공한다.

② IPA 발음기호, 강세, 음절의 구분이 있다.

③ 음성 정보를 제공한다.

④ 발음기호를 Spelling으로도 제공한다(그렇게 필요한 기능은 아니다).

2) Naver 사전

네이버에서 제공하는 사전이다.

IPA 정보를 제공하지만 음절의 구분이 없는 것이 다소 아쉽다. 하지만 단어장이라는 훌륭한 기능이 있으며, Web, Application 모두 연동이 가능한 클라우드 기반의 사전이라는 장점이 있다. 필요한 단어를 정리하고 학습하는 데에는 최적의 기능을 갖추고 있다. 그리고 다른 사전에 비해 Naver ID만 있으면 모든 기능을 무료로 이용할 수 있는 강점이 있다. IPA와 음절 구분이 잘 되어 있는 다른 사전과 함께 사용하면 가장 이상적이다.

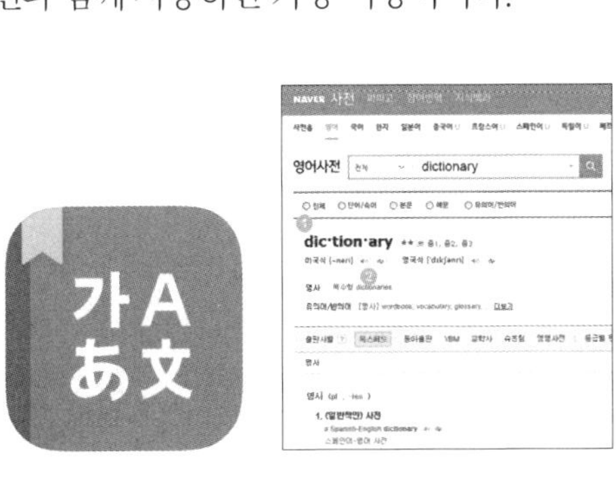

① 알파벳 기준으로 음절을 구분하고 있다(IPA기준이 아니라 정확도가 떨어진다).

② 미국식과 영국식 발음을 동시에 제공한다(반복 청취 기능도 있다).

※ Naver 사전에 대한 활용 방법은 뒤에서 자세히 설명하도록 하겠다.

3) Oxford 영어사전

Oxford에서 제공하는 영어사전으로 웹과 모바일 버전을 모두 제공한다. 모바일에서 광고 없이 보기 위해서는 유료 버전을 설치해야 한다.

Oxford 영어사전 Web 버전

① 알파벳 정보를 제공한다.

② 음성 정보를 제공한다.

③ IPA 정보와 강세정보를 제공하지만 음절의 구분이 없어 다소 불편하다.

IPA 발음기호를 제공하지만 음절 구분이 없어 다소 불편한 감이 있다. 또한 단어가 발음되는 음성 정보를 듣기 위해서는 모바일 버전에서도 유료로 업그레이드가 필요하다.

4) Cambridge 영어사전

Cambridge에서 제공하는 사전으로 Web은 무료이나 모바일 버전을 사용한다면 유료로 구입해야 한다. 장점으로는 IPA 기준으로 음절구분 정보를 제공하고 있다.

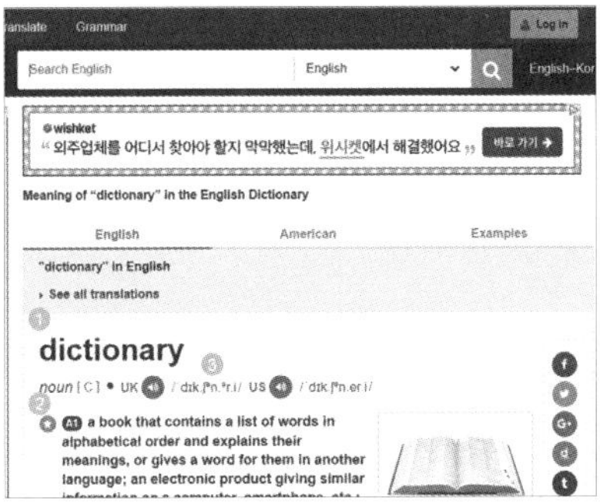

① 알파벳 정보를 제공한다.

② 영국식과, 미국식 발음 음성 정보를 제공한다.

③ IPA 발음기호와 단어 강세 정보를 제공하며 음절 구분 정보가 있어 발음을 처음 학습할 때 가장 유용하다.

※ 이 책에 사용된 모든 발음기호는 Cambridge 영어사전의 미국식 발음기호가 사용되었다.

각각의 사전마다 장단점이 있기 때문에 본인이 가장 보기 편한 사전을 사용하면 된다. 개인적으로는 음절 구분 정보가 확실한 Dictionary.com의 사전이나 Cambridge 사전으로 발음을 익히고 Naver 사전의 단어장 기능을 이용하여 모르는 단어를 정리하는 것을 추천한다.

※ 자신에게 맞는 사전을 선정하면 되지만 개인적으로는 Dictionary.com은 모바일 버전에서 발음기호를 보기가 좋고, Naver 사전은 단어를 단어장에 저장하는 기능이 좋다. 하지만 Web상에서 단어의 IPA 및 발음을 들어 보기 위해서는 Cambridge Dictionary를 선택하는 것이 가장 좋다.

영어사전	Web site 주소
Dictionary.com 영어사전	http://www.dictionary.com
Naver 영어사전	https://endic.naver.com
Oxford 영어사전	http://www.oxforddictionaries.com
Cambridge 영어사전	https://dictionary.cambridge.org/ko

3-6

영어 자음소리의 비밀

영어의 자음은 날숨(내쉬는 숨)이 어느 부위에서 간섭을 받는지에 따라서 파열음(stop plosives), 마찰음(fricatives), 파찰음(affricates), 비음(nasals), 전이음(glides), 설측음(lateral) 등으로 나눌 수 있다.

위와 같이 발성방식으로 나누어진 자음을 다시 성대의 울림 여부로 성대가 울리는 유성음과 성대가 울리지 않는 무성음으로 나누며, 조음(소리가 만들어지는) 위치에 따라 양순음, 치경음, 연구개음, 순치음, 치음, 성문음, 설측음 등으로 나누기도 한다.

다소 복잡해 보이지만 오른쪽에 정리된 자음 표만 머릿속에 넣고 하나하나 연습해 나가면 금방 알 수 있다. 자음이 모음에 비해 상대적으로 습득하기가 쉽다. 하지만 명심해야 할 것은 머릿속에서 지금까지 해온 한국어 발음을 완전히 지우고 새로운 소리를 연습한다는 마음으로 소리 하나하나를 자기의 것으로 만들어 나가야 한다는 것이다.

영어발음과 중국어발음의 난이도를 비교해 보면 중국어발음이 더 높다고 말할 수 있다. 하지만 한국 사람들은 중국어발음보다 영어발음에 더 취약하다. 그 이유는 중국어를 공부할 때는 전혀 다른 소리일 것이라고 생각하고 소리 그 자체를 받아들이려고 노력하기 때문이다. 하지만 영어의 경우는 소리를 이미 알고 있다는 착각에 별로 심도 있게 공부하지 않는다. 하지만 기존에 알고 있는 단어들의 소리도 잘못된 소리일 뿐이며 영어의 소리와 유사한 우리말 소리일 뿐이다. 따라서 지금 새로 영어의 소리를 공부할 때에는 처음부터 전혀 다른 소리를 배운다는 마음의 자세가 중요하다. 자, 그러면 앞으로 학습을 하게 될 자음표를 머릿속에 넣도록 하자.

1. 자음 체계표

조음 위치	양순음	치경음	연구개음	순치음	치음	치경음	치경음(경구)	성문음	치경음(경구)	양순음	치경음	연구개음	치경음	양순음	설측구개음	치경음(경구)
무성음	p	t	k	f	θ	s	ʃ	h	ʧ							
유성음	b	d	g	v	ð	z	ʒ		ʤ	m	n	ŋ	l	w	j	r
발성 방식	파열음			마찰음					파찰음	비음			측음	전이음		유음

※ 용어는 중요하지 않으며 각 발음기호별 소리의 특성이 어떻게 다른지를 이해해야 한다. 표에서 보는 것과 같이 자음은 p와 b처럼 조음의 위치와 발음의 방법은 파열음으로 동일하나 성대의 진동 여부만 다르다. 이러한 음을 대칭음이라고 한다.

1) 성대의 진동 여부에 의한 분류 (유성음 vs 무성음)

- 유성음: 발음을 할 때 성대가 울리면 유성음
- 무성음: 발음을 할 때 성대가 울리지 않으면 무성음

※ 소리를 낼 때 목에 손바닥을 댔을 때 진동이 울리면 유성음, 울리지 않으면 무성음이다. 즉, 무성음 “S”를 발음할 때 성대가 울리면 발음을 잘못 하고 있는 것이다.

목에 손을 대고 혀를 윗니 뒤에 대고 바람을 혀와 이 사이로 내뱉으며 스~ 소리를 내 보면 성대가 울리지 않는 것을 느낄 수 있을 것이다. 이렇게 성대가 울리지 않는 소리가 무성음이다. [s]를 발음할 때 모음을 붙여서 우리말 “스”처럼 발음하면 안 되고 모음 없이 “ㅅ”소리만 발음을 해야 한다. 풍선에서 ~스 하고 바람이 빠지는 소리라고 생각하면 된다. 반대로 대칭음인 [d]를 발음할 때는 유성음이기 때문에 성대가 울리도록 발음해야 한다.

2) 발성 방식에 의한 분류

- 파열음: 입속에 공기를 모았다가 터트리듯 내뱉으며 나는 소리이다. 우리말 “펑”소리를 낼 때와 발성 방식이 유사하다.
- 마찰음: 날숨이 간섭을 받아 나는 소리이다. 대표적인 마찰음 “S”를 예로 들어보면 혀와 치경(뒷 잇몸) 사이로 ~스 하고 새어 나오는 소리이다.

- 파찰음: 파열음으로 시작하여 마찰음으로 끝나는 소리이다. [ʧ]와 [ʤ] 두 가지 소리가 있다.
- 비음: 코를 통해선 내는 소리이다. [m], [n], [ŋ]가 여기에 속한다.
- 유음: 혀를 입천장에 가깝게 붙이고 성대의 진동으로 내는 소리
- 측음: 혀를 앞 윗몸에 붙인 채 날숨을 뱉으며 내는 소리
- 활음 또는 전이음: 잇몸이나 입천장의 자음의 조음점에서 나는 모음의 소리, 반모음이라고도 한다. 어떤 음에서 다른 음으로 옮길 때 나타나는 음으로 전이음 다음에는 항상 모음이 뒤 따른다.

3) 조음 위치에 따른 분류

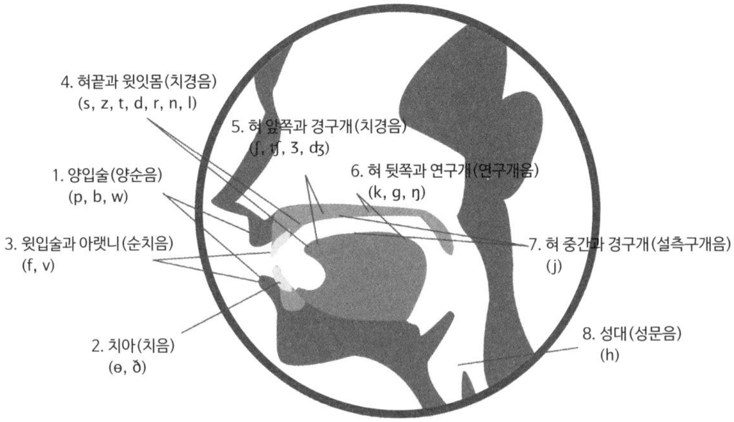

① 양순음: 양 입술을 붙였다 떼면서 내는 소리

② 치음: 혀끝을 윗니 아랫부분에 대고 내는 소리

③ 순치음: 아랫입술에 윗니 아랫부분을 대고 내는 소리

④ 치경음: 혀끝을 윗잇몸(치조 또는 치경)에 대고 내는 소리

⑤ 치경음(경구개): 치경음과 비슷하나 조음의 위치가 경구개에 있음

⑥ 연구개음: 혀 뒷부분을 연구개에 댔다가 떼면서 내는 소리

⑦ 설측 구개음: 혀 끝 부분을 아랫니 뒤에 두고 혀 중간 부분을 경구개 쪽으로 아치모양을 만들어 내는 소리

⑧ 성문음: 성대가 열리는 공간인 성문을 통하여 내는 소리

※ 연구개: 입천장의 뒷부분(물렁물렁한 부위)

경구개: 입천장의 중간 부위(딱딱한 부위)

상기 자음 체계표와 조음 위치도를 머릿속에 넣고 자음 하나하나의 특징을 알아보도록 하자. 이 책의 목적이 프리토킹을 위한 기본을 다지는 것이므로 너무 세부적인 내용은 제외하고 기본적인 발음의 예만 들도록 하겠다. 영어 소리에 대해서 보다 심도 있게 학습을 원하는 사람들에게는 영어 음운론과 관련된 책들을 찾아보면 된다. 어디까지나 이해를 바탕으로 체화하는 것이 목적이므로 간단하게 넘어가고자 한다. 너무 학문적으로 깊게 들어가면 또 다시 기존의 암기식 영어공부의 악순환에 빠질 수 있다.

영어 소리의 비밀 학습 방법

다음에 학습할 영어발음은 다음과 같은 구성으로 되어 있다.

1 [b]  2

4 bad /bæd/ TRACK 007 3

유성음(voiced) / 양순음(bilabial) / 파열음(explosive)

5 6 7

8 [b]는 우리말의 "ㅂ"과 유사하며 소리를 내는 방식은 [p]와 동일하다. 유일한 차이점은 성대가 울리는 유성음이라는 것이다. 이미 [p]의 소리를 공부했기 때문에 쉽게 소리를 낼 수 있을 것이다.

[p]와 마찬가지로 입속에 공기를 모았다가 터트리며 발음을 하며 동시에 유성음이기 때문에 성대가 울려야 올바른 소리이다. 손을 목에 대고 발음을 할 때 성대가 울리는지 확인하면서 발음 연습을 해 보도록 하자.

9 Example words - 초성 TRACK 008

bad	/bæd/	bye	/baɪ/	boy	/bɔɪ/
bet	/bet/	bag	/bæg/	back	/bæk/
bus	/bʌs/	box	/bɑːks/	ball	/bɑːl/
big	/bɪg/	best	/best/		

10 Minimal Pairs [p] vs [b] TRACK 011

bee	/biː/	pea	/piː/
bin	/bɪn/	pin	/pɪn/
bay	/beɪ/	pay	/peɪ/

① 발음기호: IPA기준의 발음기호 표시

② 발음 시 입모양: 해당 발음기호 발음 시의 입모양 표시

③ 음성파일: Track no.가 있는 부분은 원어민 음성파일을 제공하여 발음을 듣고 정확한 소리를 확인할 수 있게 구성하였다.

④ 대표 단어와 IPA: 해당 발음기호를 포함한 단어 중 사용 빈도가 높은 대표 단어

⑤ 유성음, 무성음: 성대가 울리는 유성음과 성대가 울리지 않는 무성음의 표시

⑥ 조음위치의 표시: 소리가 만들어지는 위치를 표시

⑦ 조음방식의 표시: 소리가 만들어지는 방식을 표시

⑧ 발음의 설명: 해당 발음기호를 어떻게 소리를 내는지에 대한 설명

⑨ Example word: 해당 발음기호를 포함하는 대표 단어들, 초성, 중성, 종성에서 각각 어떻게 소리가 나는지를 비교할 수 있게 구성

⑩ Minimal pairs: 해당 발음기호와 유사한 발음기호가 어떻게 다른지 소리를 비교할 수 있도록 소리가 유사한 단어들로 구성

TIP PLUS!

What is minimal pair? TRACK 002

소리의 최소 단위인 음소 하나만 다른 두 단어를 비교하여 학습하는 방식이다.

Word 1	IPA 1	Word 2	IPA 2	note
pin	/pɪn/	bin	/bɪn/	initial consonant (첫 자음이 다른 경우)
rot	/rɒt/	lot	/lɒt/	
thigh	/θaɪ/	thy	/ðaɪ/	
zeal	/zi:l/	seal	/si:l/	
bin	/bɪn/	bean	/bi:n/	vowel (모음이 다른 경우)
pen	/pɛn/	pan	/pæn/	
cook	/kʊk/	kook	/ku:k/	
hat	/hæt/	had	/hæd/	final consonant (마지막 자음이 다른 경우)
mean	/mi:n/	meme	/mi:m/	

출처: Wikipedia

이 책에 나오는 발음기호별 대표 단어와 example word는 사용빈도가 높은 core vocabulary로 구성되어 있다. 또한 영어 소리를 위치별 정확히 학습하기 위하여 예제 단어를 초성, 중성, 종성의 예를 각각 들었다.

3-7

영어 비밀 노트-자음소리의 법칙

[p] 

pen /pen/ TRACK 003

무성음(voiceless) / 양순음(bilabial) / 파열음(explosive)

[p]는 양 입술을 모았다가 입안의 공기를 터트리듯이 양 입술을 떼면서 우리말 "ㅍ" 소리를 내는 것과 유사한 소리를 낸다.

우리말 "푸"나 "프"와 다른 부분은 소리를 입안에 모았다가 터트리듯이 발음하는 것이며, 모음소리 없이 발음을 해야 한다. 양 입술을 쓰기 때문에 양순음이라고 하며 공기를 입속에 모았다가 터트리며 소리를 내기 때문에 파열음으로 분류된다.

무성음이기 때문에 발음 시 성대가 울리면 안 된다. 발음 연습을 할 때 성대에 손을 댔을 때 성대가 울리지 않아야 한다.

※ 모든 자음의 소리를 낼 때 뒤 따르는 모음이 없으면 자음만 소리가 날 수 있도록 연습을 해야 한다. 보다 정확한 소리 훈련을 위해서 반드시 음성파일을 듣고 연습을 해야 한다.

Example words – 초성 TRACK 004

pie	/paɪ/	pen	/pen/	pack	/pæk/
pin	/pɪn/	pop	/pɑ:p/	pity	/'pɪţ.i/
pizza	/'pi:t.sə/	popcorn	/'pɑ:p.kɔ:rn/	piano	/pi'æn.oʊ/

Example words – 중성 TRACK 005

apple	/ˈæp.əl/	happy	/ˈhæp.i/	campus	/ˈkæm.pəs/
camping	/ˈkæm.pɪŋ/				

Example words – 종성 TRACK 006

stop	/stɑːp/	top	/tɑːp/	up	/ʌp/
jump	/dʒʌmp/	crap	/kræp/	clip	/klɪp/
lamp	/læmp/	deep	/diːp/	cap	/kæp/

[b]

bad /bæd/ TRACK 007

유성음(voiced) / 양순음(bilabial) / 파열음(explosive)

[b]는 우리말의 "ㅂ"과 유사하며 소리를 내는 방식은 [p]와 동일하다. 유일한 차이점은 성대가 울리는 유성음이라는 것이다. 이미 [p]의 소리를 공부했기 때문에 쉽게 소리를 낼 수 있을 것이다.

[p]와 마찬가지로 입속에 공기를 모았다가 터트리며 발음을 하며 동시에 유성음이기 때문에 성대가 울려야 올바른 소리이다. 손을 목에 대고 발음을 할 때 성대가 울리는지 확인하면서 발음 연습을 해 보도록 하자.

Example words – 초성 TRACK 008

bad	/bæd/	bye	/baɪ/	boy	/bɔɪ/
bet	/bet/	bag	/bæg/	back	/bæk/
bus	/bʌs/	box	/bɑːks/	ball	/bɑːl/
big	/bɪg/	best	/best/		

Example words – 중성 TRACK 009

ability	/ə'bɪl.ə.t̬i/	about	/ə'baʊt/	abandon	/ə'bæn.dən/
carbon	/'kɑ:r.bən/	fabric	/'fæb.rɪk/	lobby	/'lɑ:.bi/

Example words – 종성 TRACK 010

job	/dʒɑ:b/	cab	/kæb/	rib	/rɪb/
tube	/tu:b/	rub	/rʌb	rob	/rɑ:b/

Minimal Pairs [p] vs [b] TRACK 011

bee	/bi:/	pea	/pi:/
bin	/bɪn/	pin	/pɪn/
bay	/beɪ/	pay	/peɪ/
beach	/bi:tʃ/	peach	/pi:tʃ/
bark	/bɑ:rk/	park	/pɑ:rk/
big	/bɪg/	pig	/pɪg/
bath	/bæθ/	path	/pæθ/
bye	/baɪ/	pie	/paɪ/

TIP PLUS!

유성음과 무성음 발음을 확인하는 방법!

자신이 하는 발음이 유성음인지 무성음인지 확인하는 가장 쉬운 방법은 발음 시 목에 손을 대보는 것이다. 무성음을 발음하는데 목에 대고 있는 손에 진동이 느껴지면 잘못 발음되는 것이다. 대표적인 무성음인 f, p, s, t로 시작되는 단어로 연습을 해 보면 쉽게 알 수 있다.

[t] 

tea /tiː/ TRACK 012

무성음(voiceless) / 치경음(alveolar) / 파열음(explosive)

[t]는 소리를 모았다가 터트리는 파열음으로 [p]와 발음 방법은 같으나 조음의 위치가 양 입술이 아니고 치경이라는 점이 다르다. 치경은 윗니와 윗잇몸 뒤쪽의 조금 딱딱한 부분으로, 혀를 이 부위에 대고 공기를 막았다가 성대를 울리지 않고 입으로만 우리말 "트"와 같이 뱉어내는 음이 치경음이다. 앞서 영어와 한국말은 소리의 최소 단위가 다르기 때문에 자음을 독립적으로 발음할 때 모음을 붙이지 않고 자음만으로 소리를 만들라고 하고 여기서 다시 자음과 모음이 결합된 "트"라고 설명하는 것은 아직 영어 소리를 정확히 낼 수 없는 분들은 "ㅌ"라고만 적으면 "트"인지 "티"인지 소리를 낼 수 없기 때문이다. 그나마 우리말 "티"보다는 "트"에 가깝기 때문에 이렇게 명기하였다. 연습을 할 때는 "트"소리에 가깝기는 하지만 모음 "ㅡ"가 발음이 안 되고 공기를 모았다가 터지는 [t]소리를 낼 수 있어야 한다. 특히 이 [t]소리는 영어 단어의 많은 끝음으로 오기 때문에 주의해야 한다. 이 끝음 처리를 모음 없이만 발음을 해도 영어가 상당히 자연스럽게 들린다.

[s]와 [t]는 조음의 위치는 같으나 발성 방식이 다른 대칭자음이다. 즉, [s]는 "~스"하고 바람이 새어 나가는 마찰음이고 [t]는 공기가 터지며 나는 파열음이다.

Example words – 초성 TRACK 013

test	/test/	try	/traɪ/	tea	/tiː/
type	/taɪp/	task	/tæsk/	take	/teɪk/
trail	/treɪl/	train	/treɪn/	table	/'teɪ.bəl/
talk	/tɑːk/	teach	/tiːtʃ/	tear	/tɪer/

Example words - 중성 TRACK 014

after	/ˈæf.tɚ/	later	/ˈleɪ.t̬ɚ/	contest	/ˈkɑːn.test/
attend	/əˈtend/	quarter	/ˈkwɔːr.t̬ɚ/		

Example words - 종성 TRACK 015

but	/bʌt/	last	/læst/	suit	/suːt/
cost	/kɑːst/	insect	/ˈɪn.sekt/	instincts	/ˈɪn.stɪŋkt/
that	/ðæt/	test	/test/	fact	/fækt/
eat	/iːt/	set	/set/		

[d]

did /dɪd/ TRACK 016

유성음(voiced) / 치경음(alveolar) / 파열음(explosive)

[d]는 [t]와 쌍을 이루는 대칭 자음이므로 조음의 위치나 발음의 방법이 모두 동일하나, 성대를 울려주는 유성음이라는 차이가 있다. 혀를 치경 쪽에 밀착하여 공기를 막았다가 우리말 "드"와 유사한 소리로 소리를 내보내며 소리를 낸다. 소리의 이해를 위해 우리말 "드"라고 표현은 했지만 정확한 소리는 모음의 받침이 없는 "ㄷ"소리를 내야 한다. [d]와 [t]는 혀를 치경에 대고 공기를 막았다가 터트리며 발음하는 것이 핵심 포인트다.

Example words - 초성 TRACK 017

day	/deɪ/	dream	/driːm/	dragon	/ˈdræg.ən/
did	/dɪd/	die	/daɪ/	dance	/dæns/
down	/daʊn/	dad	/dæd/	dark	/dɑːrk/

Example words – 중성 TRACK 018

candle	/kæn.dəl/	pudding	/ˈpʊd.ɪŋ/	cardigan	/ˈkɑːr.dɪ.gən/
cardboard	/ˈkɑːrd.bɔːrd/				

Example words – 종성 TRACK 019

add	/æd/	bad	/bæd/	good	/gʊd/
bald	/bɑːld/	world	/wɝːld/	mood	/muːd/
food	/fuːd/	sand	/sænd/	and	/ænd/

Minimal Pairs [t] vs [d] TRACK 020

tie	/taɪ/	die	/daɪ/
too	/tuː/	do	/duː/
touch	/tʌtʃ/	dutch	/dʌtʃ/
town	/taʊn/	down	/daʊn/
try	/traɪ/	dry	/draɪ/
tear	/tɪr/	dear	/dɪr/
team	/tiːm/	deem	/diːm/
tent	/tent/	dent	/dent/
tin	/tɪn/	din	/dɪn/
train	/treɪn/	drain	/dreɪn/

[k] 

cat /kæt/ TRACK 021

무성음(voiceless) / 연구개(velar) / 파열음(explosive)

[k]는 우리말의 "크"와도 다르고 "끄"와도 다르다. 우리말 "크"보다 목젖 안쪽에서 혀로 입천장의 말랑말랑한 부분인 연구개를 혀로 공기를 막았다가

내뱉으며 소리를 내주면 된다. 이때 무성음이므로 성대가 울리면 안 된다.

우리말 "ㅋ"는 입 앞쪽에 조음의 위치가 있는 반면, 영어의 "K"는 거의 목젖 부근에서 소리를 막았다가 터트리면서 내는 소리이다. 즉, 소리의 깊이가 우리말 "ㅋ"보다는 훨씬 안쪽에서 깊게 들리는 특징이 있으며 정확한 영어발음을 위해서는 처음에는 어색하지만 이 부분을 자연스럽게 잘 살려 줘야 한다.

Example words – 초성 TRACK 022

key	/kiː/	kite	/kaɪt/	kill	/kɪl/
kick	/kɪk/	cat	/kæt/	cake	/keɪk/
car	/kɑːr/	can	/kæn/	kind	/kaɪnd/
cute	/kjuːt/	keen	/kiːn/	kiss	/kɪs/

Example words – 중성 TRACK 023

mechanic	/məˈkæn.ɪk/	pocket	/ˈpɑː.kɪt/	score	/skɔːr/
scorpion	/ˈskɔːr.pi.ən/	Sketch	/sketʃ/	scrub	/skrʌb/

Example words – 종성 TRACK 024

quick	/kwɪk/	bake	/beɪk/	kick	/kɪk/
lack	/læk/	bike	/baɪk/	trick	/trɪk/

[g]

get /get/ TRACK 025

유성음(voiced) / 연구개(velar) / 파열음(explosive)

[g]는 조음의 위치가 [k]와 같으며, 우리말의 "ㄱ"보다는 훨씬 더 뒤쪽 연구개에서 나는 소리이다.

우리말 “ㄱ”의 소리는 입의 앞쪽 경구개에서 나는 소리라면 [g]는 마치 목 구멍에서부터 올라오는 느낌으로 성대를 울리며 “으그”하는 느낌의 소리이다.

대부분의 사람들이 이 [g] 발음을 할 때 한국말처럼 가볍게 소리를 내는 경향이 있다. 하지만 이 소리를 보다 정확히 내기 위해서는 목 깊은 곳에서부터 무게감이 느껴지도록 소리를 내야 한다. 다음의 예로 소리를 익혀 보도록 하자.

Example words – 초성 (TRACK 026)

get	/get/	ghost	/goʊst/	go	/goʊ/
garbage	/ˈgɑːr.bɪdʒ/	game	/geɪm/	give	/gɪv/
good	/gʊd/	gas	/gæs/	green	/griːn/

Example words – 중성 (TRACK 027)

hungry	/ˈhʌŋ.gri/	bagger	/ˈbæg.ɚ/	hamburger	/ˈhæmˌbɝː.gɚ/
exact	/ɪgˈzækt/	example	/ɪgˈzæm.pəl/	exhibit	/ɪgˈzɪb.ɪt/
exist	/ɪgˈzɪst/				

Example words – 종성 (TRACK 028)

egg	/eg/	pig	/pɪg/	big	/bɪg/
flag	/flæg/	hug	/hʌg/	tag	/tæg/

Minimal Pairs [k] vs [g] (TRACK 029)

cap	/kæp/	gap	/gæp/
coal	/koʊl/	goal	/goʊl/
card	/kɑːrd/	guard	/gɑːrd/
class	/klæs/	glass	/glæs/
cold	/koʊld/	gold	/goʊld/
cave	/keɪv/	gave	/geɪv/
cot	/kɑːt/	got	/gɑːt/
coat	/koʊt/	goat	/goʊt/
clad	/klæd/	glad	/glæd/
clue	/kluː/	glue	/gluː/

[f]

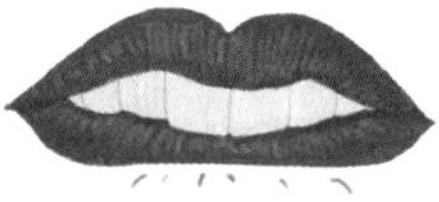

fall /fɑːl/ TRACK 030

무성음(voiceless) / 순치음(labia-dental) / 마찰음(fricative)

[f]는 한국 사람들이 의식을 하지 않으면 [p]와 가장 자주 혼동하여 사용하는 발음이다. 해외 출장을 갔다가 fork(포크)를 달라고 했더니 pork(돼지고기)는 없다고 했던 적이 생각난다. 하지만 [p]와 [f]의 발음의 원리는 너무 달라 알고 나면 구분하기가 그렇게 어려운 발음은 아니다. 오히려 간단하다. [p]는 공기를 모았다가 터트리며 내는 파열음이고, [f]는 입술과 이 사이에서 새어 나오며 소리를 내는 마찰음이기 때문에 소리의 구분이 확실하다. 일부러 어렵다고 생각할 필요는 없는데 한국사람들이 많이 실수하는 단어라고 지레 겁을 먹고 있어서 그런 것 같다.

아무튼 구분을 확실히 해 줘야 하는 소리임에는 틀림이 없다.

[f]의 정확한 발음은 윗니를 아랫입술에 대고 이와 입술 사이로 공기가 빠져나가며 내는 소리이다. 이때 무성음이기 때문에 성대가 울리면 안 된다. 뒤에 나올 [v]도 [f]와 동일하나 성대가 울리는 유성음이라는 점이 유일한 차이점이다.

Example words - 초성 TRACK 031

fact	/fækt/	fail	/feɪl/	faint	/feɪnt/
fake	/feɪk/	father	/ˈfɑː.ðɚ/	family	/ˈfæm.əl.i/
fan	/fæn/	for	/fɔːr/	photo	/ˈfoʊ.t̬oʊ/

Example words - 중성 TRACK 032

confirm	/kənˈfɝːm/	lift	/lɪft/	transfer	/ˈtræns.fɝː/
after	/ˈæf.tɚ/	gift	/gɪft/	nephew	/ˈnef.juː/

Example words – 종성 TRACK 033

if	/ɪf/	graph	/græf/	laugh	/læf/
tough	/tʌf/	wolf	/wʊlf	roof	/ruːf/

영어에서 ph, gh의 알파벳은 대부분 [p]가 아닌 [f]로 발음된다.

TRACK 034

photo	/ˈfoʊ.t̬oʊ/	phase	/feɪz/	physical	/ˈfɪz.ɪ.kəl/
phone	/foʊn/	phonetic	/foʊˈnet̬.ɪk/	rough	/rʌf/
philology	/fɪˈlɑː.lə.dʒi/	phoenix	/ˈfiː.nɪks/	phenomenon	/fəˈnɑː.mə.nɑːn/
laugh	/læf/				

[v]

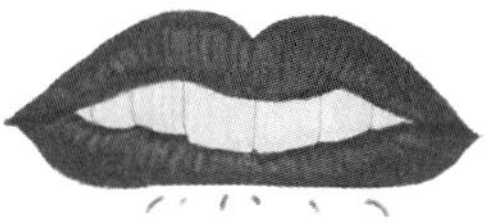

van /væn/ TRACK 035

유성음(voiced) / 순치음(labia-dental) / 마찰음(fricative)

[v]는 앞서 설명한 대로 [f]와 모든 방법이 동일하며 유성음으로 성대를 울려 주며 발음을 한다는 차이점이 있다. 마찬가지로 윗니를 아랫입술에 살짝 대고 입술과 이 사이로 숨을 내뱉으며 내는 소리이다.

우리말과 가장 가까운 소리는 "브"와 같으나 정확히 "브"는 아니다. 우리말 "브"는 양 입술을 사용하는 양순음에 가깝지만 영어 [v]는 이와 입술 사이로 빠져 나가는 소리이다. 소리를 낼 때 특히 성대의 진동이 느껴져야 한다.

※ 영어의 [b], [p], [v], [f]는 모두 우리말 소리로 표현하자면 "ㅂ"나 "ㅍ"와 유사하기 때문에 한국 사람들이 많이 혼동한다. 하지만 앞서 설명한 대로 소리의 차이점을 알고 나면 확연히 다른 소리임을 알게 될 것이다. 뒤에 나오는 Minimal pairs에서 한 번 더 차이를 느껴 볼 수 있을 것이다.

Example words - 초성 TRACK 036

van	/væn/	vain	/veɪn/	valley	/ˈvæl.i/
vase	/veɪs/	value	/ˈvæl.juː/	vary	/ˈver.i/
verb	/vɝːb/	version	/ˈvɝː.ʒən/	vision	/ˈvɪʒ.ən/

Example words - 중성 TRACK 037

prevent	/prɪˈvent/	evil	/ˈiː.vəl/	invert	/ɪnˈvɝːt/
fervent	/ˈfɝː.vənt/	serve	/sɝːv/	activate	/ˈæk.tə.veɪt/
avoid	/əˈvɔɪd/	devil	/ˈdev.əl/	divide	/dɪˈvaɪd/
serving	/ˈsɝː.vɪŋ/				

※ of 같은 단어에서 f는 [f]가 아닌 [v]로 발음된다. 그렇기 때문에 처음 보는 영어 단어를 학습할 때는 반드시 알파벳뿐만 아니라 영어의 발음기호를 철저하게 확인하는 습관을 기르는 것이 중요하겠다. 확실히 구분하기 위해서 of와 off를 비교해 보면 알 수 있다.

- of /əv/
- off /ɑːf/

Minimal Pairs [f] vs [v] TRACK 038

face	/feɪs/	vase	/veɪs/
fail	/feɪl/	vail	/veɪl/
fan	/fæn/	van	/væn/
fast	/fæst/	vast	/væst/
feigh	/fein/	vain	/veɪn/
life	/laɪf/	live	/laɪv/
safe	/seɪf/	save	/seɪv/
leaf	/liːf/	leave	/liːv/
belief	/bɪˈliːf/	believe	/bɪˈliːv/
fender	/ˈfen.dɚ/	vendor	/ˈven.dɚ/
few	/fjuː/	view	/vjuː/

Minimal Pairs [b] vs [v] TRACK 039

ban	/bæn/	van	/væn/
banish	/ˈbæn.ɪʃ/	vanish	/ˈvæn.ɪʃ/
bat	/bæt/	vat	/væt/
bent	/bent/	vent	/vent/
dub	/dʌb/	dove	/dʌv/
boat	/boʊt/	vote	/voʊt/
best	/best/	vest	/vest/
bolt	/boʊlt/	volt	/voʊlt/
curb	/kɝːb/	curve	/kɝːv/

Minimal Pairs [f] vs [p] TRACK 040

face	/feɪs/	pace	/peɪs/
fan	/fæn/	pan	/pæn/
fool	/fuːl/	pool	/puːl/
fork	/fɔːrk/	pork	/pɔːrk/
full	/fʊl/	pull	/pʊl/
cliff	/klɪf/	clip	/klɪp/
fen	/fen/	pen	/pen/
fin	/fɪn/	pin	/pɪn/

[θ]

thin /θɪn/ TRACK 041

무성음(voiceless) / 치음(lingua-dental)/ 마찰음(fricative)

[θ] 발음은 우리에게 일명 번데기 발음으로 알려져 있는 우리말에는 전혀 없는 소리이다. 치음으로 윗니와 아랫니 사이로 혀끝을 조금 내밀었다가 혀

를 다시 집어넣으면서 "스"하는 느낌으로 공기를 뱉으며 내는 소리이다. 무성음으로 성대가 울리면 안 된다. 자음은 모두 날숨이 방해를 받으며 나는 소리이다. 소리를 내는 방식은 [s], [z], [t] 등과 유사하다. 하지만 혀의 위치가 다르며, 혀를 움직이면서 내는 소리이다. 우리말에는 없는 소리이지만 연습을 하면 그렇게 어려운 소리는 아니다.

Example words - 초성 TRACK 042

thunder	/'θʌn.dɚ/	thousand	/'θaʊ.zənd/	thumb	/θʌm/
thanks	/θæŋks/	thrill	/θrɪl/	through	/θru:/

Example words - 중성 TRACK 043

nothing	/'nʌθ.ɪŋ/	anything	/'en.i.θɪŋ/	author	/'ɑ:.θɚ/
healthy	/'hel.θi/	wealthy	/'wel.θi/		

Example words - 종성 TRACK 044

both	/boʊθ/	growth	/groʊθ/	month	/mʌnθ/
earth	/ɝ:θ/	bath	/bæθ/	death	/deθ/
cloth	/klɑ:θ/	length	/leŋθ/	south	/saʊθ/

[ð] 

this /ðɪs/ TRACK 045

유성음(voiced) / 치음(lingua-dental) / 마찰음(fricative)

[ð] 발음은 [θ] 발음과 동일하나 성대가 울리는 유성음이다. 그리고 우리말

의 "드"와 비슷한 소리이며 윗니와 아랫니 사이에 혀를 내밀었다 다시 집어 넣으며 ~드 하는 느낌으로 성대를 울려서 소리를 내면 된다.

Example words - 초성 TRACK 046

this	/ðɪs/	that	/ðæt/	then	/ðen/
them	/ðem/	there	/ðer/	though	/ðoʊ/
those	/ðoʊz/	the	/ðə/	thence	/ðens/

Example words - 중성 TRACK 047

another	/ə'nʌð.ɚ/	bother	/'bɑː.ðɚ/	brother	/'brʌð.ɚ/
leather	/'leð.ɚ/	neither	/'naɪ.ðɚ/	northern	/nɔːr.ðɚn/
without	/wɪ'ðaʊt/	together	/tə'geð.ɚ/		

Example words - 종성 TRACK 048

bathe	/beɪð/	breathe	/briːð/	soothe	/suːð/
with	/wɪð/	smooth	/smuːð/		

Minimal Pairs [θ] vs [ð] TRACK 049

thigh	/θaɪ/	thy	/ðaɪ/
loth	/loʊθ/	loath	/loʊð/
sheath	/ʃiːθ/	sheathe	/ʃiːð/
teeth	/tiːθ/	teethe	/tiːð/
ether	/'iː.θɚ/	either	/'iː.ðɚ/

Minimal Pairs [t] vs [θ] TRACK 050

team	/tiːm/	theme	/θiːm/
tank	/tæŋk/	thank	/θæŋk/
tin	/tɪn/	thin	/θɪn/
tick	/tɪk/	thick	/θɪk/
trust	/trʌst/	thrust	/θrʌst/

tie	/taɪ/	thigh	/θaɪ/
trash	/træʃ/	thrash	/θræʃ/
tread	/tred/	thread	/θred/

Minimal Pairs [d] vs [ð] TRACK 051

day	/deɪ/	they	/ðeɪ/
dare	/der/	there	/ðer/
dough	/doʊ/	though	/ðoʊ/
dense	/dens/	thence	/ðens/
doze	/doʊz/	those	/ðoʊz/
breed	/bri:d/	breathe	/bri:ð/
bade	/beɪd/	bathe	/beɪð/
wordy	/ˈwɝ:.di/	worthy	/ˈwɝ:.ði/

Minimal Pairs [f] vs [θ] TRACK 052

free	/fri:/	three	/θri:/
first	/ˈfɝ:st/	thirst	/θɝ:st/
fin	/fɪn/	thin	/θɪn/
first	/ˈfɝ:st/	thirst	/θɝ:st/
firm	/fɝ:m/	therm	/θɜ:m/
deaf	/def/	death	/deθ/

[s]

see /si:/ TRACK 053

무성음(voiceless) / 치경음(lingua-alveolar) / 마찰음(fricative)

성대가 울리지 않는 무성음으로 혀를 윗니 뒤쪽 치경에 대고 살짝 떨어트려

틈을 만들고 그 사이로 공기를 내보내며 소리를 만든다. 우리말의 "스"와 비슷하지만 우리말 "스"는 닫힌 발음이지만 영어의 [s]는 열린 발음으로 마치 풍선에서 바람에 빠지는 소리가 난다. 우리말 "스"는 모음의 소리가 정확히 나지만 영어의 "s"는 자음의 소리만 나도록 발음을 해야 한다. "스"라는 개념을 버리고 "ㅅ"만 소리 나도록 연습을 해야 한다. 어렵다면 "스"라는 소리라는 개념을 버리고 풍선에 바람이 빠질 때 나는 소리를 낸다고 생각하면 된다.

Example words – 초성 TRACK 054

see	/siː/	sad	/sæd/	sand	/sænd/
safety	/'seɪf.ti/	sale	/seɪl/	sandwich	/'sæn.wɪtʃ/
salt	/sɑːlt/	salary	/'sæl.ɚ.i/	say	/seɪ/

Example words – 중성 TRACK 055

asleep	/ə'sliːp/	massage	/mə'sɑːʒ/	mission	/'mɪʃ.ən/
saxophone	/'sæk.sə.foʊn/	aspirin	/'æs.prɪn/	astrology	/ə'strɑː.lə.dʒi/
task	/tæsk/	mist	/mɪst/	industry	/'ɪn.də.stri/

Example words – 종성 TRACK 056

bus	/bʌs/	this	/ðɪs/	miss	/miss/
kiss	/kɪs/	mass	/mæs/	Christmas	/'krɪs.məs/
cheers	/tʃɪrz/	chess	/tʃes/	success	/sək'ses/

[z] 

zoo /zuː/ TRACK 057

유성음(voiced) / 치경음(lingua-alveolar) / 마찰음(fricative)

[z]는 [s]와 발음 방식이 모두 같으나 성대를 울려주는 유성음이라는 차이가 있다. 우리말 "즈"와 유사하지만 혀와 치경 사이로 바람이 빠져 나가는 소리이다.

[s]와 마찬가지로 모음이 없는 소리이며, 바람이 빠져 나가는 소리이다. 하지만 [s]와 다르게 성대가 울리는 유성음이라는 차이가 있다.

Example words - 초성 TRACK 058

zoo	/zuː/	zip	/zɪp/	zoom	/zu:m/
zebra	/'ziː.brə/	zigzags	/'zɪg.zæg/	zombie	/'zɑ:m.bi/

Example words - 중성 TRACK 059

result	/rɪ'zʌlt/	fuzzy	/'fʌz.i/	disaster	/dɪ'zæs.tɚ/
exist	/ɪg'zɪst/	example	/ɪg'zæm.pəl/	fizzle	/'fɪz.əl/

Example words - 종성 TRACK 060

sneeze	/sni:z/	is	/ɪz/	size	/saɪz/
was	/wɑ:z/	jazz	/dʒæz/	quiz	/kwɪz/

Minimal Pairs [s] vs [z] TRACK 061

bus	/bʌs/	buzz	/bʌz/
sue	/suː/	zoo	/zuː/
face	/feɪs/	phase	/feɪz/
spice	/spaɪs/	spies	/spaɪz/
race	/reɪs/	raise	/reɪz/
rice	/raɪs/	rise	/raɪz/
loss	/lɑ:s/	laws	/lɑ:z/
advice	/əd'vaɪs/	advise	/əd'vaɪz/

[ʃ]

shoe /ʃuː/ TRACK 062

무성음(voiceless) / 치경음(lingua-palatal) / 마찰음(fricative)

[ʃ]는 혀가 윗잇몸 치경 뒤쪽 부분에서 공기를 내뱉을 때 마찰이 되어서 새어 나오는 소리이다. 많은 사람들이 [s]와 [ʃ]를 잘 구분하지 않고 사용하고 있다.

우리말에서 구분이 없기 때문이다. [s]는 혀의 앞부분과 윗니 뒤쪽 치경에 대고 틈을 만들어 내는 소리이다. 따라서 발음을 할 때 입이 약간 좌우로 벌어진다. 하지만 [ʃ]는 윗니 뒤쪽보다 깊은 경구개 부위에서 나는 소리이며, 입 모양을 동그랗게 모아서 내밀면서 만들기 때문에 자연스럽게 혀가 [s]보다는 뒤로 빠지게 되고 깊은 소리가 난다는 점이 다르다.

또한 자음이기 때문에 모음의 소리 없이 열린 발음을 해야 한다는 점을 잊어서는 안 된다. 아래 그림에서 보면 [ʃ]는 [s]보다 뒤에서 나는 소리기 때문에 입모양이 더 동그랗게 모아진 모습을 볼 수 있다.

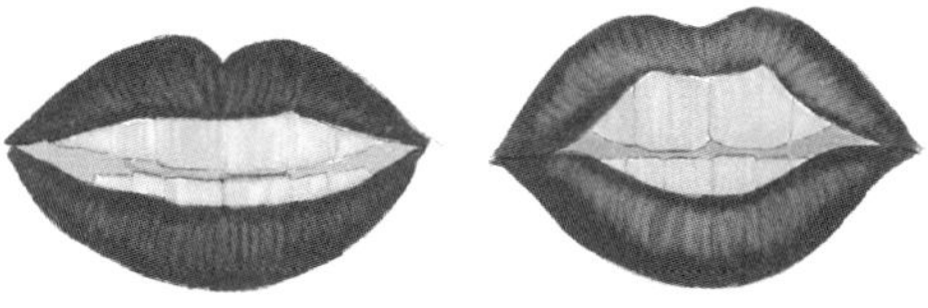

[s] [ʃ]

※ [s]와 [ʃ]의 발음의 차이점은 뒤에 나오는 Minimal pairs를 비교해서 들어보면 차이점을 확실히 알 수 있다.

Example words - 초성 TRACK 063

she	/ʃiː/	show	/ʃoʊ/	ship	/ʃɪp/
shape	/ʃeɪp/	sugar	/ˈʃʊg.ɚ/	shoot	/ʃuːt/
shop	/ʃɑːp/	shine	/ʃaɪn/	shall	/ʃæl/

Example words - 중성 TRACK 064

anxious	/ˈæŋk.ʃəs/	issue	/ˈɪʃ.uː/	tissue	/ˈtɪʃ.uː/
mission	/ˈmɪʃ.ən/	commission	/kəˈmɪʃ.ən/	action	/ˈæk.ʃən/
condition	/kənˈdɪʃ.ən/	associate	/əˈsoʊ.ʃi.eɪt/	tension	/ˈten.ʃən/

Example words - 종성 TRACK 065

bush	/bʊʃ/	crash	/kræʃ/	mesh	/meʃ/
trash	/træʃ/	wash	/wɑːʃ/	dish	/dɪʃ/
British	/ˈbrɪt̬.ɪʃ/	English	/ˈɪŋ.glɪʃ/	rush	/rʌʃ/

[ʒ]

vision /ˈvɪʒ.ən/ TRACK 066

유성음(voiced) / 치경음(lingua-palatal) / 마찰음(fricative)

[ʒ]는 [ʃ]와 거의 같은 방식으로 소리를 내나 성대가 울리는 유성음이다.

우리말의 "쥐"소리와 유사하며 입술을 둥글게 만들어 "쥐"와 유사한 소리를 내면 된다. [ʒ]는 [ʃ]는 모두 마찰음이기 때문에 혀와 입천장 사이의 공기가 새어 나올 때 나는 소리이다. 다만 [ʒ]는 유성음이기 때문에 성대가 울려서 우리말 "쥐"처럼 소리가 나는 것이다. 정확한 소리를 익히기 위해서는 공기가 새어 나오는 마찰음이라는 점에 더 신경을 써야 한다. 그리고 많은 사람들이 [ʒ]와 [dʒ]를 혼동스러워 한다. [dʒ]는 [d]와 [ʒ]가 결합된 소리이다. 즉, 파열음인 [d]로 시작해서 마찰음인 [ʒ]로 끝나는 소리이다. 아쉽게도 [ʒ]와 [dʒ]는 비교를 해 볼 단어들이 많지 않다.

Example words – 초성 (TRACK 067)

genre	/ˈʒɑːn.rə/

Example words – 중성 (TRACK 068)

usual	/ˈjuː.ʒu.əl/	leisure	/ˈliː.ʒɚ/	pleasure	/ˈpleʒ.ɚ/
vision	/ˈvɪʒ.ən/	casual	/ˈkæʒ.u.əl/		

Example words – 종성 (TRACK 069)

massage	/məˈsɑːʒ/	garage	/gəˈrɑːʒ/	decoupage	/ˌdeɪ.kuːˈpɑːʒ/
camouflage	/ˈkæm.ə.flɑːʒ/				

Minimal Pairs [dʒ] vs [ʒ] (TRACK 070)

virgin	/ˈvɝː.dʒɪn/	version	/ˈvɝː.ʒən/

※ [ʒ]와 [dʒ]의 발음을 처음에는 구분하기가 쉽지 않다. 하지만 이중모음의 소리를 이해하는 것처럼 접근하면 이해할 수 있다. 즉, [ʒ]는 [z]발음과 같이 소리가 새어 나오는 소리와 같으나 혀의 위치만 다를 뿐이다. 즉, 발음 시 경구개에서 혀의 위치 변화가 없다. 하지만 [dʒ]는 이중모음처럼 첫소리는 [d]와 같은 치경에서 시작하여 끝소리는 경구개인 [ʒ]의 위치에서 끝나는 것이다. 그리고 성대가 울리는 유성음이라는 차이가 있다. 이와 같은 방식으로 [t]와 [ʧ]를 설명할 수 있다.

Minimal Pairs [ʒ] vs [ʃ] (TRACK 071)

measure	/ˈmeʒ.ɚ/	masher	/ˈmæʃ.ɚ/
confusion	/kənˈfjuː.ʒən/	confucian	/kənˈfjuː.ʃən/

Minimal Pairs [s] vs [ʃ] TRACK 072

sea	/siː/	she	/ʃiː/
seat	/siːt/	sheet	/ʃiːt/
sock	/sɑːk/	shock	/ʃɑːk/
so	/soʊ/	show	/ʃoʊ/
sort	/sɔːrt/	short	/ʃɔːrt/
sore	/sɔːr/	shore	/ʃɔːr/
plus	/plʌs/	plush	/plʌʃ/
seek	/siːk/	chic	/ʃiːk/
sit	/sɪt/	shit	/ʃɪt/
ass	/æs/	ash	/æʃ/
mess	/mes/	mesh	/meʃ/
same	/seɪm/	shame	/ʃeɪm/
sigh	/saɪ/	shy	/ʃaɪ/

[h]

hat /hæt/ TRACK 073

유성음(voiceless) / 성문음(glottal) / 마찰음(fricative)

[h]는 마찰음으로 분류되지만 다른 마찰음처럼 마찰이 느껴지지 않는다. 입으로 바람을 내뿜는 느낌과 달리 목구멍 깊은 곳에서부터 바람을 내뿜는 느낌으로 발음하면 된다. 입에서 나는 소리가 아니라 목구멍 안쪽에서부터 뜨거운 입김을 내뿜는 느낌으로 발음하면 된다. 핵심 포인트는 우리말 "흐"보다 훨씬 깊은 목젖 부분에서 소리가 나오는 느낌으로 발음을 해야 한다. 그리고 마찬가지로 자음이므로 모음 발음이 되지 않도록 유의해서 발음하면 된다.

마찰음이기 때문에 바람이 빠지는 느낌으로 소리를 내면 된다.

Example words – 초성 TRACK 074

help	/help/	he	/hiː/	house	/haʊs/
hall	/hɑːl/	heart	/hɑːrt/	horse	/hɔːrs/
half	/hæf/	hand	/hænd/	happy	/ˈhæp.i/

Example words – 중성 TRACK 075

behind	/bɪˈhaɪnd/	behoove	/bɪˈhoʊv/	inhale	/ɪnˈheɪl/
Ohio	/oʊˈhaɪ.oʊ/	downhill	/ˌdaʊnˈhɪl/	behave	/bɪˈheɪv/

Example words – 종성

※ [h]가 종성에 오는 경우는 없다.

[ʧ] 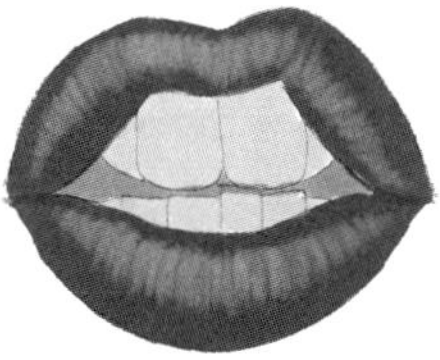

chain /tʃeɪn/ TRACK 076

무성음(voiceless) / 치경음(lingua-alveolar) / 마찰음(fricative)

[ʧ]는 입을 동그랗게 모아서 [t]로 시작해서 [ʃ]로 끝나는 소리이다.

혀를 치경에 대고 공기를 막았다가 뒤의 경구개 쪽으로 빼면서 공기를 치경과 혀 사이로 내보내며 우리말 "쵸"와 유사한 소리를 내면 된다.

[dʒ]도 같은 방식이며 조음의 위치도 같으나 성대가 울리는 유성음이라는 차이가 있다. [ʧ]발음의 대표적인 발음이 church /tʃɜːtʃ/이다. 예전에 영어발음을 신경 쓰지 않았을 때 이러한 발음을 할 때 우리말의 모음을 붙여 "처치"처럼 발음을 했을 때 원어민들이 잘 못 알아들었던 경험이 있다. 이러한 발음이 종성에 올 때는 모음 없이 열린 발음으로 "처ㅊ"처럼 발음을 해야 한다.

Example words – 초성 TRACK 077

China	/ˈtʃaɪ.nə/	chance	/tʃæns/	church	/tʃɝːtʃ/
cheese	/tʃiːz/	chair	/tʃer/	cheap	/tʃiːp/
chicken	/ˈtʃɪk.ɪn/	channel	/ˈtʃæn.əl/	change	/tʃeɪndʒ/

Example words – 중성 TRACK 078

amateur	/ˈæm.ə.tʃɚ/	culture	/ˈkʌl.tʃɚ/	posture	/ˈpɑːs.tʃɚ/
butcher	/ˈbʊtʃ.ɚ/	gesture	/ˈdʒes.tʃɚ/	moisture	/ˈmɔɪs.tʃɚ/

Example words – 종성 TRACK 079

patch	/pætʃ/	march	/mɑːrtʃ/	bench	/bentʃ/
catch	/kætʃ/	much	/mʌtʃ/	French	/frentʃ/

[dʒ]

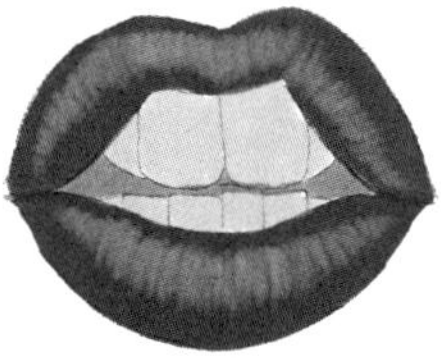

jam /dʒæm/ TRACK 080

유성음(voiced) / 치경음(lingua-alveolar) / 파찰음(affricate)

[dʒ]는 파찰음이기 때문에 [ʒ]와 달리 짧게 끊어서 발음한다.

또한 [ʧ]발음과 동일한 방식으로 소리가 나며 성대가 울리는 유성음이라는 차이가 있다. 입모양은 [ʧ]와 마찬가지로 동그랗게 모아서 앞으로 내밀면서 발음한다.

Example words – 초성 TRACK 081

jam	/dʒæm/	joke	/dʒoʊk/	just	/dʒʌst/
juice	/dʒuːs/	gender	/ˈdʒen.dɚ/	July	/dʒʊˈlaɪ/
jump	/dʒʌmp/	jacket	/ˈdʒæk.ɪt/	job	/dʒɑːb/

Example words – 중성 (TRACK 082)

angel	/ˈeɪn.dʒəl/	gadget	/ˈɡædʒ.ət/	adjust	/əˈdʒʌst/
vegetable	/ˈvedʒ.tə.bəl/	budget	/ˈbʌdʒ.ɪt/	educate	/ˈedʒ.ə.keɪt/

Example words – 종성 (TRACK 083)

age	/eɪdʒ/	orange	/ˈɔːr.ɪndʒ/	bridge	/brɪdʒ/
change	/tʃeɪndʒ/	page	/peɪdʒ/	message	/ˈmes.ɪdʒ/
usage	/ˈjuː.sɪdʒ/	range	/reɪndʒ/	cartridge	/ˈkɑːr.trɪdʒ/

Minimal Pairs [ʧ] vs [dʒ] (TRACK 084)

batch	/bætʃ/	badge	/bædʒ/
chain	/tʃeɪn/	Jane	/dʒeɪn/
cheap	/tʃiːp/	jeep	/dʒiːp/
cherry	/ˈtʃer.i/	Jerry	/ˈdʒer.i/
chest	/tʃest/	jest	/dʒest/
chin	/tʃɪn/	gin	/dʒɪn/
choke	/tʃoʊk/	joke	/dʒoʊk/
etch	/etʃ/	edge	/edʒ/
rich	/rɪtʃ/	ridge	/rɪdʒ/
search	/sɝːtʃ/	surge	/sɝːdʒ/

Minimal Pairs [ʧ] vs [t] (TRACK 085)

beach	/biːtʃ/	beat	/biːt/
bench	/bentʃ/	bent	/bent/
catch	/kætʃ/	cat	/kæt/
chair	/tʃer/	tear	/ter/
cheese	/tʃiːz/	tease	/tiːz/
chest	/tʃest/	test	/test/
chew	/tʃuː/	two	/tuː/
chip	/tʃɪp/	tip	/tɪp/
chose	/tʃoʊz/	toes	/toʊz/
each	/iːtʃ/	eat	/iːt/

hatch	/hætʃ/	hat	/hæt/
match	/mætʃ/	mat	/mæt/
watch	/wɑːtʃ/	what	/wɑːt/

Minimal Pairs [s] vs [tʃ] TRACK 086

sin	/sɪn/	chin	/tʃɪn/
sip	/sɪp/	chip	/tʃɪp/
sue	/suː/	chew	/tʃuː/
sick	/sɪk/	chick	/tʃɪk/
coats	/koʊts/	coach	/koʊtʃ/

[m]

man /mæn/ TRACK 087

유성음(voiced) / 양순음(bilabial) / 비음(nasal)

[m]은 양 입술을 다물고 우리말 "음"과 같은 소리를 낸다. 우리말과 다른 점은 비음, 즉 코를 통해서 소리를 낸다는 점이다. 영어에는 [m], [n], [ŋ]가 모두 비음이다. 비음소리에서 중요한 부분은 소리가 입을 통해서 나가면 안 되기 때문에 입을 다물고 코를 통해서 소리를 내야 한다. [n], [ŋ]도 비음이지만 [m]과 달리 입을 벌려 소리를 내는 차이가 있다.

Example words - 초성 TRACK 088

man	/men/	meal	/mɪəl/	milk	/mɪlk/
mail	/meɪl/	make	/meɪk/	map	/mæp/
mark	/mɑːrk/	manager	/ˈmæn.ə.dʒɚ/	major	/ˈmeɪ.dʒɚ/

Example words - 중성 TRACK 089

camera	/ˈkæm.rə/	small	/smɑːl/	summon	/ˈsʌm.ən/
jump	/dʒʌmp/	summer	/ˈsʌm.ɚ/	combine	/kəmˈbaɪn/

Example words - 종성 TRACK 090

am	/æm/	some	/sʌm/	time	/taɪm/
room	/ruːm/	zoom	/zuːm/	minimum	/ˈmɪn.ə.məm/
mom	/mɑːm/	film	/fɪlm/	freedom	/ˈfriː.dəm/

[n] 

now /naʊ/ TRACK 091

유성음(voiced) / 치경음(lingua-alveolar) / 비음(nasal)

[n]은 [m]과 같은 비음이지만 혀의 위치가 다르다. [m]은 양 입술을 닫고 코로 내는 소리인 반면 [n]은 혀를 치경에 대고 코로 우리말 "은"과 같은 소리를 낸다. 비음을 내는 소리들은 입으로 내는 소리가 아니라 콧소리를 내듯이 발음하면 된다.

Example words - 초성 TRACK 092

no	/noʊ/	nail	/neɪl/	navy	/ˈneɪ.vi/
new	/nuː/	not	/nɑːt/	nice	/naɪs/
night	/naɪt/	nothing	/ˈnʌθ.ɪŋ/	name	/neɪm/

Example words - 중성 TRACK 093

annoy	/əˈnɔɪ/	dinner	/ˈdɪn.ɚ/	manner	/ˈmæn.ɚ/

Example words – 종성 TRACK 094

can	/kæn/	fin	/fɪn/	in	/ɪn/
moon	/mu:n/	then	/ðen/	man	/men/

[ŋ] 

sing /sɪŋ/ TRACK 095

유성음(voiced) / 연구개음(velar) / 비음(nasal)

우리말 "응"과 유사한 소리이나 비음이며 유성음이라는 차이가 있다. 그리고 연구개음이기 때문에 우리말 "응"소리보다 뒤쪽에서 조금 강하게 발음된다.

Example words TRACK 096

sing	/sɪŋ/	ink	/ɪŋk/	think	/θɪŋk/
bank	/bæŋk/	long	/lɑ:ŋ/	finger	/'fɪŋ.gɚ/
swing	/swɪŋ/	king	/kɪŋ/	English	/'ɪŋ.glɪʃ/

※ [ŋ]소리는 초성에는 오지 않으며, 중성과 종성만 존재한다.

[l] 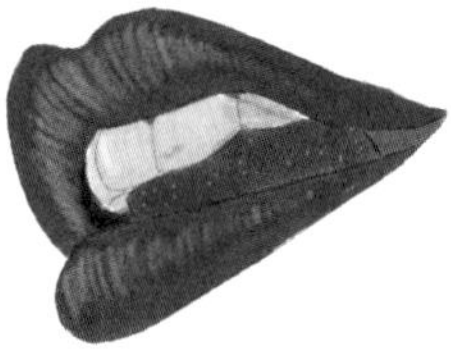

leg /leg/ TRACK 097

유성음(voiced) / 치경음(lateral) / 비음(nasal)

[l] 발음은 생각보다 까다로운 발음이다. 혀를 치경에 붙이고 양쪽으로 공기가 새어나가면서 나는 소리이다. 단어의 앞에 있는 [l] 소리와 단어의 뒤에 나오는 [l] 소리는 조금 차이가 있다.

앞에 나오는 [l] 소리는 혀를 치경에 대고 혀를 입 밖으로 내면서 내는 소리이고 뒤에 나오는 [l]은 혀를 치경으로 올리면서 내는 소리이다. 다음 example words를 보고 차이점을 익혀 보도록 하자.

Example words – 앞의 [l] TRACK 098

late	/leɪt/	lion	/ˈlaɪ.ən/	line	/laɪn/
love	/lʌv/	leave	/liːv/	leaf	/liːf/
link	/lɪŋk/	long	/lɑːŋ/	live	/lɪv/
like	/laɪk/	lake	/leɪk/		

Example words – 뒤의 [l] TRACK 099

meal	/mɪəl/	milk	/mɪlk/	all	/ɑːl/
call	/kɑːl/	ball	/bɑːl/	girl	/gɝːl/
golf	/gɑːlf/	little	/ˈlɪt̬.əl/	mild	/maɪld/

Minimal Pairs [l] vs [r] TRACK 100

alive	/əˈlaɪv/	arrive	/əˈraɪv/
collect	/kəˈlekt/	correct	/kəˈrekt/
lamp	/læmp/	ramp	/ræmp/
lane	/leɪn/	rain	/reɪn/
law	/lɑː/	raw	/rɑː/
lead	/liːd/	read	/riːd/
light	/laɪt/	right	/raɪt/
link	/lɪŋk/	rink	/rɪŋk/
load	/loʊd/	road	/roʊd/
lock	/lɑːk/	rock	/rɑːk/
long	/lɑːŋ/	wrong	/rɑːŋ/
play	/pleɪ/	pray	/preɪ/

[w]

wet /wet/ TRACK 101

유성음(voiced) / 양순음(bilabial) / 전이음(glides)

영어발음에서 [w]와 [j]는 모음과 자음의 성격이 모두 있어 반모음이라고 한다. 발음은 모음과 같지만 음절의 중심이 될 수 없다는 점에서는 모음과 다르다.

실제로 [u]나 [uː] 발음과 유사하지만 [w] 발음은 양 입술을 보다 더 동그랗고 좁게 만들어 앞으로 모아주면서 내는 소리이다. 우리말보다는 혀가 뒤쪽으로 빠지면서 더 깊은 소리가 나야 한다. 우리가 아플 때 내는 신음소리처럼 깊은 소리를 내야 한다.

Example words TRACK 102

wet	/wet/	win	/wɪn/	wood	/wʊd/
would	/wʊd/	wish	/wɪʃ/	water	/ˈwɑː.t̬ɚ/
war	/wɔːr/	warm	/wɔːrm/	wash	/wɑːʃ/
swim	/swɪm/	swear	/swer/	sweet	/swiːt/
twelve	/twelv/	twin	/twɪn/	twinkle	/ˈtwɪŋ.kəl/

Minimal Pairs [v] vs [W] TRACK 103

very	/ˈver.i/	wary	/ˈwer.i/
vest	/vest/	west	/west/
vet	/vet/	wet	/wet/
vile	/vaɪl/	while	/waɪl/
vine	/vaɪn/	wine	/waɪn/

[j] 

yes /jes/ TRACK 104

유성음(voiced) / 설측구개음(lingua-palatal) / 전이음(glides)

혀 중간 부분을 경구개 쪽으로 아치 모양을 만들어 발음하는 소리이다.

대부분의 [j] 발음은 알파벳이 y로 시작하는 단어들이다. 입술을 양쪽으로 벌리고 혀를 아치 모양으로 만들어 강하게 발음한다. 잘 이해가 안 되면 대표적인 소리인 year와 ear의 소리를 비교해 보면 된다. year는 입을 ear보다 더 넓게 벌리고 "이이어"처럼 발음하면 된다.

- year /jɪr/ vs ear /ɪr/

Example words TRACK 105

yes	/jes/	year	/jɪr/	your	/jʊr/
yellow	/ˈjel.oʊ/	yard	/jɑːrd/	young	/jʌŋ/
yesterday	/ˈjes.tɚ.deɪ/	union	/ˈjuː.nj.ən/	view	/vjuː/
beauty	/ˈbjuː.t̬i/	million	/ˈmɪl.jən/		

Minimal Pairs [j] vs [dʒ] TRACK 106

yak	/jæk/	jack	/dʒæk/
yam	/jæm/	jam	/dʒæm/
yet	/jet/	jet	/dʒet/
yolk	/joʊk/	joke	/dʒoʊk/

[r] 

red /red/ TRACK 107

유성음(voiced) / 치경음(alveolar) / 유음(liquid)

[r]은 자음이나 모음의 성격을 가지고 있어 반모음으로 분류하기도 한다.

입모양을 옆으로 벌리고 혀의 뒷부분은 어금니 쪽에 붙이고 앞쪽은 뒤로 말아서 올리되 입천장에는 닿지 않게 하면서 내는 소리이다. 우리말의 얼~소리와 유사한 소리로 성대를 울리며 나오는 유성음이다. 혀의 뒷부분을 조금 편하게 뒤로 밀고 앞부분을 말아 올려 소리를 내기 위해서는 입을 미소를 짓듯이 옆으로 벌려 주면 편하게 혀의 모양을 만들 수 있다.

Example words - 초성 TRACK 108

red	/red/	race	/reɪs/	rain	/reɪn/
ratio	/'reɪ.ʃi.oʊ/	rail	/reɪl/	range	/reɪndʒ/
rank	/ræŋk/	relax	/rɪ'læks/	rely	/rɪ'laɪ/

Example words - 중성 TRACK 109

park	/pɑːrk/	proposal	/prə'poʊ.zəl/	bird	/bɝːd/
problem	/'prɑː.bləm/	critical	/'krɪt̬.ɪ.kəl/	crime	/kraɪm/
cream	/kriːm/	proof	/pruːf/	girl	/gɝːl/

Example words - 종성 TRACK 110

car	/kɑːr/	air	/er/	father	/'fɑː.ðɚ/
mother	/'mʌð.ɚ/	anger	/'æŋ.gɚ/	error	/'er.ɚ/
freezer	/'friː.zɚ/	flower	/'flaʊ.ɚ/	doctor	/'dɑːk.tɚ/

Minimal Pairs [l] vs [r] TRACK 111

collect	/kə'lekt/	correct	/kə'rekt/
lead	/li:d/	read	/ri:d/
led	/led/	red	/red/
leaf	/li:f/	reef	/ri:f/
lime	/laɪm/	rhyme	/raɪm/
light	/laɪt/	right	/raɪt/
link	/lɪŋk/	rink	/rɪŋk/
low	/loʊ/	row	/roʊ/

3-8

영어 모음소리의 비밀

영어의 모음은 자음과 달리 소리를 낼 때 날숨이 어떠한 간섭도 받지 않고 나오는 소리이다. 이러한 모음의 특징은 우리말 모음의 특징과도 동일하지만 영어와 우리말의 모음에는 다음과 같은 차이점들이 있다.

영어 모음의 기본음인 a, e, i, o, u 를 봤을 때는 우리말의 ㅏ, ㅔ, ㅣ, ㅗ, ㅜ처럼 5가지가 있는 것처럼 보이지만 이러한 기본음에 장모음(긴장음), 단모음(비긴장음) 그리고 2개 이상의 모음이 합쳐져 소리가 나는 이중모음, 삼중모음까지 합하면 22개의 모음이 있다.

즉, 글자로 표현할 수 있는 모음은 5가지밖에 없으나 소리는 무려 22가지가 있기 때문에 알파벳으로 소리를 유추하기는 더욱더 어렵다. 따라서 IPA에서 정의하는 22가지의 모음의 소리의 특징을 정확히 알아야 정확한 소리를 만들어 낼 수 있다. 또한 우리말의 장모음, 단모음은 소리의 길이로 구분하지만 영어의 장모음과 단모음의 차이는 소리의 길이뿐만 아니라 입술, 혀 그리고 턱의 위치로 만드는 긴장 정도에 따라서 구분이 되어 더 복잡하다고 할 수 있다.

하지만 Minimal pairs로 소리를 비교해 보면 자음과 마찬가지로 IPA의 기호를 모두 읽을 수 있으며, 소리를 낼 수 있기 때문에 크게 걱정할 필요는 없다.

- 단모음(비긴장음): 단모음은 혀가 긴장하지 않은 상태에서 가볍고 짧게 소리가 난다.
  ex) hit /hɪt/, sit /sɪt/, lip /lɪp/, pick /pɪk/
- 장모음(긴장음): 장모음은 혀가 긴장된 상태의 높은음에서 낮은음으로 발

음한다.

ex) heat /hiːt/, steal /stiːl/ , beat /biːt/ , beach /biːtʃ/

- 이중모음/삼중모음: 이중모음/삼중모음은 말 그대로 2개 이상의 모음이 합쳐져 소리가 난다. 그렇기 때문에 발음을 하면서 혀의 위치가 변하게 된다.
- 슈와(Schwa): 영어의 모음 중 [ə]를 슈와라고 하며, 단어 속에서 소리가 약화되어 생략되기도 하는 발음이다. 모음의 발음 중 가장 많은 발음이기도 하다.

  알파벳으로만 보면 a, e, i, o, u에서 모두 나타난다.

  ex) about /ə'baʊt/, ballon /'bæl.ən/, problem /'prɑː.bləm/, bottom /'bɑː.t̬əm/, family /'fæm.əl.i/, support /sə'pɔːrt/, analysis /ə'næl.ə.sɪs/

자음에 비해 모음이 다소 어렵게 느껴질 수도 있지만 아래에 있는 모음 체계도를 머릿속에 넣고 있으면 이해를 하는 데 많은 도움이 된다.

■ **모음 체계도**

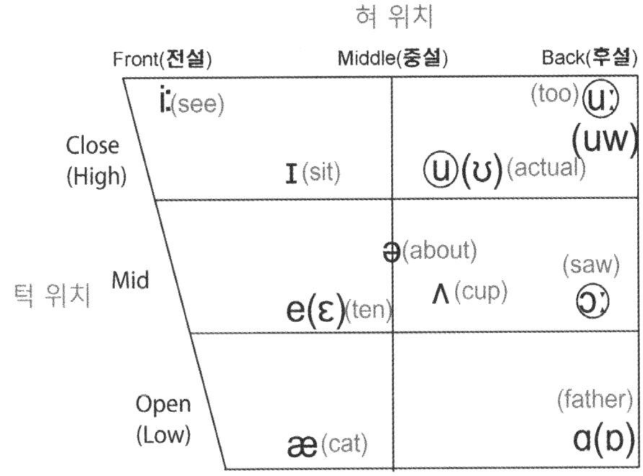

※ 턱 위치가 low에 가까울수록 턱이 아래에 있다는 의미이다. 즉, 입을 많이 벌려서 발음을 해 준다는 의미이다.

이 모음 체계도는 영어 모음이 어떤 위치에서 어떻게 소리가 나는지를 보여준다.

① ə와 ʌ는 같이 사용되기도 한다.

② i를 iː로 표기하기도 한다.

③ ɔː를 그냥 ɔ로 표기하기도 한다.

④ a를 ɒ로 표기하기도 한다.

⑤ u를 ʊ로 표기하기도 한다.

⑥ ○가 있는 표시는 입술모양을 동그랗게 하고 발음한다.

조금 더 이해를 돕기 위해 앞의 도식을 입모양으로 나타내면 다음과 같다.

■ **그림으로 보는 모음 체계도**

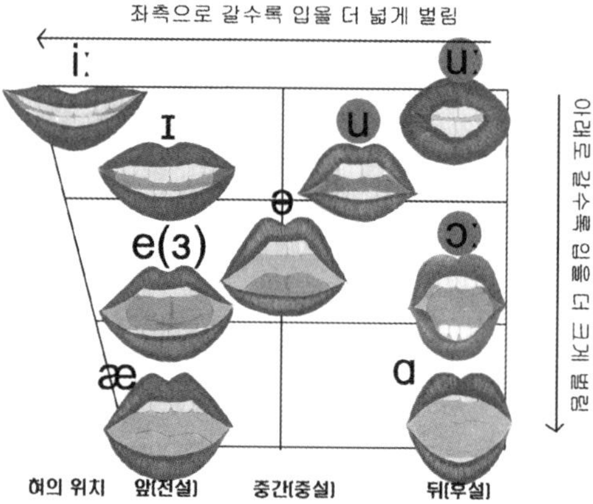

① 모음 ɪ, e(ɜ), æ는 입을 옆으로 벌린 정도는 유사하나 æ를 소리 낼 때 입을 가장 크게 벌려야 한다.

② 모음 æ, ɑ는 입을 위아래로 벌린 정도는 유사하나 æ가 ɑ보다 입을 더 넓게 벌려 줘야 올바른 소리를 낼 수 있다.

③ 모음 uː, ɔː는 입모양을 동그랗게 만들어서 내는 소리이다. 다만 uː 입이 앞으로 더 나오기 때문에 입술 모양에 더 주름이 많이 생긴다.

모음 소리를 훈련하고 발음을 할 때 왼쪽 그림에서 보는 것과 같이 다음과 같은 3가지를 유의하면서 소리를 내면 된다.

① 입이 벌어진 정도

- 그림에서 보듯이 턱이 밑으로 내려 갈수록 입을 아래로 크게 벌려 발음을 한다.
- 모음 체계도에서 왼쪽으로 갈수록 입을 좌우로 넓게 벌려 줘야 한다.

② 혀의 위치(전설, 중설, 후설)

- 영어 모음 발음 시 혀의 앞부분이 아치 모양이면 전설 모음이라고 하며, 중간에 있으면 중설 모음, 그리고 목젖에 가깝게 뒤에 있으면 후설 모음이라고 한다.
- 후설 모음의 소리로 갈수록 입을 넓게 벌리기보다는 동그랗게 만들어야 혀를 올바른 위치에 놓을 수 있다.

③ 입술의 모양

- 모음 체계도에 동그라미 표시가 있는 모음들, 즉 u, u:, ɔ: 등은 입모양을 동그랗게 만들어야 깊은 소리를 낼 수 있다.

■ 영어모음 소리의 종류와 특징

분류	모음기호	우리말 유사소리	대표단어	단모음 (비긴장음)	장모음 (긴장음)
group 1	ɪ	이	sit	○	
	i:	이이	see		○
group 2	u	우	actual	○	
	u:	우우	too		○
	ʊ	으어	put	○	
group 3	e(ɜ)	에	ten	○	
	æ	에에	cat		○
group 4	ə	어	about	○	
	ʌ	어	cup	○	

group 5	ɔː	오오	saw		○
	ɑ ɒ(BrE)	아아	got		○
group 6 (이중모음)	aɪ	아이	my		
	aʊ	아우	now		
	eɪ	에이	say		
	oʊ(AmE)	오우	go		
	əʊ(BrE)	오우	go		
	ɔɪ	오오이	boy		
	ɪə	이어	near		
	eə	에어	hair		
	ʊə	유어	pure		
group 7 (삼중모음)	aɪɚ	아이어	buyer		
	aʊɚ	아우어	our		

※ 이 책에서 사용한 Cambridge 영어사전에서는 미국식 발음기호를 사용하기 때문에 [ɜr]는 [ɝ]로, [ər]는 [ɚ]로 표기하였다.

※ group2의 [u]와 [ʊ]는 모두 비긴장음으로 구분 없이 사용하기도 하지만, 이 책의 발음기호 기준으로 사용된 Cambridge 영어사전에서는 구분되어 있다. 하지만 구분 없이 사용해도 큰 문제는 없다.

※ 이 책에 표기한 우리말 유사 소리는 참고만 하고 이 책에 나오는 입모양, 입의 크기, 혀의 위치에 따른 정확한 모음 소리를 연습하길 바란다.

자음의 Minimal pairs처럼 영어 모음을 조금 더 쉽게 접근하기 위해서 유사한 모음의 발음을 group으로 묶어서 설명하려고 한다.

3-9

영어 비밀 노트-모음소리의 법칙

Group 1. [ɪ] vs [i:]

IPA에서는 단모음을 [ɪ]로 장모음을 [i:]로 표기하지만 가끔 사전에서는, 단모음을 [i]로 장모음을 [i:]로 표기하기도 한다.

또한 Oxford 사전에서는 [ɪ], [i], [i:]를 모두 구분해서 표기하기도 하지만 두 가지만 표기해도 이해하는 데는 전혀 문제가 없다. 이 책에서는 단모음을 [ɪ]로 장모음을 [i:]로 표기하도록 하겠다.

[ɪ] 

sit /sɪt/ VOWEL TRACK 001

혀 위치: 전설, 턱 위치: high-mid (입을 조금만 벌림), 비긴장음

우리말 [으]와 [어]의 중간 발음으로 입을 조금만 벌린 채 힘을 빼고 발음하면 된다. 우리말에 없는 발음으로 쉬운 듯 어려운 발음이다.

우리말 "이"보다는 턱과 혀를 조금 더 내리고 입을 손가락 하나가 들어 갈 정도의 크기로 벌려 발음을 하면 된다.

쉽게 차이를 연습하기 위해서는 he /hi:/, him /hɪm/의 발음의 차이를 생각하면서 연습을 하면 좀 더 쉽게 이해할 수 있다.

[i:]

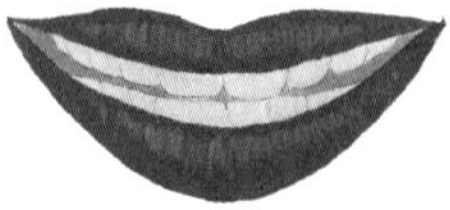

see /si:/ VOWEL TRACK 002

혀 위치: 전설, 턱 위치: high (입을 조금만 벌리고 양쪽으로 넓게 벌린다.), 긴장음

대표적인 긴장음으로 입을 옆으로 벌리고 우리말 "이이"처럼 길게 발음한다.

Minimal Pairs [ɪ] vs [i:] VOWEL TRACK 003

bin	/bɪn/	bean	/bi:n/
chip	/tʃɪp/	cheap	/tʃi:p/
his	/hɪz/	he's	/hi:z/
it	/ɪt/	eat	/i:t/
sit	/sɪt/	seat	/si:t/
did	/dɪd/	deed	/di:d/
fill	/fɪl/	feel	/fi:l/
fit	/fɪt/	feet	/fi:t/
grin	/grɪn/	green	/gri:n/
hit	/hɪt/	heat	/hi:t/
still	/stɪl/	steal	/sti:l/
bit	/bɪt/	beat	/bi:t/
bitch	/bɪtʃ/	beach	/bi:tʃ/
lip	/lɪp/	leap	/li:p/
pick	/pɪk/	peek	/pi:k/
pitch	/pɪtʃ/	peach	/pi:tʃ/
shit	/ʃɪt/	sheet	/ʃi:t/
sick	/sɪk/	seek	/si:k/
sin	/sɪn/	seen	/si:n/
tin	/tɪn/	teen	/ti:n/
bid	/bɪd/	bead	/bi:d/
chick	/tʃɪk/	cheek	/tʃi:k/
fist	/fɪst/	feast	/fi:st/
hip	/hɪp/	heap	/hi:p/
piss	/pɪs/	peace	/pi:s/

Group 2. [u] or [ʊ] vs [u:]

모두 우리말 "우"로 발음하기 쉬운 group이다. 사전에 따라 다르지만 [u]와 [ʊ]를 구분할 필요는 없을 것 같다. Oxford 사전에서는 두 가지 발음을 구분해서 사용하고 있지만 구분하지 않아도 크게 문제는 없다.

혼란을 방지하기 위해서 이 책에서는 단모음을 [u]로, 장모음을 [u:]로 표기하도록 하겠다. 비긴장음 [u]와 긴장음 [u:]는 확실히 다른 소리이다. 모음 체계도에서 볼 수 있듯이 [u:]는 [u]보다 확실히 소리가 깊은 긴장음이다. 입모양도 [u]보다는 조금 더 긴장을 시켜 둥글게 만드는 특징이 있다. 이런 특징을 염두에 두고 각각의 발음에 대해서 알아보도록 하자.

[u]

actual /æk tʃu əl/ VOWEL TRACK 004

혀 위치: 중설, 턱 위치: high-bottom, 입모양: 둥글게, 비긴장음

우리말 "우"와 유사하지만 상당히 다른 발음이다. 우리말 "우"보다 훨씬 깊은 곳에서 소리가 난다고 보면 된다. 입술에 힘을 빼고 입술을 앞으로 내밀어 둥글게 만든 다음에 목구멍 뒤쪽에서 나는 느낌으로 소리를 낸다. Minimal pairs를 통하여 [u:]와의 차이를 알아보도록 하자.

[u:] 

too /tu:/ VOWEL TRACK 005

혀 위치: 후설, 턱 위치: high, 입모양: 둥글게, 긴장음

모음 중에 가장 깊은 소리를 낸다. 긴장음으로 입모양도 최대한 둥글게 만들어 발음한다. 깊은 소리의 느낌은 우리가 통증이 있을 때 깊이 있게 나오는 "으" 소리를 생각하면 된다. 어딘가 아프면 나도 모르게 깊은 신음이 나온다. 이때의 느낌과 많이 유사하다.

[u]와 Minimal pairs를 통해서 비교해 보면 확실히 소리가 깊은 것을 알 수 있을 것이다. 대부분 후설음(목 뒤쪽에서 나는 깊은 소리)을 발음할 때는 입모양이 모음, 자음에 관계없이 둥근 모습으로 된다.

Minimal Pairs [u] vs [u:] VOWEL TRACK 006

pull	/pʊl/	pool	/pu:l/
full	/fʊl/	fool	/fu:l/
stood	/stʊd/	stewed	/stu:d/
cook	/kʊk/	kook	/ku:k/
look	/lʊk/	Luke	/lu:k/
hood	/hʊd	who'd	/hu:d/

※ 앞서 설명한 대로 [ʊ]와 [u]는 구분 없이 사용하기도 한다.

Group 3. [e] vs [æ]

[e]와 [æ]는 모두 우리말 "에"와 유사한 발음이다. 특히 [e] 발음은 우리말 "에"와 거의 소리가 나는 위치도 유사하여 어떻게 보면 가장 발음하기 편한 영어 모음 중 하나일지 모른다. 하지만 [æ]는 우리말에는 없는 소리이며, 긴장음으로 입을 최대한 옆으로 벌려 소리를 낸다.

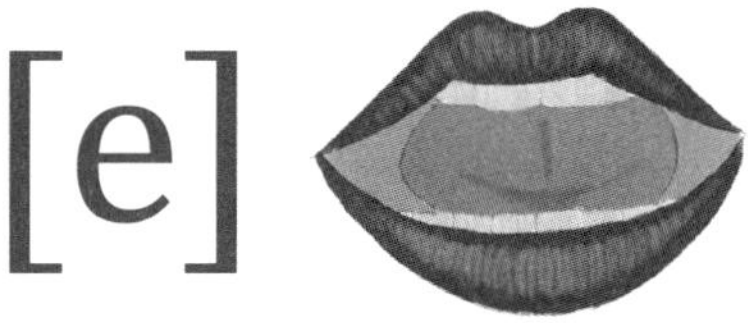

ten /ten/ VOWEL TRACK 007

혀 위치: 중설, 턱 위치: middle-bottom, 비긴장음

[e] 발음은 우리말 "에"에 가깝지만 턱의 위치가 우리말 "에"보다 약간 아래에 있으며 소리도 우리말 "에"보다는 약간 뒤에서 난다. 하지만 거의 유사하다고 봐도 문제는 없다.

cat /kæt/ VOWEL TRACK 008

혀 위치: 전설, 턱 위치: bottom, 입모양: 옆으로 길게, 긴장음

[æ] 발음은 우리말에는 없는 소리라고 생각하면 편하다. 턱을 최대한 아래로 내린 상태에서 입모양을 옆으로 최대한 늘려서 발음하는 긴장음이다.

혀의 위치는 입을 옆으로 벌리게 되면 자연스럽게 앞으로 나오게 되어 있다.

고양이가 입을 양쪽으로 쭉 벌리고 "이야옹" 하듯이 입을 옆으로 크게 벌리고 내는 소리이다.

Minimal Pairs [e] vs [æ] VOWEL TRACK 009

beg	/beg/	bag	/bæg/
bend	/bend/	band	/bænd/
bet	/bet/	bat	/bæt/
guess	/ges/	gas	/gæs/

lend	/lend/	land	/lænd/
men	/men/	man	/mæn/
mess	/mes/	mass	/mæs/
pen	/pen/	pan	/pæn/
send	/send/	sand	/sænd/
vet	/vet/	vat	/væt/

Group 4. [ə] vs [ʌ]

[ə]와 [ʌ] 모두 우리말로는 "어"소리와 가까운 소리이다. 영미권에서는 이 소리를 schwa(슈와)라고 부르기도 한다. 미국영어에서는 사실상 두 소리의 차이점을 두지 않고 있다. 즉, 반드시 구분해서 사용하지는 않는다. 굳이 구분을 하자면 [ə]는 강세가 없으며, [ʌ]로 발음이 될 때는 강세가 있는 경우가 많다.

[ə]

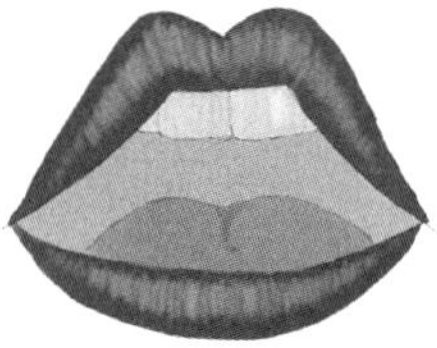

about /ə'baʊt/ VOWEL TRACK 010

혀 위치: 중설, 턱 위치: middle-bottom, 비긴장음

[ə] 발음은 우리말 "어"소리와 비슷하나 턱을 손가락 하나가 들어갈 정도로 턱을 내리고 약간 어눌하게 발음한다. 약간 귀찮은 듯 내는 소리라고 할 수 있겠다.

[ʌ]

cup /kʌp/ VOWEL TRACK 011

혀 위치: 중설, 턱 위치: middle-bottom, 비긴장음

[ʌ] 발음은 [ə] 발음과 조음의 위치는 동일하다. 하지만 강세가 있는 부분에 위치하며 [ə]보다는 약간 길고 강하게 발음하는 정도의 차이가 있다.

※ 사실 [ə]와 [ʌ]는 구분 없이 사용하기도 한다. 하지만 다른 소리이기 때문에 구분해야 하지만 쉽지는 않다. 그리고 특별한 Minimal pairs를 가지고 있지 않기 때문에 소리를 구분하기가 쉽지 않다. 앞의 모음 체계도에서도 보이듯 [ʌ]의 소리가 조금 더 턱을 내려 입을 벌려 강하게 발음하는 특징이 있다. 정확한 차이는 동영상을 참고하길 바란다.

Speech Modification.com

※ [ʌ] 발음은 [ɔ]와도 유사할 수 있지만 차이점은 [ɔ] 발음은 입을 동그랗게 만들어 발음하지만 [ə]와 [ʌ]는 동그랗게 만들지 않고 발음을 한다.

Group 5. [ɔ:] vs [ɑ:] or [ɒ]

[ɔ:]와 [ɑ:]는 어떻게 보면 group으로 묶은 단어들 중 가장 유사하지 않은 소리일지도 모른다. 그나마 턱을 많이 내리고 내는 소리라는 유사점이 있다. 우리말 "오"와 "아"보다 턱을 더 많이 내리고 내는 소리이다.

※ 미국영어에서는 [ɑ:] 또는 [ɑ]로 표기 하고 영국영어에서는 [ɒ]로 표기하기도 한다. 표기의 차이이지 소리의 차이는 없다.

[ɔ:]

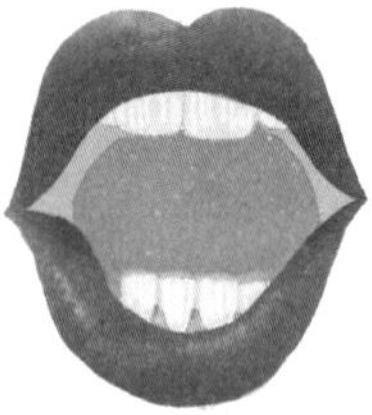

saw /sɔ:/ VOWEL TRACK 012

혀 위치: 후설, 턱 위치: low-bottom, 긴장음

[ɔ:] 발음은 우리말 “오”소리와 유사하지만 다른 소리이다. 턱을 최대한 많이 내린 상태에서 입술을 동그랗게 만들고 목구멍 뒤쪽 깊은 곳에서부터 내는 소리이다.

즉, 우리말 “오”보다 소리가 더 깊은 곳에서 나는 느낌으로 발음해야 한다.

[ɑ:]

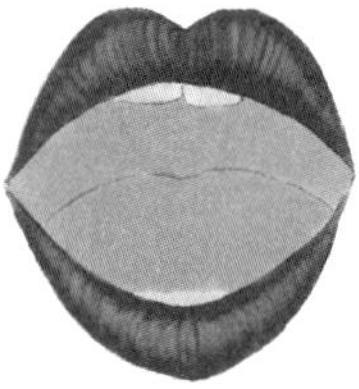

father /ˈfɑ ðər/ VOWEL TRACK 013

혀 위치: 후설, 턱 위치: low-bottom, 긴장음

[ɑ:] 발음은 우리말 “아”소리와 유사하지만 “아”소리보다 턱을 더 많이 내려서 내는 소리이다. 긴장음으로 입을 목젖이 보일 정도로 크게 벌린 상태에서 발음하면 된다. 이때 혀는 앞에서 뒤로 움직여 깊은 소리를 만들어 준다.

[ɔ:]와의 차이는 입모양에 있다. [ɑ:]는 입을 동그랗게 만들지 않고 발음한다.

Minimal Pairs [ɑː] vs [ɔː] VOWEL TRACK 014

body	/ˈbɑː.di/	bawdy	/ˈbɔː.di/
chock	/tʃɑːk/	chalk	/tʃɔːk/
cot	/kɑːt/	caught	/kɔːt/
odd	/ɑːd/	awed	/ɔːd/
stock	/stɑːk/	stalk	/stɔːk/

Group 6. 이중모음

지금까지 대표적인 모음소리에 대해서는 모두 배웠다. 이제 이중모음만 학습하게 되면 모든 영어의 소리를 발음할 수 있게 된다. 앞부분의 모음을 충실히 학습하였다면 이중모음은 크게 어렵지 않게 학습할 수 있다.

이중모음은 사전마다 약간의 차이는 있지만 보편적으로 다음과 같은 약 8가지의 이중모음을 표시하고 있다. 이중모음은 앞에 음을 강하게 그리고 뒤에 오는 모음을 조금 약하게 발음하면 된다.

다음의 대표 단어로 살펴보면 그렇게 어렵지 않게 이해할 수 있을 것이다.

모음기호	유사한 우리말	대표단어	IPA
① aɪ	아이	my	/maɪ/
② aʊ	아우	now	/naʊ/
③ eɪ	에이	say	/seɪ/
④ oʊ(AmE)	오우	go	/goʊ/
əʊ(BrE)	어우	go	/gəʊ/
⑤ ɔɪ	오오이	boy	/bɔɪ/
⑥ ɪə	이어	near	/nɪər/
⑦ eə	에어	hair	/heər/
⑧ ʊə	유어	pure	/pjʊər/

Group 7. 삼중모음

영어모음에 있어서 삼중모음은 많지는 않으며 다음과 같이 2가지만 기억하면 된다.

모음기호	유사한 우리말	대표단어	IPA
① aɪɚ	아이어	buyer	/ˈbaɪ.ɚ/
② aʊɚ	아우어	our	/ˈaʊ.ɚ/

이제 여러분은 영어의 모든 소리를 배웠다. 지금까지와는 영어 단어를 감으로, 혹은 기존에 알고 있는 잘못된 상식으로 소리를 냈다면, 지금부터는 사전의 발음기호를 보면서 정확한 소리를 낼 수 있을 것이다. 음절을 구분할 수 있고 어디에 강세가 있는지 알게 되므로 정확한 소리를 학습할 수 있게 되었다. 아마도 빨리 사전을 펼쳐서 그동안 잘못 알고 있었던 소리를 공부하고 싶은 욕구가 생겼을 것이다. 그리고 지금까지 보지 못하고 관심이 없던 부분들이 선명하게 보이기 시작할 것이다. 작심삼일이라도 좋으니 영어를 즐길 정도가 될 때까지 포기하지 않고 지속적으로 학습할 수 있는 끈기만 기르면 된다. 그러면 언젠가는 영어를 말하고 싶어 입이 근질근질 해지는 날이 올 것이다. 영어가 두려움과 울렁증의 대상에서 즐거움과 설렘의 대상으로 바뀌는 순간이 올 것이다.

모든 단어를 정확하게 발음할 수 있게 되었기 때문에 지금까지 알고 있는 모든 단어의 소리를 의심하고 바로 잡아 나가야 발음을 교정할 수 있다. 너무 당연히 알고 있는 단어들 I, my, you, he, she, is, am, are 등부터 시작해 보자. 그러면 그동안 아무 의미 없이 발음했던 단어들이 어디가 어떻게 틀렸는지 발견할 수 있을 것이다. 이렇게 기존에 가지고 있던 생각과 다른 단어들은 단어장에 저장하고 정확한 발음을 익힐 때까지 훈련해야 한다. 한번 보는 것만으로는 체화되지 않기 때문에 반복 연습이 가장 중요하다.

TIP PLUS!

영어발음 공부 Tip!

내가 배운 발음을 정확하게 하고 있는지 아닌지 쉽게 확인하는 방법이 있다. I-phone에 있는 시리(Siri)의 기능을 사용하면 마치 외국인과 대화하는 것처럼 확인할 수 있다. 물론 인공지능이라 한계가 있지만, 혼자 발음을 체크해 보기에는 적당하다. 게임을 하듯이 이용하면 혼자 공부하기 지루할 때 쉐도잉 훈련을 하기에 좋다. 그리고 유사 발음을 확인하는 데에 큰 효과가 있다. world, word, work, walk 등 시리가 내 발음을 어떻게 알아듣는지 궁금하다면 지금 바로 시작해 보자. 어디까지나 재미로 하는 것이지 인공지능이라 정확한 소리를 감지하지 못하는 경우도 있다. 그러니 혹시 시리가 자신이 말하는 문장 또는 단어들을 못 알아듣는다고 하더라도 크게 실망할 필요는 없다.

Chapter 4.

1시간에 끝내는 영어 말하기

2단계

쉐도우 스피킹을 위한 준비 (준비편)

4-1

쉐도우 스피킹을 위한 주변 환경 만들기

이 책의 최종 목표는 영어 프리토킹이 가능하게 만드는 학습법을 습득하는 것이다. 앞서 많은 이론과 기초적인 지식을 배웠다면, 마지막 장에서는 실질적으로 우리가 매일 매일 연습하게 될 쉐도잉 훈련을 배우게 될 것이다. 이 장에서는 쉐도잉을 하기 위한 준비 사항에 대해서 알아보도록 하겠다.

1. 영화대본 Script, MP3 음성파일

쉐도우 스피킹 연습을 할 때 처음에 가장 많이 활용해야 하는 교재는 영화대본과 MP3파일이다. 영화대본은 꾸준히 1년간 연습해야 하는 것이므로 잘 골라야 지루해지지 않고 끝까지 마스터할 수 있다. 대본을 항상 지니고 다니면서 잘 안 들리고 궁금한 부분이 있을 때마다 찾아봐야 한다. 어떤 사람들은 들릴 때까지 계속 들으라고 하는데, 한 번 안 들리는 부분은 아무리 반복해도 안 들리는 경우가 많다. 오히려 대본을 보고 영어 소리의 법칙을 생각하면서 왜 안 들리는지를 분석해 보면 쉽게 답을 찾을 수 있다. 연음 때문인지, 중요하지 않아 작게 발음되는 부분인지, 아니면 내가 생각했던 발음과 달라서 들리지 않았던 것인지 등에 대해서 확인할 수 있다. 그리고 대본과 동일한 MP3 파일이 필요하다. 이 MP3파일은 가장 중요한 요소이므로 최대한 좋은 음질의 파일을 찾아야 한다. 최근에 서점에 가보면 영화대본과 음성파일을 제공하는 교재가 많으니 고민하지 말고 서점에서 좋아하는 영화를 선택하면 된다.

파일을 구매했다면, 복사본을 반드시 핸드폰 Application에 옮겨서 가지고 다니면서 언제 어디서든 들을 준비가 되어 있어야 한다. 핸드폰은 우리가 늘 함께 지니고 다니는 필수품이기 때문에 가장 활용도가 높다. 금전적 여유가 된다면 최근 유행하는 블루투스 무선 이어폰도 추천한다. 많이 듣기 위해서는 장비도 중요하기 때문이다. 하지만 기존에 사용하던 이어폰을 써도 무방하다.

어떤 영화를 선택할 것인가?

1년 동안 들어야 하기 때문에 영화를 선택할 때는 본인이 좋아하고, 최대한 질리지 않는 영화를 선택해야 끝까지 들을 수 있다. 하지만 여기에도 다음과 같은 몇 가지 원칙이 있다.

1) 실생활 내용이 담겨 있으며 활용도가 높은 문장이 있는 영화를 선택하라

우리의 목적은 쉐도잉 훈련을 통해 영어로 프리토킹을 하는 것이다. 따라서 실생활에 사용하는 문장과 단어가 많이 들어 있는 영화를 골라야 한다.

여러분이 공상과학이나 공포영화를 좋아한다고 하더라도 이러한 문장들은 실생활에서 사용하지 않을 확률이 매우 높다. 따라서 이러한 영화는 고르지 말아야 한다. 그리고 너무 유아적인 애니메이션도 좋은 선택은 아니다. 애니메이션은 아이들을 대상으로 하기 때문에 대화내용에 다소 과장이 많이 포함되어 있어 자연스러운 언어를 배우는 데 적합하지 않다. 개인적인 의견으로는 멜로나 드라마가 일상생활 영어에 가장 가깝고 활용도가 높다고 생각한다. 따라서 이러한 장르의 영화를 고르는 것이 가장 무난한 선택이 될 것이다.

2) 노래가 많이 나오는 영화는 피하라

영화의 일부분에 노래가 섞여 있는 것은 문제가 되지 않으나, 노래가 너무 많이 나오는 영화들은 쉐도잉을 할 때 오히려 방해가 된다. 대화 위주로 되어 있는 영화를 골라야 한다. 음악이 너무 많으면 흐름이 끊어져 대화를 집중해서 듣기가 매우 어렵기 때문이다.

3) 자신이 닮고 싶은 배우의 영화를 선택하라

영화를 선택함에 있어 미국의 악센트를 사용하는 할리우드 영화도 있고, 영국의 악센트를 사용하는 영국 배우들이 나오는 영화도 있다. 자신이 생각했을 때 미국식 발음을 좋아하면 미국 배우들이 나오는 영화를, 영국식 발음을 선호한다면 영국 배우들이 나오는 영화를 선택하면 된다. 우리가 지금까지 학교에서 공부한 영어는 대부분 미국식 영어라서 미국 영화를 선택하면 발음을 듣기가 조금 더 수월하다.

가끔 북 잉글랜드를 배경으로 한 〈빌리 엘리어트〉 같은 영화들이 있다. 이런 지역 악센트가 강한 영화를 고르면 듣기도 어려울 뿐 아니라 표준어를 배우는 데 적합하지 않다.

개인적으로 영어를 본격적으로 배울 때 가장 많이 보고 접한 영화는 휴 그랜트가 출연한 영화였다. 휴 그랜트가 나온 영화의 특징으로는 정통적인 영국식 발음이 있으며, 내용도 대부분 일상을 다루고 있어 활용도가 매우 높다는 장점이 있다.

영국식 영어로 쉐도잉을 원한다면 다음과 같은 영화를 추천한다.

자료출처: 네이버 영화

■ **어바웃 어 보이(About a boy)**

왕따를 당하는 12살 소년 마커스(니콜라스 호울트)와 부모의 저작권으로 백수의 삶을 살아가는 윌 프리먼(휴 그랜트)이 만나게 되면서 삶에 대해서 중요한 부분이 무엇인지 깨닫게 되는 영화로, 영국의 일상생활을 엿볼 수 있는 영화이다. 개인적으로는 가장 좋아하는 영화이기도 하다.

■ **노팅힐(Noting Hill)**

개봉한 지 어느덧 20년 가까이 되었지만 휴 그랜트와 줄리아 로버츠의 마지막 대사는 아직까지도 진한 감동을 선사하는 영화이다.

자료출처: 네이버 영화

William: I just wondered if Mr. Thacker realized he'd been a daft prick and got down on his knees and bagged you to reconsider, whether you would reconsider?

Anna: Yes, I'm pretty sure, I would.

Questioner: Anna, how long are you intending to stay here in Britain?

Anna: Indefinitely.

노팅힐에서 작은 서점을 운영하는 윌리엄 태커(휴 그랜트)가 헐리우드 스타 안나 스콧(줄리아 로버츠)을 우연히 만나면서 일어나는 가슴 따뜻한 사랑 이야기이다. 조연배우들의 매력이 넘치는 영화이기도 하다. 이 영화 한 편으로 영국의 노팅힐은 가장 인기 있는 관광지가 되기도 했다.

■ **러브 액츄얼리(Love Actually)**

너무나도 유명한 영화로 굳이 따로 소개가 필요 없는 영화인 것 같다. 많은 등장인물들로 인하여 다양한 스타일의 영어를 들을 수 있다는 장점이 있다.

자료출처: 네이버 영화

■ **브리짓 존스의 일기(Bridget Jones's Diary)**

32살의 미혼인 브리짓 존스(르네 젤위거), 인권변호사 마크 다아시(콜린퍼스)와 직장상사인 다니엘 클리버(휴 그랜트)의 삼각관계 속에서 진실된 사랑을 찾는 내용으로 매우 유머가 넘치는 영화이다. 남자, 여자 악센트를 다양하게 접할 수 있다는 장점이 있다. 자료출처: 네이버 영화

4편의 추천 영화는 개인적으로 좋아하는 영화들이나 반드시 상기 영화로 쉐도잉을 할 필요는 없다. 다만 영화 선정에 있어서의 원칙을 지켜 선택해야 쉐도잉을 즐겁고 쉽게 할 수 있다. 다시 한 번 강조하지만 수백 번 반복해서 들어야 할 영화를 선택하는 것이므로 조금은 신중히 선택하도록 하자.

2. 읽기 쉬운 English Book

나중에 소개하겠지만 쉐도잉을 하다 보면 많은 슬럼프가 찾아온다. 그럴 때마다 공부 방법을 다양하게 바꿔가면서 극복해야 한다. 따라서 영화대본을 주로 연습하되 대체수단으로 영어책 한 권을 추가로 준비할 필요가 있다. 영화책의 선정기준도 영화대본과 크게 다르지 않다.

영어책 선택 시 유의사항

철저하게 흥미위주의 책을 선정하라!

영어책을 읽는 목적은 한글로 된 책을 읽는 목적과는 조금 다르다. 물론 영어가 어느 정도 편한 수준까지 올라갔다면 모르지만 지금은 체화를 위한 쉐도잉이 주목적이므로 잘 읽혀지는 쉬운 책을 골라야 한다.

그러면 어떤 책이 쉬운 책인가? 각자의 영어 수준이 다르기 때문에 어떤 책이 쉽다고 말할 순 없지만, 한 페이지에 모르는 단어가 10개를 넘지 않는 책이 적당하다. 모르는 단어가 많으면 책을 읽을 때 집중하기 어렵기 때문이다.

3. 학습에 도움을 주는 유용한 Applications

쉐도잉할 때 도움이 되는 몇 가지 Application을 소개하겠다.

1) 모르는 단어를 정리할 수 있는 Naver Dictionary

앞으로 영화대본, 영어책, 영자 신문, Ted Script 등으로 쉐도잉을 하다 보면 모르는 단어들이 많이 나온다. 영어실력이 올라갈수록 어휘가 필수적이다. 그렇다고 시중에 나와 있는 vocabulary 책을 사서 공부할 필요는 없다. 경험상 연관성이 없는 단어를 무작정 외운다고 활용할 수 있는 것은 아니기 때문이다. 하지만 어휘를 늘릴 필요는 있기 때문에 모르는 단어들이 나올 때마다 정리할 수 있는 Application이 필요하다. Naver에서는 이러한 Application을 무료로 제공하고 있다. 카테고리별로 나누어 자신만의 단어장을 정리할 수도 있으며, 또한 정리한 단어들을 프린트로 출력할 수도 있고, 발음을 따라 하면서 배울 수 있다는 장점이 있다. 또한 반복 및 연속 재생이 예문과 함께 제공되기 때문에 매우 유용한 Application이라고 할 수 있다.

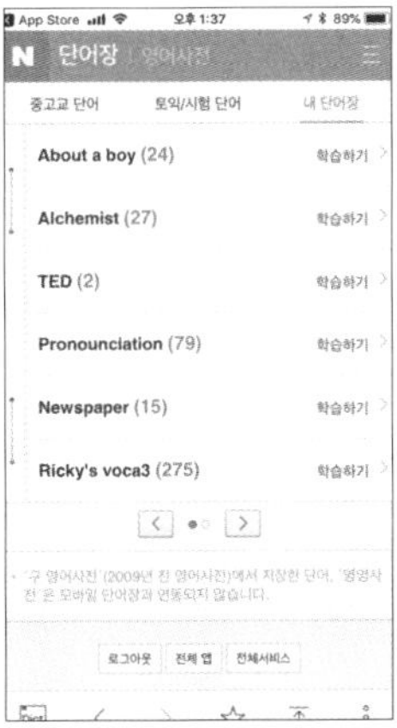

카테고리 분류 가능

연속 발음 듣기

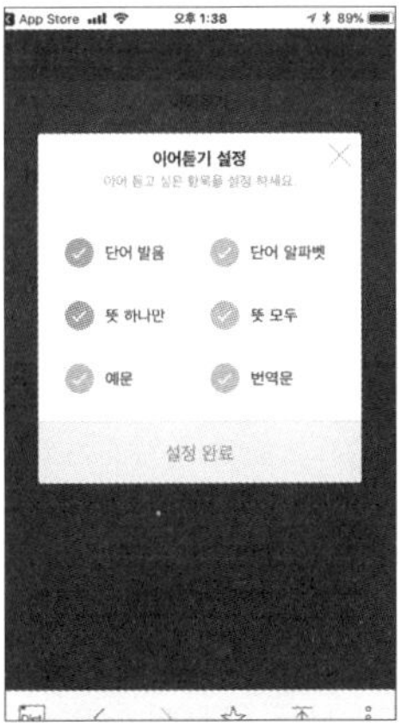

다양한 옵션 선택 기능

2) 정확한 발음기호를 알려주는 영어사전

Naver에서 제공하는 단어장은 앞서 설명한 대로 모르는 단어를 나만의 단어장으로 정리하고 발음을 들어보는 데 좋은 Application이다. 하지만 단어의 발음기호(IPA)에 음절의 구분이 없다는 단점이 있다. Naver에서도 알파벳으로 음절의 구분을 해 주지만, 발음기호의 음절 구분과 정확히 일치하지는 않는다. 영어 단어의 정확한 발음을 위해서는 1) 발음기호, 2) 강세의 위치, 3) 음절의 구분이 필요하다. 따라서 정확한 발음을 학습하기 위해서는 위의 3가지 요소에 충실한 영어사전이 필요하다.

Web version Naver 영어사전

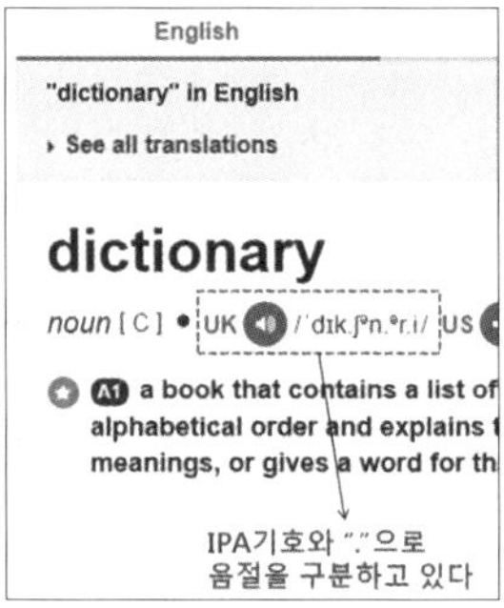

Web version Cambridge 영어사전

같은 단어를 검색하더라도 Naver 사전은 알파벳으로 음절을 구분하는 반면, Cambridge 영어사전은 IPA를 기준으로 음절을 구분하고 있어 보다 명확한 발음을 연습하는 데 도움이 된다. 대표적으로 Web이나 mobile에서 많이 쓰이는 영어사전은 다음과 같으며, 본인이 좋아하는 스타일의 사전을 선택하여 사용하면 된다.

3) 모든 나라의 라디오를 들을 수 있는 my Tuner Radio application

영어듣기 연습을 위해 한 가지 MP3파일을 듣다 보면 슬럼프가 올 때가 있다. 이럴 때 가볍게 들을 수 있는 자료가 있으면 매우 유용하다. my Tuner Radio는 전 세계 모든 라디오를 들을 수 있는 Application이다. 영국 영어를

듣고 싶을 때는 BBC를 들으면 되고 미국영어를 듣고 싶을 때는 국가를 미국으로 선택하고 미국의 라디오 방송을 들으면 된다.

또한 팟캐스트도 제공하고 있으며, 나라별 인기 음악 순위도 볼 수 있어 영어공부가 지겨울 때 편하게 들으면 매우 효과적이다. 집에서 요리를 하거나 책을 볼 때 배경 음악처럼 틀어 보도록 하자.

4. 나만의 오답노트

학창 시절에도 늘 틀리는 문제만 틀렸던 기억이 난다. 성적이 우수한 학생과 그렇지 못한 학생의 차이는 오답에 대한 대응에 있었던 것 같다. 이미 아는 문제를 백 번 공부하는 것보다 틀린 문제를 공략하는 것이 더 효율적이다. 영어도 틀린 표현만 계속 틀리게 된다.

예를 들면 날짜, 요일 앞에서는 전치사 on을 쓴다. 하지만 년, 월, 계절 앞에서는 in을 쓴다. 여기까지는 쉽다. 하지만 매번 혼동되는 부분은 날짜, 요일, 연도를 모두 같이 사용하는 경우다. 예를 들어 2019년 7월 2일을 쓴다고 하자. 이때 on인지? in인지? 늘 혼란스럽다. in July 2, 2019가 맞는지? on July 2, 2019인지? 맞는 표현은 on July 2, 2019이다.

또 다른 실수를 많이 하는 예를 들어보면 interest와 같은 형용사를 이용한 문장이다. "나는 어떤 것에 흥미가 있다."라는 표현은 다음 중 어느 것이 맞는 것일까?

1) I am interested in something.

2) I am interesting in something.

정답은 1)번 I am interested in something.이 맞다.

내가 어떤 것에 흥미가 생기는 것은, 어떤 것이 나의 흥미가 생기도록 만들었다는 것이다. 그래서 나의 입장에서 보면 수동의 의미가 맞는 것이며, 홍미를 유발한 어떤 것의 입장에서 보면 능동이 맞는 것이다. 그래서 다음과 같은 문장이 만들어 지게 된다.

- I am interested in this book. 나는 이 책에 홍미가 있다.
  (홍미 있는 것의 주체는 책이기 때문에 수동으로 표현되었다.)
- I am an interesting person. 내가 홍미 있는 사람이다.
  (홍미의 주체는 나이기 때문에 능동으로 표현되었다.)
- This book is interesting to me. 이 책은 나에게 홍미롭다.
  (책이 홍미 있는 것의 주체이기 때문에 능동으로 표현되었다.)

이렇게 조금 혼동되는 문장들이 있다면 외워서 사용하는 것이 가장 효율적이다. 앞서도 말을 했지만 행위의 주체가 누구고, 능동인지, 수동인지 고민하고 문장을 만들다 보면 이미 대화의 타이밍을 놓쳐 버린다. 따라서 이런 문장들은 별도로 선별해서 적어 놓고 틈틈이 암기하여 체화해서 곧 바로 사용할 수 있게 만들어야 한다. 이렇게 틀리기 쉽고 혼동될 수 있는 문장을 적어 놓는 나만의 오답노트를 만들어야 하며, 다음과 같은 기준에서 문장들을 수집하고 체화하여 사용하면 매우 유용하다.

나만의 오답노트에 적어야 하는 영어 문장

1) 사용 시 혼동을 가질 수 있는 문장들(앞서 설명한 예들)

ex) I'm interested in, I'm bored.

2) 한국어에는 없는 영어 표현들(이런 표현들은 스스로 생각해 내기 힘들기 때문에 오답노트에 적을 필요가 있다)

ex) Lunch is on me. (점심 내가 살게.)

이런 문장을 모른다면 일반적으로 다음과 같이 표현할 것이다.

- I will buy lunch.
- I will pay for lunch.

틀린 문장은 아니지만 자연스런 표현은 아니다.

ex) I'm not really a dog person. (나는 개를 좋아하지 않는다.)

한국 사람들이 이런 표현을 모른다면 대부분 다음과 같이 말할 것이다.

- I don't like dogs.

ex) It will not be long before we meet again.

이러한 표현을 할 때 우리는 보통 We will meet soon. See you soon. 이라고 표현할 것이다. 위 문장처럼 표현하는 방식은 쉽게 생각해내기 힘들지만 고급스런 표현으로, 암기를 하면 활용도 높은 문장이다. 특히 e-mail 등의 문어체에 적합하다. 우리의 목적이 프리토킹이긴 하지만, 이러한 문장도 수집하여 활용하면 비즈니스 시 많은 도움이 된다.

3) 문장구조가 잘 이해되지 않는 문장(이론으로 이해가 잘 안 되는 문장들은 반복하여 체화하다 익숙해졌을 때 이해가 되는 경우가 있다.)

- Never in my life have I been loved by someone like you.

이러한 문장은 우리에게 조금 어색할 수 있는 문장이다. 강조를 하기 위해 주어와 동사가 도치된 문장으로 문법 지식이 있어야 이해할 수 있는 문장이다. 하지만 이해했다고 해서 대화 시 활용할 수 있는 것은 아니기 때문에 이러한 문장들도 오답노트에 기록하여 체화해야 한다. 그리고 익숙해지면 자연스럽게 사용할 수 있는 날이 온다.

오답노트 어떻게 정리해야 하나?

좋은 문장, 또는 사용 시 혼동하기 쉬운 문장들을 정리하는 오답노트는 어떻게 만드는 것이 좋을까?

처음 오답노트를 만들었을 때는 A4 크기의 노트에 적었었다. 하지만 휴대가 다소 불편하여 다시 작은 수첩에 적어도 봤다. 하지만 매일 휴대하면서 활용하기가 쉽지 않았으며, 자주 분실하게 되었다. 그래서 생각해 낸 방법이 에버노트를 사용하는 것이었다. 우리는 누구나 핸드폰을 가지고 다닐 수밖에 없다. 핸드폰은 이제 우리에게 선택이 아닌 필수품인 것이다. 그렇기 때문에 핸드폰에 정리하면 언제 어디서든 오답노트를 볼 수 있다. 가장 좋은 방식은 아날로그 방식과 디지털 방식을 병행하는 것이다. 아날로그 방식의 필기는 우리가 무언가를 더 오래 기억할 수 있게 뇌에 각인시키는 효과가 있기 때문이다. 하지만 휴대성, 편의성은 떨어지기 때문에 시간적 여유가 있다면 아날로그 방식으로 적고, 다시 디지털로 자료화하는 방법이 가장 좋다.

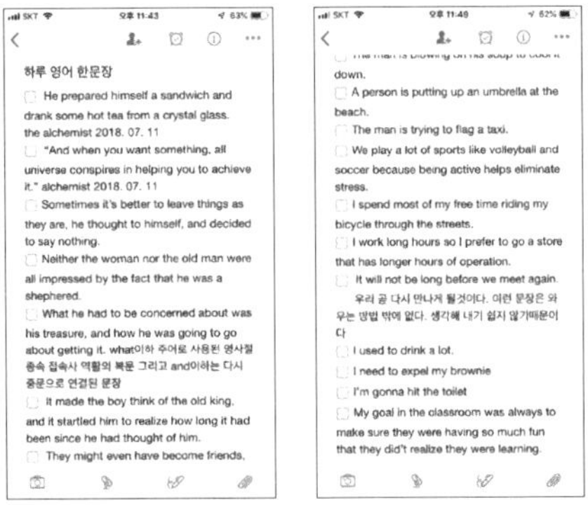

에버노트에 정리한 오답노트

이와 같이 오답노트에 유용한 표현들을 모을 때 출처와 날짜를 같이 적어두면 나중에 기억하는 데 많은 도움이 된다.

그리고 오답노트의 문장을 볼 때는 한 문장을 여러 번 곱씹으며 보는 것이 좋다. 문장구조도 확인해 보고, 실제 문장을 사용하는 환경과 상황을 머릿속으로 상상하면서 실전과 같은 훈련을 해야 실제 상황에서 사용할 수 있는 확률이 높다.

4-2

영어 단어, 무작정 많이 외우는 것이 좋을까?

영어 단어를 공부한다는 것은 무엇을 의미하는 것일까?

학창 시절을 돌이켜 생각해 보면 연습장을 먹지로 만들면서 영어 단어를 암기했던 기억이 난다. 또한 어느 누군가가 영어사전을 통으로 외우기 위해 사전을 암기할 때마다 뜯어 먹었다는 전설 같은 얘기를 들었던 기억도 난다.

이처럼 한국 사람들은 영어 단어를 집착해서 외웠음에도 불구하고 영어 문장을 읽을 때 이해가 안 되거나, 영어로 능숙하게 말하지 못하면 어휘가 부족하여 그런 것이라고 착각한다. 실제로 영어를 잘하는 사람들은 쉬운 단어를 조합하고 확장하여 문장을 만들지만 정작 영어를 못하는 사람들은 더 많은 어휘에 집착한다. 이런 이유로 우리나라 사람들은 예나 지금이나 엄청난 분량의 단어를 암기한다. 아마도 뭔가 많은 분량을 암기해야 공부를 한 것 같은 느낌이 들어서인 것 같다. 아무리 단어를 많이 외워도 문장에서 활용하지 못하면 아무 소용이 없는데도 일단 외우고 본다.

한국인들은 많게는 22,000단어를 외운다고 한다. 그런데 정작 2,000개의 기본단어만 외우는 핀란드는 영어 말하기 세계 3위에 해당하고, 22,000개의 단어를 외운 우리나라의 영어 말하기 성적은 121위에 해당한다고 한다.[1] 왜 우리는 이렇게 많은 영어 단어를 암기하고도 영어 말하기를 못하는 것일까?

정말 이렇게 많은 단어를 외울 필요가 있는 것일까?

영어는 단어 하나하나보다 그 단어가 문장에서 어떤 의미로 사용되는지, 그리고 어떤 형태, 즉 어떤 품사로 사용되는지가 더 중요하다. 그래야 올바른

1) 출처: KBS 다큐 스페셜, 당신이 영어를 못하는 진짜 이유

형태로 사용할 수 있기 때문이다. 예를 들어, eat 이라는 단어를 외웠다고 하자. 우리는 대부분 기본형 위주로 외우기 때문에 eat을 동사로 외웠을 확률이 매우 높다. 따라서 I eat an apple. "나는 사과를 먹는다."라는 문장은 쉽게 만들 수 있다. 하지만 "먹는 것은 그렇게 중요한 것은 아니다."라는 문장을 만든다고 생각해 보자. 즉, 동사를 명사로 변형해야 하는 문장을 만들려고 하면 고민이 된다. "Eating is not that important." 동사인 eat을 먹는 것이라는 주어로 만들기 위해서는 명사의 형태로 변형시켜서 eating으로 사용해야 한다. 하지만 기본형인 eat만 외우고 동명사형인 eating을 모르고 있다면 문장에서 활용도가 매우 떨어지게 된다. eat이라는 쉬운 단어로 예를 들어서 그렇지 조금 복잡하고 생소한 단어로 들어가면 이러한 변형을 알지 못해 다른 품사 형태를 유추하기가 쉽지 않다. 따라서 개별 단어를 많이 아는 것보다 품사의 변형을 알아야 하며, 예문을 통해서 문장에서 어떤 형태와 의미로 사용되는지를 정확히 알아야 실전에서 사용할 수 있는 것이다.

영어 단어를 많이 알면 말을 잘하고 영작을 잘할 것 같지만 실상은 그렇지 않다. 단어의 품사별 형태와 용법을 알지 못하면 영작을 잘 할 수 없다.

*"영어 단어는 최소한 500,000개가 있으나 대부분은 사용하지 않는 단어가 많다. 명문장가로 알려져 있는 **Winston Churchill**이 글을 쓸 때 약 60,000개라는 엄청난 양의 단어를 활용했지만, 평균적으로 영어를 모국어로 쓰는 사람들이 하루에 쓰는 단어의 수는 약 5,000단어에 불과하다. 그리고 이들이 글을 쓸 때 사용하는 45% 정도의 단어는 약 50단어에 불과하다."*

— English Vocabulary in Use, Cambridge University Press

즉, 영어를 잘하는 것은 활용을 얼마나 잘 하느냐의 문제이지 영어 단어를 얼마나 많이 알고 있느냐의 문제는 아닌 것이다.

단어만 외우는 것은 의미가 없다. 단어의 여러 가지 형태를 알아야 하며, 형태별 단어가 어떻게 활용되는지에 대하여 알아야 한다. 아무리 좋은 연장도 어떻게 쓰는지 알지 못하면 효용 가치가 없듯이, 아무리 많은 단어를 알고 있어도 활용법을 모르면 의미가 없다. 따라서 단어 공부를 할 때 기본적으로 알아야 하는 부분은 다음과 같다.

1) 알파벳(철자)

단어를 인지해야 하므로 당연히 알아야 한다.

2) 발음기호(IPA)

단어를 정확히 소리 내야 하므로 알아야 한다. (강세와 음절구분도 포함)

3) 품사의 변화

명사, 동사, 형용사, 부사, 과거형, 과거분사, 현재분사 등 단어의 품사별 형태 및 변형을 알아야 문장 내에서 문장성분에 맞춰 자유롭게 활용할 수 있다. 어떤 단어는 형용사의 형태만, 어떤 단어는 동사의 형태만 안다면 문장 내에서 알맞은 형태로 사용하기가 어렵다.

4) 예문

단어의 정확한 의미를 이해하기 위해서는 예문 속에서 이해하는 것이 가장 빠르다. 예문 없이 단어의 뜻만 외우면 그 단어의 정확한 용법을 몰라 콩글리쉬로 전락하기 쉽다. contract, engagement 모두 계약의 뜻을 가지고 있지만 용도는 다르다. 우리는 아무도 부동산 계약을 engagement로 쓰지 않으며, 약혼을 contract로 말하지 않기 때문이다. 또 다른 예를 들어 보면 모두 "듣다"의 의미를 가진 listen과 hear라는 단어가 있다. 이 두 단어는 한국말로는 뜻이 같을지 모르지만 다음과 같이 영어로 내포된 의미는 전혀 다른 단어이다.

• hear – 듣는 사람의 의지와 상관없이 들리는 것

• listen – 어떤 소리를 들어야지 하는 의지를 갖고 듣는 것

예를 들면, Can you hear me?라고 하면 너 내 소리가 들려? 라고 물어 보는 것이다. 일부러 듣기 위함이 아니라 물리적으로 소리가 들리는 환경인지 안 들리는 환경인지 물어보는 것이다. 이 문장을 hear 대신 "Can you listen to me?"라고 표현하면 어색한 표현이 되는 것이다.

반대로 listen의 예를 들어보자. "Are you listening to me?" 이 말의 의미는 내가 하는 말을 듣고 있느냐는 의미이다. 즉, 물리적으로 들을 수 있는지 없는지의 의미가 아니라 내가 하는 말을 주의 깊게 듣고 있느냐는 뜻인 것이다. 주로 상대방이 물리적으로는 바로 앞에 있는데 내 말을 듣지 않고 있다는 느낌을 받았을 때 사용하는 말이다. 이렇듯 한국말로는 같은 뜻으로 해석되어도 의미가 다르기 때문에 정확한 영어 단어의 의미를 알기 위해서는 예문을 통해서 뜻을 확인해야 한다. 그렇지 않으면 콩글리쉬가 될 가능성이 매우 높다.

영어 단어 하나를 공부한다는 것은 위의 모든 내용을 공부하는 것이며, 여기에 덧붙여 반의어, 유의어, phrasal verb 등을 같이 공부해서 전체를 암기하면 많은 도움이 된다.

이처럼 우리가 영어를 하지 못하는 이유는 단어를 조금만 알아서가 아니라 단어를 단편적으로만 알아서일 확률이 매우 높다. 즉, 영어 단어는 하나를 알아도 깊이 있게 알아야 활용할 수 있기 때문에 양보다는 질이 중요하다.

4-3

영어 단어를 올바르게 공부하는 방법

영어 단어를 무턱대고 많이 암기한다고 말을 잘하는 것은 아니지만, 영어로 말하기 위해서는 일정 부분 암기해야 하는 것은 사실이다. 그러면 어떻게 하면 효과적으로 영어 단어를 학습할 수 있을까?

시중에 보면 아직도 사전 두께 수준의 많은 vocabulary 책들을 볼 수 있다. 내 경험상 이런 책들을 사서 첫 페이지부터 순서대로 암기를 해서는 절대로 프리토킹에 사용할 수 없다. 물론 100개를 죽어라 암기하면 몇 개 정도 사용할 수 있을지도 모르겠다. 하지만 이런 것은 너무 비효율적이다.

경험상 내가 필요에 의해서 찾은 단어들은 상대적으로 더 오래 기억된다. 그 이유는 내가 단어만 기억하는 것이 아니라 어떤 상황에서 그 단어를 찾았었는지 연상이 되기 때문이다. 예를 들면, 신문을 보다가 음식에 관한 기사를 읽던 도중 조리법 부분에 stir라는 단어가 나와서 찾아 봤다고 하자. 단어의 뜻은 '젓다' 이다. 만약 이 단어를 그냥 vocabulary 책에서 암기했다고 하면 기억이 잘 안 날 수 있다. 하지만 stir라는 단어가 생각나지 않을 때 내가 요리 관련 신문기사를 보고 찾았던 기억을 떠올리듯 단어를 외웠던 구체적인 경험들이 같이 떠오르기 때문에 단어의 뜻을 생각하기가 더 쉬워지는 것이다.

결론적으로 단어를 일부러 외울 필요는 없다고 말하고 싶다. 그냥 영어 학습을 하면서 모르는 단어가 나올 때 표시를 해 두고 찾아보는 것만으로도 충분하다고 할 수 있다. 하지만 완전히 내 것으로 만들기 위해서는 앞서 설명한 대로 알파벳, IPA(발음기호), 강세, 음절구분, 예문에서의 뜻, 여러 가지 품사의 형태 등에 대해서 모두 알아야 한다. 그래야 그 단어가 진정한 의미로 내가 아는 단어가 되는 것이다.

단어장 Application 적극 활용하기

예전에는 모르는 단어가 나오면 일단 밑줄을 긋든, 형광펜으로 색칠을 하든지 표시를 해 두고, 영어사전을 찾아 그 단어를 단어장에 정리했던 기억이 난다. 암기라는 측면에서 보면 매우 좋은 방법이다. 하지만 다음과 같은 많은 단점이 있다.

1) 단어장 정리에 시간이 너무 많이 걸린다.

2) 프리토킹에 가장 중요한 발음을 들을 수 없다.

3) 핸드폰에 비해 휴대가 불편하다.

4) 시간이 지나면 분실의 위험이 크다.

따라서 과거의 아날로그 방식의 단어장은 제한된 시간을 사용해 프리토킹 실력을 극대화해야 하는 우리의 입장에서는 좋은 방법이 아닌 것 같다. 그러하기 때문에 단어장을 아날로그 방식으로 정리하지 말고 우리가 늘 휴대하고 다니는 핸드폰 Application을 사용해서 정리할 것을 권한다. 개인마다 자신에게 맞는 Application을 사용하면 된다. 하지만 내 경우에 있어서는 단어의 저장은 Naver 사전을 사용하고, 앞서 설명한 것처럼 발음을 듣기 위해서는 Cambridge 영영사전을 사용한다.

카테고리별 단어장

About a boy 관련 단어장

뒤에서 본격적으로 설명하겠지만, 쉐도우 스피킹 훈련을 할 때 Grammar in Use, 영화대본, TED, 영문소설책, 영자 신문을 사용할 것이다. 모르는 단어가 나오면 우선 밑줄 등으로 표시를 해두고 그날의 진도가 끝났을 때 표시해 두었던 단어를 찾아 단어장에 정리하면 된다. 이렇게 하면 기존 학습법처럼 일일이 손 글씨로 써서 단어장을 만들지 않아도 나만의 단어장을 만들 수 있다.

영어 단어 하나를 자신의 것으로 만들기 위해서는 무수히 많은 반복을 해야 한다. 이러한 면에서 Naver 사전은 장점이 있다. 저장된 단어를 연속듣기 기능을 통하여 반복하여 들을 수 있으며, Option 선택에 따라서 예문과 함께 들을 수도 있다.

이어듣기 기능

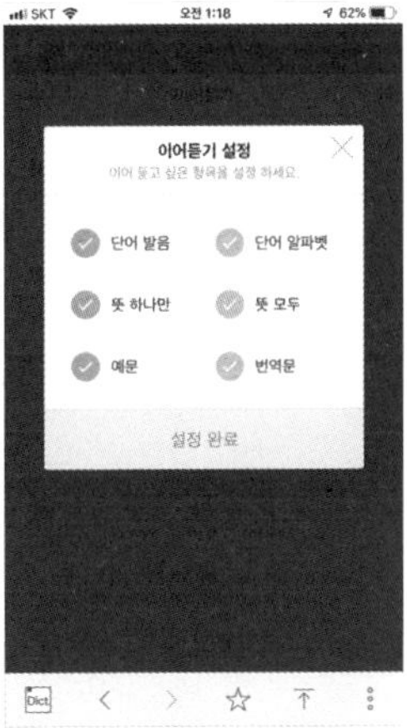

이어듣기 Option

Naver 사전의 가장 큰 장점 중 하나는 이렇게 이어듣기를 통해서 언제 어디서든 핸드폰만 있으면 반복 학습을 할 수 있다는 데 있다. 하지만 실력이 올라가면 Naver 사전과 같은 한영사전보다는 영영사전을 보면서 영어의 정확한 의미와 발음 위주로 학습할 것을 권한다(물론 Naver 사전도 영영사전이 있지만 기본적으로 Oxford나 Cambridge 같은 original 영영사전을 권장한다).

Chapter 5.

1시간에 끝내는 영어 말하기

3단계

쉐도우 스피킹 훈련 1 (매체편)

5-1

쉐도우 스피킹이란?

영어를 가장 잘하는 방법은 아기가 모국어를 배우는 과정과 같다고 앞서 설명하였다. 즉, 이론을 알더라도 반복을 통해 체화하지 못하면 사용하지 못하는 이론적인 지식이 되고 마는 것이다.

외국어를 체화하는 가장 좋은 방법은 쉐도우 스피킹이다.

쉐도우 스피킹은 개인적으로 습득하게 된 학습법이지만, 나보다 먼저 이러한 학습법을 이론화하여 정립한 미국인 Alexander Arguelles 교수가 있다는 것을 후에 알게 되었다. 쉐도우 스피킹은 반복적으로 듣고, 읽기를 하면서 최종적으로 원어민에 가까운 소리를 내도록 하는 방식이다. 그렇기 때문에 영어를 학습함에 있어서 가장 좋은 방법이라고 할 수 있다.

앞서 우리가 영어의 소리를 듣지 못하는 이유는 영어의 소리가 우리말 소리와 다르기 때문이라고 설명하였다. 즉 영어를 듣고 말하기 위해서는 영어의 1) 발음(IPA), 2) 강세, 3) 음절구분 4) 연음에 의한 소리 변형을 모두 알아야 듣고 이해할 수 있다. 반대로 우리가 누군가에게 영어로 말할 때도 위의 4가지의 요소가 모두 포함되어야 상대방이 명확하게 듣고 이해할 수 있다.

이런 이유 때문에 영어는 읽기만 해서는 절대로 말을 할 수 없고 말하는 연습을 해 봐야 하는 것이다. 그리고 혼자서 자신의 방법으로 말하는 것보다는 원어민의 목소리를 그대로 따라서 해 보는 것이 가장 효과적인 것이다.

쉐도잉이란 말 그대로 그림자처럼 흉내 내는 것이며 다음과 같은 장점이 있다.

1) 원어민 대화의 톤, 리듬 등을 알 수 있다.

2) 원어민에 가까운 발음과 악센트를 익힐 수 있다.

3) 실생활에 쓰이는 자연스러운 표현을 배울 수 있다.

4) 리스닝과 스피킹을 동시에 연습할 수 있다.

5) 영어 문장의 직독, 직해 능력을 키울 수 있다.

※ 쉐도잉 훈련을 하면 처음에는 단순히 따라 하기만 하다가 시간이 지나면서 익숙해짐에 따라 해석할 수 있게 된다. 이러한 과정을 반복하면 어느 순간 직독 직해가 가능해진다.

이렇게 효과가 높은 쉐도잉 훈련을 어떻게 해야 하는지 알아보도록 하자.

쉐도잉은 기본적으로 원어민의 소리를 듣고 그대로 따라 하는 것이다. 그러므로 원어민의 목소리를 듣고 약 0.5초에서 1초의 간격을 두고 따라 하면 된다. 따라 할 때는 최대한 원어민의 표정, 느낌, 대화의 상황을 상상하면서 해야 보다 효과적이다. 즉, 쉐도잉을 할 때 그냥 하는 것보다는 자신도 그곳에 있는 것처럼 상상을 하면서 실전처럼 훈련하면 더욱더 효과적이라는 말이다.

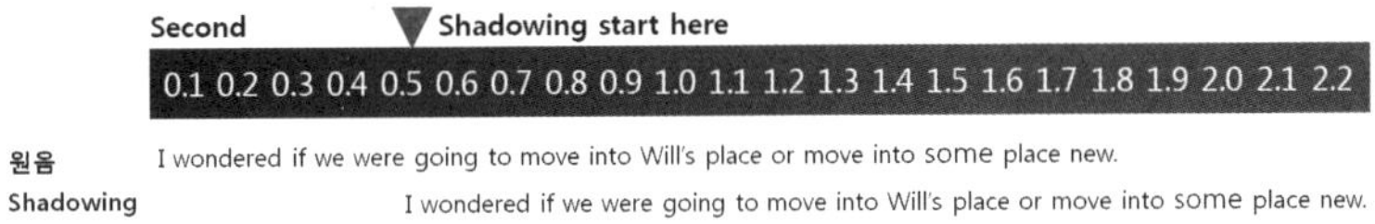

위의 그림에서 보는 것과 같이 원음을 듣고 난 후 약 0.5초의 간격을 두고 따라 읽기 시작하면 된다.

쉐도우 스피킹의 방법은 무엇을 가지고 하느냐에 따라 조금씩 차이는 있지만 큰 틀에서 보면 다음과 같은 원칙으로 하면 된다.

① 들어보기

전체 내용을 편하게 들어본다.

② Script 보고 읽기

Script를 보면서 소리 내서 읽어 본다.

③ 모르는 단어 확인하기

Script를 보면서 원음을 듣고 따라 읽으면서 모르는 단어를 확인한다.

④ 듣고 따라 하기

익숙해 졌다면 Script를 보지 않고 듣기만으로 쉐도잉 훈련을 반복한다.

⑤ 암기해서 말해 보기

쉐도잉을 통해 암기된 내용으로 실제 말하는 상황을 상상하면서 연습해 본다.

※ 개인적으로 5단계까지는 매우 어려울 수 있다. 4단계까지만 해도 무방하다.

쉐도잉 훈련은 영화, 신문, 라디오, 소설책 등 여러 가지 다양한 방법으로 할 수 있다. 각각 세부적인 내용은 다음 장에서 자세히 설명하도록 하겠다.

Alexander Arguelles 교수의 쉐도우 스피킹

Alexander Arguelles 교수의 쉐도우 스피킹을 잠깐 소개하고자 한다.

Alexander Arguelles 교수는 2개 국어 이상을 사용할 수 있는 bilingual이 되기 위해서는 쉐도잉 Technique과 Scriptorium Technique로 학습을 해야 한다고 말한다.

쉐도잉 Technique는 내가 지금까지 계속 말하고 있는 쉐도우 스피킹과 동일한 것이고, Scriptorium Technique는 우리말로 하면 받아쓰기에 해당하는 학습법이다. 한국에서는 Dictation으로 더 잘 알려져 있는 학습법이다. 이 부분에 있어서는 상당 부분 동의한다.

쉐도우 스피킹은 말을 배우는 데 가장 효율적이기는 하지만 다소 부족한 부분이 있는데, 이 부분을 채워 주는 것이 바로 Scriptorium이다. 받아쓰기를 하면 우리가 쉐도잉만 할 때는 발견하지 못하는 디테일을 잡아낼 수 있다. 우리가 말을 할 때는 빠르게 지나가기 때문에 실수를 해도 잡아내기가 쉽지 않은 부분이 있다. 하지만 받아쓰기를 직접 해 보면 많은 부분이 새롭게 다가온다. 관사가 있는지 없는지까지도 신경이 쓰인다. 하지만 문제는 상당히 귀찮다는 데 있다. 나는 그래서 이 두 가지를 해야 한다고 하면, 쉐도잉을 80%, Scriptorium을 20%의 비중으로 권한다. 그리고 정말 받아쓰기까지 하고 싶지 않다면 과감하게 쉐도잉만 할 것을 권한다. 사실 Scriptorium은 Advance level로 가기 위한 필수 코스일 수도 있다. 하지만 그 전 단계에서는 필수적인 요소가 아니니 일단 재미있게 접근할 수 있는 쉐도잉을 먼저 할 것을 권한다. 여기에서는 일단 두 가지 방법 모두를 소개하기로 하겠다.

1. 쉐도잉 Technique

Alexander Arguelles 교수는 쉐도잉을 위해 다음 3가지 원칙을 강조한다.

1) Walk out-door as swiftly as possible. (실외를 가능한 한 빠르게 걸어라.)

이렇게 하면 언어의 리듬을 타면서 집중력을 높일 수 있다.

2) Maintain perfectly upright posture. (상체를 올바르게 유지해라.)

이 부분은 발성에 있어서 중요하다. 허리를 굽히거나 구부정하게 하면 정확한 발음 연습을 할 수 없다.

3) Articulate throughly in a loud, clear voice. (크고 명확한 소리로 정확히 말해라.)

노래를 평소에 작은 목소리로 연습한 사람이 실전에서 갑자기 크게 부를 수 없는 이치와 같다. 평소에 크고, 명확하고 정확한 발성과 발음으로 연습하지 않으면 실전에서도 나쁜 버릇이 나올 확률이 매우 높기 때문이다.

Alexander Arguelles 교수의 쉐도잉 학습법 유튜브
※ 중국어 학습법 동영상이지만 영어 쉐도잉스피킹 방식도 동일함

Alexander Arguelles 교수의 학습법이 있는 홈페이지

2. Scriptorium Technique (Dictation)

앞서 설명한 것처럼 Scriptorium은 우리가 하는 받아쓰기 같은 것이다. 소리를 듣고 받아 적는 것이다. 막상 해 보면 생각보다 많은 Detail을 배울 수 있다. 막상 글로 써보면 듣기만 했을 때보다 많은 것을 발견할 수 있다. 그리고 적어야 한다는 목적의식 때문에 집중해서 들을 수 있다. 듣기 실력을 향상하기 위해서는 집중해서 들어야만 한다. 이러한 의미에서 다소 귀찮기는 하지만 Dictation은 도움이 된다. 그러면 Alexander Arguelles 교수가 말하는 방법을 알아보도록 하자.

1) Read a sentence aloud.

문장을 소리 내서 크게 읽어라.

2) Say each word aloud again as you write it.

적으면서 다시 한 번 크게 소리 내서 읽어라.

3) Read the sentence aloud as you have written it.

적은 글을 크게 소리 내서 읽어라.

※ Scriptorium Technique는 기본적으로 받아 적은 후 다시 쉐도잉을 하는 방식이다.

Alexander Arguelles 교수는 이렇게 받아 적는 것이 매우 귀찮고 힘들 수 있지만 이렇게 하면 어학 실력이 중급에서 상급으로 도약할 수 있다고 말하고 있다.

여러 종류의 언어를 능수능란하게 말할 수 있는 언어학자가 한 말이니 믿어 보도록 하자. 그리고 받아쓰기라고는 하지만 스피킹 훈련의 목적이기 때문에 소리 내서 반복해서 읽는 것을 강조하고 있다.

TIP PLUS!

VOA로 Dictation(받아쓰기)하기

VOA는 Voice Of America의 약자로 영어로 news를 제공한다.

특히 Web version에서는 level을 구분하여 자료가 등록되어 있기 때문에 Beginning(초급), Intermediate(중급), Advanced(고급) level 중에서 본인에게 맞는 level을 골라서 들을 수 있는 장점이 있다.

받아쓰기를 하면 확실히 실력이 느는 것은 사실이다. 하지만 문제는 이 과정이 매우 지루하고 어렵다는 것에 있다. 받아쓰기를 통해서 실력을 높이고 싶은 사람들에게 VOA는 다음과 같은 점에서 매우 유용한 Application이다.

① 재생 속도를 조정할 수 있어 느리게 또는 빠르게 들을 수 있다.
② 읽고 있는 부분이 표시가 되어 받아쓰기 후 검토가 용이하다.
③ 마지막 부분에 본문에 나온 단어 중 어려운 단어들을 정리해 주고 어휘 정리에 용이하다.

VOA는 위의 설명처럼 Dictation(받아쓰기)에 최적화된 무료 Application이다.

물론 유료로 구입하면 광고 없이 사용할 수 있기 때문에 조금 편한 점이 있다. 하지만 무료로 사용함에 있어서도 전혀 불편함은 없다. 또한 Web version에서는 MP3파일로 다운로드가 가능하기 때문에 인터넷이 되지 않는 환경에서도 핸드폰에 휴대해서 들을 수 있는 장점이 있다.

VOA를 이용하면 어려운 받아쓰기를 조금은 용이하게 도전할 수 있다.

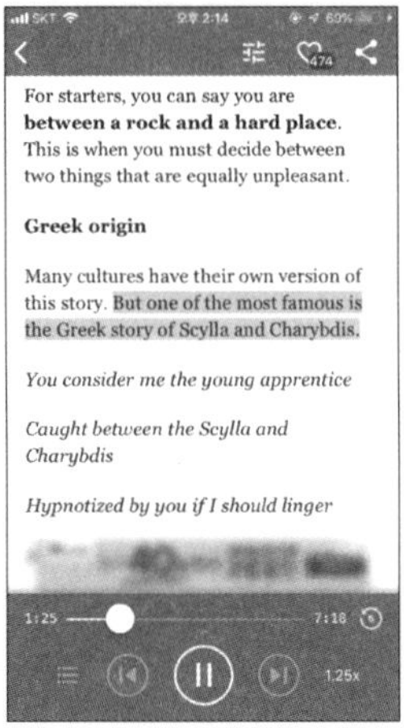

재생되는 부분이 표시됨

Words in This Story

option - *n.* the opportunity or ability to choose something or to choose between two or more things

terrible - *adj.* extremely bad

immortal - *adj.* not capable of dying : living forever

personification - *n.* representation of a thing or abstraction as a person or by the human form

whirlpool - *n.* a rapid swirl of water with a low place in the center into which floating objects are drawn

vice versa - *adv.* with the order changed

irritable - *adj.* becoming angry or

마지막에 주요 단어가 정리되어 있음

5-2

English Grammar in Use로 하는 쉐도잉

앞서 영어 학습을 위해서는 기본적인 문법이 필요하다고 설명하였다. 기본적인 문법을 알면 영어 문장을 더 쉽게 이해할 수 있고, 더 쉽게 습득할 수 있기 때문이다. 그러면 어떻게 하면 효과적으로 기본 문법을 학습할 수 있을까?

영국에 처음 갔을 때 그곳의 모든 친구들이 추천해 준 영어 학습의 바이블 같은 책이 있었다. 지금은 너무나도 유명해진 Grammar in Use다. 나는 처음 이 책을 읽었을 때 왜 이렇게 좋고 실용적인 영어 문법책이 있는데도 불구하고 우린 왜 그렇게 많은 시간에 써먹지도 못하는 영어 문법을 공부했을까 라는 생각이 들었다. 내가 이 책만 조금 일찍 알았어도 이렇게 영어 때문에 고생은 하지 않았을 텐데 하는 후회가 밀려왔다. 사실 언어로서 접근하면 영어는 그렇게 어려운 것이 아닐지도 모른다. 우리가 스스로 영어의 난이도를 높이고 스스로에게 트라우마를 씌우고 있는 건지도 모르겠다.

English Grammar in Use는 많은 시리즈가 있지만 대표적으로 다음과 같은 3가지가 있다.

Basic level

Intermediate level

Advanced level

3가지 version 중 개인적으로 가장 추천하는 책은 파란색 표지로 된 Grammar in Use Intermediate level version이다. 굳이 level을 한국식으로 나누자면 Essential은 초급이고, Intermediate은 중급, Advanced는 상급이라고 보면 된다. 처음 이 책을 추천 받았을 때 Essential을 보고 Intermediate와 Advanced를 봤는데 Essential은 너무 쉬워서 흥미가 없었고, Advanced는 너무 복잡하고 어려워 Intermediate level을 바이블로 삼아 읽고 또 읽었다.

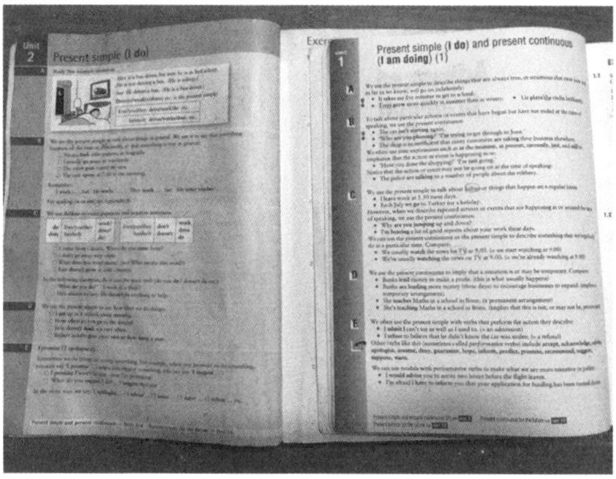

위에서 보는 바와 같이 왼쪽의 Intermediate version은 그림과 함께 예문이 쉽게 설명되어 있으나 오른쪽의 Advanced version은 다소 복잡하고 난해하게 구성되어 다시 한국식 문법공부를 하는 느낌이 든다. Intermediate level 정도면 우리가 프리토킹에 필요한 모든 문법을 익힐 수 있다.

Grammar in Use의 장점 (무엇이 한국 문법책과 다른가?)

1. 실생활에 유용한 표현으로 구성되어 있다

오랜 시간 문법을 배우고도 제대로 사용하지 못했던 이유는 영어를 언어로 연습하지 않고 학문적으로만 접근했기 때문이다. 또 다른 문제는 실생활과 전혀 상관이 없는 예문으로 학습해온 경험이다. 하지만 Grammar in Use는 철저하게 일상생활에서 사용하는 문장으로 구성되어 책을 반복해서 읽기만 해도 바로 사용할 수 있다.

2. 실제 상황설명으로 이해를 쉽게 하였다

문법을 딱딱하게 설명하는 것이 아니라 생활 속에서 일어날 수 있는 상황 설정과 예문으로 이해가 쉬우며 활용도가 높다.

예를 들면 우리는 미래에 대한 표현을 할 때 will과 be going to를 사용한다. 두 표현 모두 우리말로 옮기면 "~할 것이다."라는 말이다. 얼핏 생각하면 같은 의미 같지만, 영어 표현에서는 다른 표현이다. Grammar in Use는 이러한 차이를 설명하기 위해 상황을 설정하고 차이점을 다음과 같이 설명한다.

1) will - 미래를 나타내지만 지금 막 결정된 사항을 표현할 때 사용

- Let's have a party.

  That's a good idea.

  We will invite lots of people.

이 대화에서는 사전에 결정된 사실이 아니라 지금 파티를 하기로 결정했고, 많은 사람들을 초대하기로 결정한 것에 대해 말하고 있다. 그렇기 때문에 will을 사용하였다. 즉, 말하는 시점에 결정된 사항 중 미래의 내용을 표현할 때 사용한다.

2) be going to - 미래를 나타내며 사전에 이미 결정된 내용에 대해서 말할 때 사용

- Sue and I have decided to have a party.

  We're going to invite lots of people.

다른 사람에게 파티를 하기로 했다는 정보를 전달하는 것이며, 말하는 시점 이전에 이미 많은 사람들을 초대하기로 결정되어 있었다. 즉 사전에 계획되지 않았던 미래는 will을 사용하고, 말하는 시점 이전에 계획되고 결정된 사항에 대해서는 be going to를 사용하는 것이다.

Grammar in Use는 이렇듯 상황설정과 실생활에서 일어날 수 있는 예문의 구성으로 활용도가 매우 높고 또한 문법의 핵심을 이해하는 데 많은 도움이 된다.

암기식 문법이 아니라 이해를 바탕으로 한 문법책인 것이다. 기존의 한국식 문법을 외우는 시간에 차라리 이 책에 나오는 예문을 반복적으로 소리 내서 읽는 것이 영어 실력 향상에는 더 큰 도움이 될 것이다.

3. 음성파일을 제공하여 쉐도잉에 도움이 된다.

Grammar in Use는 모바일 Application을 구매하면 음성파일을 들을 수 있다.

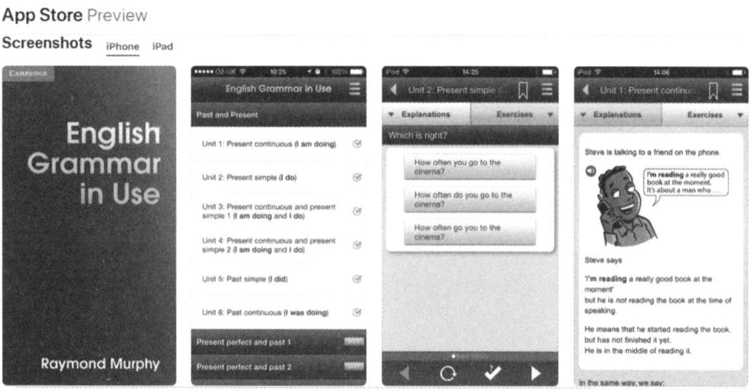

모바일 Application에서 구매 가능한 English Grammar in Use

음성을 듣기 위해서 상기 Application을 추천하지만, 기본적으로 장기간 학습을 위해서는 도서구매를 추천한다. Digital은 보관, 저장 및 휴대에 용이한 장점은 있지만 가독성 면에서는 책이 더 편하게 느껴지기 때문이다.

Grammar in Use 영문판? 한국판?

Grammar in Use는 영국의 Cambridge사에서 발행한 책이고, 미국어판과 영국어판 그리고 한국에서 발간된 한국어판이 있다. 영국어판과 미국어판은 몇몇 단어의 차이를 제외하면 모두 동일하다. 그래도 Original version인 영국어판을 추천한다. 이 책을 선택하고 공부를 할 때 가장 많이 고민하는 부분이 한국어판과 영문판 중에서의 선택이다. 개인적으로는 영문판을 추천한다. 아무리 번역을 잘해도 누군가의 번역본보다는 직접 내가 영문판으로 이해하는 것이 더 정확히 이해가 가고 느낌이 잘 전달되기 때문이다. 영어를 하루 이틀 학습하고 안 할게 아니라 평생 훈련한다고 생각한다면, 무조건 영문판을 추천한다. 물론 모든 용어가 영어로 되어 있어 처음에는 다소 힘들 수 있지만, 고등교육을 마친 대한민국의 사람이라면 충분히 이해할 수 있는 수준이다.

그리고 영어 문법에 대한 용어를 영어로 배워둬야 나중에 궁금한 것이 있을 때 원어민들에게 물어보기가 편하다.

Grammar in Use로 쉐도잉하기

여기에서는 Grammar in Use Intermediate version을 기준으로 설명하도록 하겠다. 다른 version으로 학습하고 싶은 사람들도 같은 방법으로 하면 된다. 큰 차이는 없다.

1) 1단계-전체적으로 한번 읽어보기

Grammar in Use는 총 145 Unit으로 구성되어 있다. 1단계에서 해야 하는 일은 일단 한번 읽어 보는 일이다. 이 단계에서는 굳이 소리 내서 읽을 필요도 없고 편한 마음으로 어떤 내용이 있고 어떻게 구성되어 있는지 알아보기 위한 단계이므로 편하게 읽어보면 된다. 이렇게 한번 읽어 보고 시작하는 이유는 책에 대한 거부 반응을 줄이기 위함이다. 이 단계에서 이해가 안 되는 부분이 있더라도 너무 깊이 고민하지 말고 빠르게 한번 읽어 보는 것이 중요하다. 본격적인 쉐도잉을 하기 전에 책과 친해지는 시간이라고 생각하면 된다.

이 단계에서 무언가를 암기하려고 해서는 책을 다 읽을 수 없다. 앞으로는 암기해야 한다는 강박관념에서 무조건 벗어나야 한다. 어차피 암기를 해봤자 체화하지 못한 부분은 사용할 수 없다. 총 145 Unit으로 구성되어 있으므로 하루에 10 Unit을 목표로 하자. 1 Unit은 약 5분이면 읽을 수 있다. 그러므로 하루에 50분 정도 투자해서 읽도록 하자. 읽다가 바로 써먹기 좋을 것 같은 문장이 나오면 소리 내서 읽어봐도 좋다. 하지만 15일 안에 끝내는 목표는 반드시 달성해야 한다.

1단계에서 암기를 할 필요는 없지만, 기본적으로 책의 내용을 이해하기 위해서는 영어로 된 문법 용어는 알고 넘어가야 한다. 그렇지 않으면 책을 보는 내내 답답한 마음이 들기 때문이다.

1단계의 핵심은 책과 친해지는 단계로 절대로 깊게 들어가거나, 암기하려고 하지 말아야 하는 것이 중요한 부분이다. 부담을 갖는 순간 지치게 되어 중도에 포기하기 쉽기 때문이다.

2) 2단계-책 나누기

Grammar in Use를 한번 다 읽었다면 절반 이상은 성공한 것이다. 145 Unit의 영어책을 읽는 것은 생각보다 쉽지 않고 매우 지루한 과정이기 때문이다. 학습 효과를 극대화하기 위해서는 2주 안에 읽을 것을 권한다. 가끔 생각날 때만 1~2 Unit을 읽는 것은 큰 도움이 되지 않는다. 뭔가를 학습할 때는 짧은 시간 안에 집중력 있게 하는 것이 좋다.

1단계가 끝나고 2단계에서 할 일은 첫 번째로 145개의 Unit을 연관성 있는 Unit으로 묶어서 나누는 작업이다. 145 Unit을 처음부터 끝까지 학습하면 다소 범위가 넓어 지치게 되고, 무엇보다도 뒷부분으로 갈수록 앞부분에서 학습한 내용을 잊게 된다. 따라서 짧은 단위로 묶어 응집력 있게 반복 학습을 하는 것이 효과적이다. 내가 학습을 할 때는 다음과 같이 대략 25개씩 6등분을 하였다.

Unit	핵심내용	세부 내용
Unit 1~25 (25)	시제	Present and past (현재, 과거 시제)
		Present perfect and past (현재 완료와 과거 시제)
		Future (미래 시제)
Unit 26~52 (27)	조동사 외	Modals (조동사)
		If and wish (가정법)
		Passive (수동태)
		Reported speech (간접화법)
		Questions and auxiliary verb (부가의문문, 조동사 활용)
Unit 53~81 (29)	동사변형 외	ing and the infinitive (분사와 원형부정사)
		Article and nouns (관사와 명사)
Unit 82~97 (16)	관계대명사 외	Pronouns and determiners (대명사와 한정사)
		Relative claus (관계대명사)
Unit 98~120 (23)	형용사, 부사, 접속사 외	Adjective and adverb (형용사와 부사)
		Conjunctions and prepositions (접속사와 전치사)
Unit 121~145 (25)	전치사, 숙어	Prepositions (전치사)
		Phrasal verb (숙어)

이렇게 나눌 때의 장점은 서로 연관성 있는 내용을 묶어서 반복 학습을 할 수 있다는 데 있다. 어떻게 묶어서 나누는지는 학습자가 정하면 된다. 나는 하루에 일주일 분량인 5개의 Unit을 학습하기 위해 대략 25개의 Unit으로 묶어서 나눴을 뿐이다.

이렇게 나누지 않고 책 전체를 순차적으로 학습해도 되지만, 일정 부분을 짧은 시간 반복 학습하는 것이 더 효율적이기 때문에 분할 학습법을 추천한다.

3) 3단계-쉐도잉으로 반복 학습하기

3단계부터는 본격적으로 학습하는 단계이다. 하루에 최소 5 Unit을 학습할 것을 권한다. 학습을 할 때 가장 중요한 부분이 있다. Grammar in Use는 Unit 1개당 좌측은 예문을 통한 설명으로, 우측은 연습문제로 구성되어 있다. 앞서 말한 것과 같이 이 책을 통해 얻고자 하는 것은 유용한 영어 문장의 체화와 더불어 기본 문법에 대한 이해이다. 즉, 시험을 보기 위한 것이 아니므로 우측의 연습문제는 풀 필요가 없다. 연습문제를 풀 시간에 차라리 소리 내서 문장을 한 번 더 읽어 보는 것을 권한다. 처음엔 나도 연습문제를 열심히 풀었는데 큰 도움이 되지 못하고 오히려 집중에 방해만 되었다.

Unit 하나를 학습하는 데 개인마다 차이가 있지만 약 10분 정도면 가능할 것으로 본다. (더 많은 시간이 필요한 사람은 시간을 조금 더 투자해야 한다.)

앞서 대략 25개의 Unit으로 묶었다면, 하루에 5개의 Unit을 목표로 학습을 하자. 월~금요일까지 5개의 Unit을 학습하고 주말을 이용하여 주중에 학습한 부분을 무한 반복하는 것이다. 일단 학습을 할 때는 소리 내서 크게 읽으면서 모르는 단어나 이해가 안 되는 문장 또는 유용하게 활용할 수 있는 문장에 표시를 해 두자.

그리고 Unit 5개를 모두 학습하고 대부분 이해가 되었다면 모르는 단어를 Naver 단어장에 정리하고 발음, 예문, 품사의 형태 변화 등과 함께 단어를 학습하자. 그리고 모르는 문장이나 유용한 문장은 나만의 오답노트에 정리하면 된다.

이렇게 단어와 문장을 정리하는 이유는 자투리 시간이 날 때마다 정리된 단어와 문장을 학습하기 위함이다. 처음에는 어색하고 모르는 문장도 틈나는 대로 계속 보면서 소리 내어 읽다 보면 친숙해지고, 그러다 보면 이해가 되는 경우도 있다. 그리고 계속해서 고민을 해 봐야 완벽한 자신만의 영어 문장이 되고 영어 단어가 된다. 문법을 학습할 때 학문으로 파고 들어가 암기를 해야 한다는 강박관념에서 벗어나야 한다. 그냥 본인에게 문장이 편하게 느껴지는 수준만 되면 된다. 우리가 문법공부를 하는 이유는 이해를 바탕으로 영어 문장을 보다 잘 받아들이기 위함임을 잊지 말도록 하자. 일단 이해하고 여러 번 반복해서 읽다 보면 자연스럽게 사용할 수 있으니 걱정할 필요는 없다. 앞서 설명한 것처럼 학습효과를 극대화하기 위해서는 망각하기 전에 다시 반복적으로 학습을 해 줘야 한다. 다음과 같은 일정으로 반복 학습하기를 권한다.

구분		학습 범위	소요시간
월요일	오전	Unit 1~5학습 + Unit 1~5 낭독 1회	75분
	오후	Unit 1~ 5 낭독 2회	50분
화요일	오전	Unit 1~5낭독 1회 + Unit 6~10 학습	75분
	오후	Unit 1~10 낭독 1회	50분
수요일	오전	Unit 6~10 낭독 1회 + Unit 11~15 학습	75분
	오후	Unit 6~15 낭독 1회	50분
목요일	오전	Unit 11~15낭독 1회 + Unit 16~20 학습	75분
	오후	Unit 11~20 낭독 1회	50분
금요일	오전	Unit 16~20낭독 1회 + Unit 21~25 학습	75분
	오후	Unit 16~25 낭독 1회	50분
토요일	오전	Unit 1~25 낭독 1회	125분
	오후	Unit 25~1 낭독 1회	125분
일요일	오전	Unit 1~25 낭독 1회	125분
	오후	Unit 25~1 낭독 1회	125분

학습법의 핵심은 오전, 오후로 나누어 하루에 약 2시간 정도 투자하는 계획이며, 계속해서 반복하는 것이다. 그리고 평일에는 학습을 병행하고 주말에는 낭독위주로 쉐도잉을 하는 방식이다.

주말 본격 쉐도잉 훈련을 할 때는 음성파일을 적극적으로 활용하여 최대한 원어민과 같은 발음과 억양이 될 수 있도록 훈련하자.

이러한 방식으로 학습하면 6~8주에 Grammar in Use를 다 볼 수 있다. 사실 Grammar in Use는 이렇게 한 번 학습했다고 덮어 두는 책은 아니며, 책의 문장들이 실생활에 활용될 수 있는 문장인 만큼 지속적으로 체화하여야 한다.

Grammar in Use로 쉐도잉 훈련을 할 때 가장 많이 드는 의심이 "정말 이렇게 소리 내서 읽기만 해도 될까?"라는 의심이다. 무엇보다 이 과정이 많이 지겹고 힘들기 때문에 이러한 의심을 핑계로 포기하는 경우가 많다. 하지만 정말 참고 2~3달만 끝까지 머리로 이해한 후 반복적으로 소리 내서 읽어 체화해 보자. 3달 후에는 영어가 많이 늘어 있는 자신의 모습을 발견할 수 있을 것이다. 어차피 우리는 영어공부에 10년 이상 속은 사람들이다. 한 번 더 속는 셈 치고 딱 3달만 더 해 보자.

5-3

영화대본으로 하는 쉐도잉

영어 쉐도잉 훈련에 있어서 어쩌면 가장 많이 활용되는 방법일 것이다. 일단 앞서 4장에서 설명한 대로 다음과 같은 준비물이 필요하다.

영화대본 쉐도잉을 위한 준비물

1) 쉐도잉하고 싶은 영화 선택
2) 영화대본(Script): 인쇄물 또는 책
   ※ 쉐도잉을 위한 좋은 영화선별 방법은 앞에 나온 4장의 내용 참고
3) 영화 DVD 또는 동영상 파일
   음성파일도 중요하지만 기본적으로 쉐도잉은 원어민의 표정, 느낌, 동작을 모두 따라 하는 것이므로 영상자료가 필요하다.
4) MP3 파일(10~20분 단위로 분할된 MP3 음성파일)
   음성파일은 원본을 구해서 Application 등을 활용해서 분할하거나 합칠 수도 있다.
5) 스마트폰 어플리케이션
   언제 어디서나 음성파일을 듣고 자신의 쉐도잉이 잘 되고 있는지 확인하기 위해서 음성파일의 녹음기능과 재생기능이 있는 Application이 필수적으로 필요하다. 일반 미디어를 재생하는 프로그램을 사용해도 되지만 이는 어학공부에 최적화되어 있지 않기에 I-phone을 사용하는 사람이라면 Awesome Voice Recorder를 추천한다.

I-phone에서 제공하는 Application Awesome Voice Recorder는 듣기와 녹음기능을 동시에 제공한다.

이 Application은 자신이 듣고 싶은 음성파일을 업로드 할 수 있으며 또한 업로드한 음성파일을 원하는 길이만큼 분할할 수도 있고 반대로 음성파일을 합칠 수도 있다. 또한 잘 안 들리는 부분은 속도를 느리게 하여 들어 볼 수 있다. 잘 들리지 않는 부분은 5초 뒤로 보내는 기능을 사용하여 반복할 수 있어 매우 편리하다. 또한 자신의 목소리를 녹음하여 들어 볼 수 있으므로 자신의 발음이 좋아졌는지 확인해 볼 수 있다. 모든 것이 준비되었다면 본격적으로 쉐도잉을 해 보도록 하자.

본 책에서는 영화 〈어바웃 어 보이(About a boy)〉를 기준으로 설명하도록 하겠다.

1단계-가벼운 마음으로 선정한 영화를 시청한다

음성파일이 아닌 영화를 시청하는 목적은 쉐도잉을 할 때 최대한 영화 속 인물들의 느낌을 살리는 데 있다. 그리고 음성파일만 듣는 것보다 영상을 같이 보게 되면 연상효과로 인하여 조금 더 수월하게 대사를 기억할 수 있다.

영화를 볼 때 이 단계에서는 절대로 다 듣거나 이해하려고 하지 말고 가벼운 마음으로 영화의 흐름이나 분위기를 파악 하는 것이 중요하다.

시간이 허락된다면 영화를 많이 봐 두는 것이 좋다. 첫 단계에서는 영화를 즐겁게 보면서 대략적인 내용을 파악하면 된다.

2단계-Script를 읽으면서 모르는 단어를 정리한다

2단계에서는 Script를 읽어 보면서 모르는 단어를 확인 하는 단계이다. 그리고 모르는 단어들은 Naver 단어장에 카테고리를 나누어 저장하면 된다.

내 단어장으로 들어가 [About a boy] 폴더를 만들어 정리하도록 하자. 이렇게 정리된 단어들은 시간이 날 때마다 정확한 발음과 여러 가지 품사를 확인하도록 하자. 즉 명사형, 동사형, 형용사형, 부사형을 확인하고 목적어가 필요한 타동사인지, 혹은 목적어가 필요 없는 자동사인지도 한번 확인하도록 하자.

일부러 외울 필요는 없으며, 어떤 동사들이 목적어가 필요한지 혹은 필요 없는지에 대한 정도만 확인하면 된다.

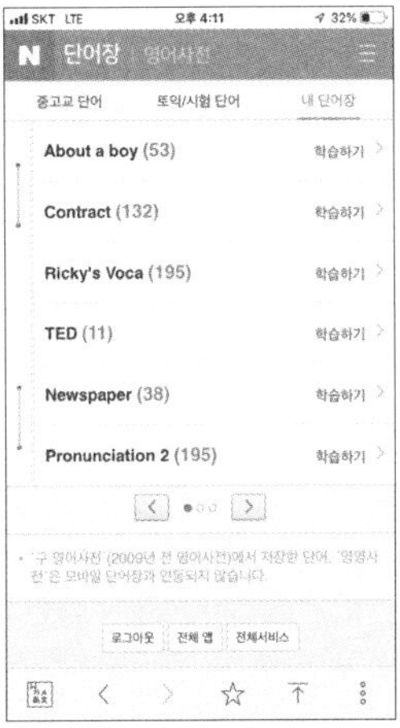

[About a boy] 카테고리 생성

카테고리 안에 정리된 단어들

어떤 사람들은 계속 들으면 들리지 않던 단어가 어느 순간 들린다고 한다. 하지만 우리가 그 단어를 모르고 있다면 그냥 의미 없는 소리가 들릴 뿐이다. 따라서 모르는 단어들은 단어장에 정리하여 소리를 연습하고 학습을 통하여 습득해야 한다. 단어의 소리를 암기할 때 중요한 것은 음절이 어떻게 나뉘는지, 강세는 어디에 있는지도 같이 확인해야 한다는 점이다. 강세나 음절을 알아야 정확히 들을 수도 말할 수도 있기 때문이다.

3단계-음성파일을 적당한 단위로 분할한다

영상도 보고, Script도 보면서 모르는 단어를 확인했다면, 이제 음성파일을 10~20분 단위로 분할하도록 하자. 파일을 분할하여 나누어 듣는 이유는 반복 학습을 하기 위함이다. 너무 길면 한 번에 듣기가 어려워 앞에 들었던 내용과 연결이 잘 안 돼 집중도가 떨어진다. 집중도를 높이기 위해서 반드시 파일을 분할해야 한다. 짧은 단위로 끊어서 반복적으로 듣고, 읽고, 말하는 것이 더 효율적이다. 경험상 10분에서 20분 사이가 적당한 것 같다. 음성파일 분할은 앞서 설명한 Awesome Voice Recorder에서도 가능하다.

4단계-분할된 음성파일을 무한 반복하여 듣는다

음성파일을 적당한 길이로 분할하였다면 Unit 하나(10~20분 분량)를 일주일간 무한 반복하여 듣는다. 이미 암기가 끝난 부분이 있다면 바로 쉐도잉에 들어가도 된다. 여기서 쉐도잉은 음성파일을 들으면서 동시에 똑같이 따라서 말하기가 가능해지는 순간을 말한다. 이렇게 하나의 Unit을 일주일간 들었다면, 다시 다음 Unit으로 넘어 가면 된다.

모든 Unit이 끝날 때까지 반복해서 듣는다. 잘 안 들리는 부분은 나중에 확인하도록 하고, 90% 이상 들린다면 넘어 가도록 하자.

5단계-음성파일을 처음부터 끝가지 연결하여 들어본다

이렇게 분할된 Unit들을 모두 학습했다면 전체를 연결해서 들어본다. 각각의 Unit을 학습하는 것처럼 90% 이상 들릴 때까지 들어야 한다. 개인차가 있기 때문에 몇 번을 듣기보다는 대략 90% 이상 들릴 때까지 듣는 것이 중요하다.

듣다가 보면 특별히 잘 안 들리는 부분이 있을 것이다. 이러한 부분이 있다면 그 부분을 익숙해질 때까지 반복해서 들으며 쉐도잉을 해 보도록 하자. 최대한 많이 들으면 들을수록 좋다. 출퇴근 시에도 듣고, 점심시간 자투리 시간에도 듣고, 듣고 또 들어야 한다.

6단계-영화 한 편을 연결해서 쉐도잉을 한다

이렇게 해서 90% 이상이 들린다면 이제 본격적으로 쉐도잉을 해 볼 차례이다. 전체를 외우지는 못 했더라도 대사가 나오면 다음 문장이 떠오르는 단계까지는 갔을 것이다. 이러한 단계까지 왔다면 들으면서 동시에 말을 따라할 수 있다. 대사가 입에 붙을 때까지 쉐도잉을 계속해서 반복하면 된다.

7단계-마지막 10%를 채워 영화 한 편을 완성하라

마지막 단계로 들리지 않는 10%를 확인하면 영화 한 편이 끝나게 된다.

앞서도 말했지만, 안 들리는 부분은 절대로 들리지 않는다. 그렇다고 좌절할 필요는 없다. 잘 생각해 보면 한국어로 된 영화를 봐도 100% 들리지는 않는다. 듣지 못한 10%는 확인을 해서 암기를 해야 한다. 안 들리는 이유는 여러 가지가 있으며 왜 안 들렸는지에 대해서 확인을 해야 스스로 발전할 수 있다. 연음 때문이었는지, 단어의 강세 때문이었는지 혹은 다른 이유가 있는지를 확인해야 한다. 마지막 단계로 마치 본인이 배우가 된 것처럼 앞으로 3개월 후 영화를 촬영해야 한다는 상상을 하면서 대본연습을 해라. 그리고 자투리 시간이 날 때마다 혼자서 쉐도잉 훈련을 하면 영화 한 편을 마스터할 수 있게 된다. 이렇게 영화 2~3편을 마스터하고 나면 대부분의 생활영어는 편하게 말할 수 있을 것이다.

안 들리는 10% 문장 확인방법

잘 안 들리는 10%의 문장을 확인하기 위해서도 Awesome Voice Recorder를 활용하면 매우 유용하다. 상기 Application을 사용하면 재생속도를 맘대로 조정할 수 있는데 느리게 하고 들어보면, 안 들리던 연음, 끊어 읽기 등에 대해서 파악할 수 있다.

안 들리는 10%를 확인할 때 가장 중요한 부분은 집중 반복 훈련에 있다. 안 들리는 문장의 Script를 보면 그렇게 어렵지 않은 문장일 확률이 높으며, 어려운 문장이 아니기 때문에 한번 정도 보고 넘길 수 있다. 하지만 다음에 들어보면 또 이 부분이 안 들린다. 쉬운 문장이라고 하더라도 안 들리는 문장으로 분류되었다면 들리지 않았던 원인을 파악하고 익숙해질 때까지 반복해서 훈련을 해야 한다.

TIP PLUS!

영어의 소리가 안 들리는 이유

수백, 수천 번 들으면 안 들리는 부분은 없다고 말하는 사람도 있다. 하지만 내 생각은 조금 다르다. 우리가 어떤 소리를 듣는다는 의미는 소리를 인지하고 그 소리가 의미하는 것이 무엇인지 구분하는 것까지 포함된 것이다. 즉, 단어의 뜻을 모르고 소리만 듣는 것은 의미가 없다. 영어 소리를 정확히 듣기 위해서는 앞서 말 한 것과 같이 발음(IPA), 강세, 문장 억양, 연음 및 끊어 읽기 등 모든 것을 들어야 하는데, 우리가 들어보지 못한 구조가 나오면 아무리 들어도 그 의미를 알 수 없다.

또한 단어 하나하나의 소리에 대해서는 잘 알고 있으나 각각의 단어들이 모여 전혀 새로운 소리를 만들 수 있기 때문에 영어의 소리가 잘 안 들릴 수 있다. 다음의 예를 보자.

조합: Two eggs.
발음기호: /tu egs/
실제발음: /tu weggs/

조합: I saw it.
발음기호: /ai sɔɪt/
실제발음: /ai saw rit/

그렇기 때문에 적당히 들어보고 안 들리는 부분은 Script를 통해 들리지 않는 원인을 찾아내야 한다. 그래야 효율적으로 학습을 할 수 있다.

5-4

TED로 하는 쉐도잉

앞서 소개한 방법이 좋아하는 영화대본으로 쉐도잉을 하는 것이었다면 이번에 소개하는 내용은 우리가 너무나 잘 알고 있는 TED로 쉐도잉하는 방법이다. TED를 가지고 하는 영어 학습에는 많은 장점들이 있다.

TED로 하는 쉐도잉의 장점

1) 모든 TED의 Contents가 무료이다

TED는 모든 영상자료뿐만 아니라 음성파일, Script까지 무료로 제공한다.

ID를 만들어 가입하면 모두 무료이다. 핸드폰 등에서도 접근이 용이하여 언제 어디서나 쉐도잉의 자료로 활용할 수 있는 큰 장점이 있다.

2) 다양한 지식을 쌓을 수 있다

TED는 과학에서부터 인문학, 디자인 등 폭 넓은 주제를 다룬다. 그렇기 때문에 평소 본인이 관심이 있던 주제에 대해서 영어를 공부하면서 동시에 많은 다양한 지식을 함양할 수 있는 기회가 된다.

3) 어학공부에 최적화되어 있는 기능들

TED는 Script를 보면서 소리를 동시에 들을 수 있다.

그리고 반복해서 듣고 싶은 부분은 화면 내 Script의 문장을 클릭하는 것만으로도 다시 듣기가 가능하다.

준비해야 할 것들

1) TED Application설치 및 가입하기

TED는 무료로 Contents를 제공하기 때문에 우리가 할 일은 가지고 있는 기기에 맞는 TED Application을 다운로드 받고 가입하면 언제 어디서나 사용이 가능하다.

핸드폰, 노트북, 데스크톱, 아이패드 등의 기기에 각각 다운로드를 하면 모든 준비는 끝이다.

2) TED Script 인쇄물

TED의 특이한 점은 핸드폰이나 아이패드에서는 제공하지 않는 Script를 PC(데스크톱, 노트북) version에서는 제공을 하고 있다는 것이다. 그렇기 때문에 미리 PC에서 다운로드 받은 Script를 인쇄하여 가지고 다니면서 보면 많은 도움이 된다. 또한 동일한 강연을 핸드폰으로 미리 다운로드를 받아 놓으면 인터넷 연결이 안 되는 환경에서도 영어 학습을 할 수 있다.

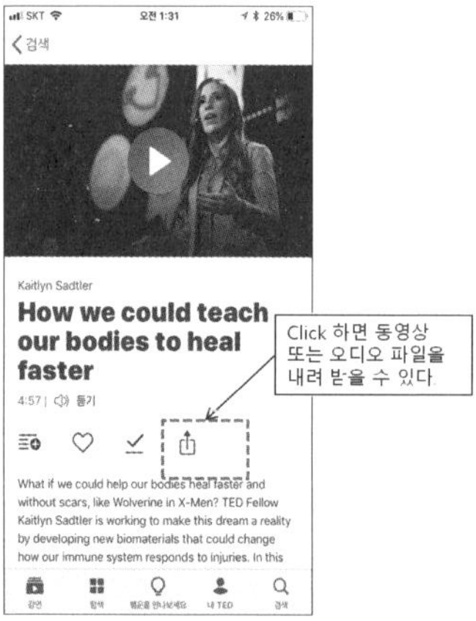

핸드폰 version의 TED

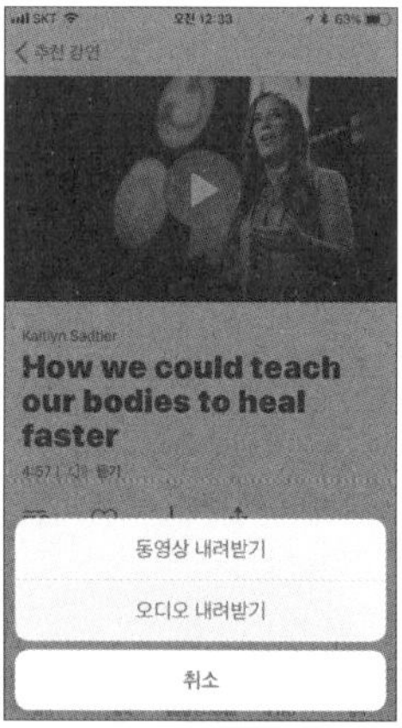

동영상 또는 오디오를 내려받을 수 있음

1단계-마음에 드는 강연 선택하기

TED의 주제는 크게 기술, 예술, 경영, 심리학, 교육, 과학, 정치, 건강, 사회적 변화, 디자인, 개인적 성장 등의 많은 분류로 나뉘어져 있다. 제일 먼저 해야 할 일은 흥미로운 강연을 찾는 것이다. 다른 방법과 마찬가지로 너무 어렵지 않은 일상적인 범위의 주제를 정하는 것이 도움이 된다.

2단계-PC version으로 안 들리는 부분 정리하기

TED는 앞서 설명한 대로 PC version과 핸드폰 version의 서비스가 약간 다르다.

PC version에서만 Script Service를 제공한다. 하지만 핸드폰 version도 동영상과 Audio는 다운로드해서 사용할 수 있다.

PC 버전에서는 모바일 버전과 다르게 Transcript 부분이 있어 여기에서 해당 게시물의 Script를 내려 받을 수도 있다. 또한 Script를 직접 클릭하여 반복하여 듣기를 할 수 있으며, 모르는 단어는 바로 Naver 사전과 연동시켜 저장을 할 수 있다. 물론 이러한 기능은 Chrome의 Web browser 기능과 같이 사용해야 가능하다.

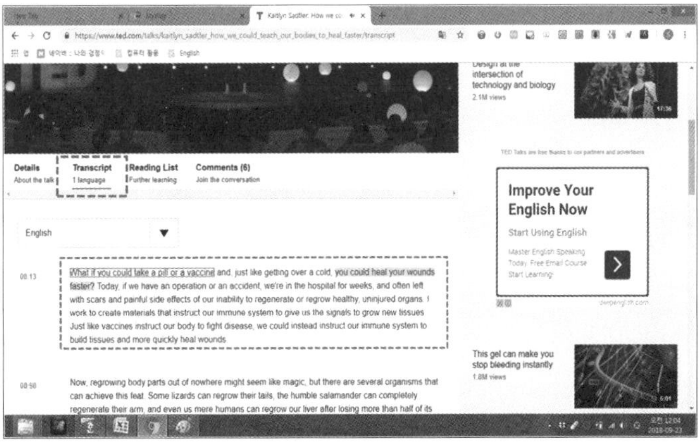

핸드폰 version과 다르게 PC version은 Transcript를 제공하고 있음

처음부터 Script를 보면서 들으면 절대로 듣기가 늘지 않는다. 따라서 2단계의 목적은 Script를 보는 것이 아니라 자신이 듣지 못하는 부분이 어딘지, 모르는 단어가 무엇인지 등을 확인해야 한다. 즉, 먼저 들어 보고 안 들리거나 모르는 단어만 표시한다. 다음과 같이 모르는 단어는 바로 바로 Naver 사전에 저장하면 활용하기가 편하다.

Naver 단어장에 카테고리별 단어장에 정리된 모습

이렇게 저장한 단어들은 평소에 자투리 시간이 날 때 반복하여 발음을 연습하면 실제 대화 시 많은 도움이 된다.

3단계-음성파일 들으면서 쉐도잉으로 연습하기

이제 모르는 단어와 안 들리는 부분의 단어들은 어느 정도 정리가 되었을 것이다. 그러면 이제 본격적으로 음성파일을 수십 번 반복하여 듣고 익숙하게 만들어야 한다. 중간 중간 자연스럽게 암기된 부분이 나오면 쉐도잉으로 따라 하기 연습을 하면 된다.

TED로 하는 쉐도잉은 영화와 달리 혼자서 하는 강연이기 때문에 영화보다 말이 빠르고 내용이 많아 다소 힘들 수도 있다. 하지만 양질의 무료 Contents는 너무나도 훌륭한 교육 자료이다.

5-5

영어책으로 하는 쉐도잉

쉐도잉 훈련에서 가장 효과적인 방법은 영화로 하는 것이다.

하지만 영화로 하는 쉐도잉의 유일한 단점은 구어체 위주이기 때문에 조금 복잡한 문장은 학습할 기회가 부족하다는 것이다. 영어의 고급화와 다양화라는 측면에서 책으로 하는 쉐도잉 훈련은 도움이 된다. 그리고 앞서도 얘기했듯이 쉐도잉의 가장 큰 적은 지루함이다. 따라서 다양한 방법으로 이 지루함을 덜어내야 하기 때문에 가끔은 책으로 하는 쉐도잉이 필요하다.

준비해야 할 것들

1) 영어 소설책

영어책으로 하는 쉐도잉에 있어서는 당연히 영어책이 필수이다. 다음과 같은 기준의 영어책을 고르면 무난하다.

§ 관심분야의 책을 고른다

너무 어려운 영어책은 끝까지 읽기가 거의 불가능하다. 지치고 힘들더라도 처음의 모티베이션을 잃지 않을 책이 필요하다.

영어가 아니라 한글판이었어도 읽었을 책들 중에서 선정하길 권한다.

■ Paulo Coelho의 The Alchemist

"And when you want something,
all the universe conspires in helping you to achieve it."

한국에서는 〈연금술사〉로 더 유명한 책이다. 이 책은 내가 자기계발서에 심취했을 때 가장 많이 읽은 책이다. 쉬운 단어로 구성되어 있으며 대화형 문장도 많이 나와 구어체 연습에도 상당히 도움이 되는 책이다. 이렇듯 본인의 관심사 분야의 책을 고르면 더욱더 흥미가 생겨 끝까지 읽을 수 있다.

§ 철저하게 흥미 위주의 책을 고른다

지금까지 수많은 영어 책을 읽어 봤지만 〈Sidney Sheldon〉 책처럼 가독성이 높은 책은 없다고 생각한다. 철저하게 흥미 위주의 책이기 때문이다. 생각 없이 몰입해서 읽기에는 너무 좋은 선택이 될 것이다. 마치 재미있는 만화책이나 무협지를 읽는 것처럼 읽히는 책이라고 생각하면 된다. 영어공부의 슬럼프에 빠져 있다면, 이렇게 철저하게 흥미 위주의 책을 선택할 것을 권하다.

§ 한 페이지에 모르는 단어가 10개 이하인 책을 선택하라

아무리 좋은 책을 추천해 줘도 자신의 레벨과 맞지 않으면 너무 어렵거나 지루한 책이 될 수 있다. 그러면 어떤 책이 자신의 레벨에 맞는 책일까? 개인적으로는 한 페이지에 모르는 단어가 10개 미만인 책을 선택할 것을 권한다. 우리는 따로 단어 공부를 하지 않고 쉐도잉 시 나오는 단어를 공부할 계획이다. 그렇기 때문에 모르는 단어가 너무 많으면 부담스럽다. 개인적인 경험으로는 모르는 단어가 페이지당 10개가 넘으면 내용이 머리에 안 들어오고 흥미를 잃게 되어 지속하기가 무척 어려워진다.

§ 가능하면 일상의 주제를 다룬 책을 선택하라

영화 선정 기준과 같은 이유이다. 너무 과학적이거나 전문적인 지식을 바탕으로 하는 책을 고르게 되면 일상생활에서의 활용이 매우 어렵고, 가독성도 낮아지기 때문이다. 조금 쉽더라도 지속 가능한 교재를 선택하는 것이 먼저이다. 오히려 "이거 너무 쉬운데?" 하는 수준의 책이 본인에게 맞는 책일지도 모른다. 우리의 목적은 소리 내서 읽은 후 영어 문장을 입에 붙이는 것임을 잊어서는 안 된다. 그렇기 때문에 흥미롭고, 쉬운 책을 골라야 한다.

§ 가능하면 Audio 파일이 있는 책을 선택하라

영화와 달리 모든 책에 음성파일이 있는 것은 아니다. 다행히 요즘은 전자북이 나와 있으며, 어떤 책들은 Audio version을 제공한다. 이러한 책들을 Audio book이라고도 한다. 우리는 영어의 소리를 정확히 낼 줄 모르는 훈련생인 셈이다. 따라서 우리가 맞게 하고 있는지 아닌지에 대한 확인을 할 수 있는 모범 답안이 필요하다. 이러한 모범 답안 역할을 하는 것이 바로 Audio Book이다. Audio Book의 또 다른 장점은 영화처럼 쉐도잉 훈련을 할 수 있다는 것이며, 핸드폰에 저장하여 언제 어디서든 듣기 훈련을 할 수 있다는 것이다.

쉐도잉 훈련을 위한 음성파일이 있는 책을 구했다면 다음은 본격적으로 쉐도잉 훈련을 할 차례이다.

1단계-가벼운 마음으로 선정한 책을 읽어 나간다

일단 책을 한번 가볍게 읽어 나간다. 영화와 마찬가지로 책에 나온 내용과 문장을 체화하기 위해서는 여러 번 반복해서 읽어야 한다. 그렇기 때문에 처음에는 영어 단어를 찾지도, 밑줄을 긋지도 말고 그냥 분위기와 난이도 파악을 위해 가볍게 한번 읽어 본다. 처음에는 그냥 한번 읽어 보는 데 집중해야 한다. 어차피 지겹도록 반복할 것이기 때문에 처음엔 편하고 즐겁게 책과 친해지는 시간을 갖기를 권한다.

2단계-모르는 단어를 표시하고 Naver 단어장에 옮긴다

책의 내용이 어느 정도 파악이 되었다면 이제 모르는 단어를 표시해 나가자. 모르는 단어가 나올 때마다 단어를 찾다 보면 흐름이 끊기므로 형광펜이나 색상이 있는 펜으로 표시한 뒤 넘어간다.

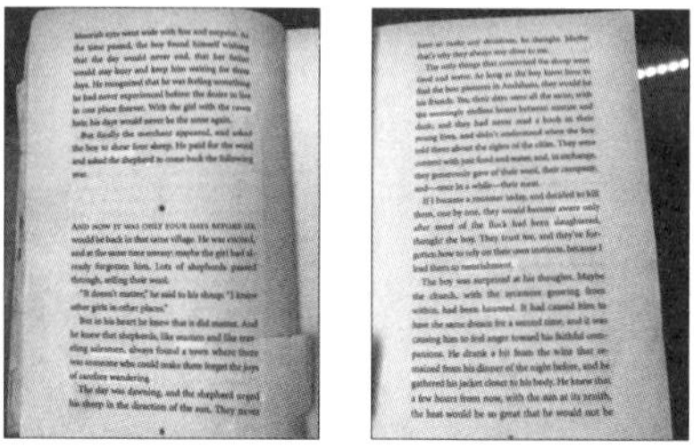
모르는 단어는 표시한 후 단어장에 옮기기

이렇게 하루 읽은 분량에 대한 표시가 모두 끝났다면 이제 단어를 찾아 Naver 단어장에 저장하고 시간이 날 때마다 단어를 학습한다. 단어 학습은 앞서 설명한 바와 같이 소리, 품사 형태, 그리고 예문으로 정확한 의미와 뜻을 학습을 해야 한다.

그리고 활용도가 높아 보이는 문장이 나오면 나만의 오답노트에 적어서 암기한다.

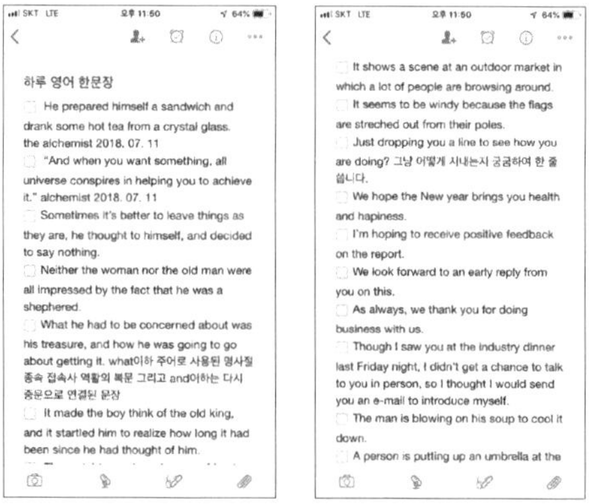

에버노트에 정리한 하루 영어 한 문장

3단계-쉐도잉 훈련을 한다

이제 모르는 단어들도 정리되었고 단어들의 소리를 연습했기 때문에 책을 자연스럽게 다 읽을 수 있을 것이다. 읽다가 어색한 문장이 나오면 반복해서 그 부분만 집중적으로 읽어 본다. 음성파일이 준비되어 있는 책이라면 음성파일을 틀어 놓고 쉐도잉을 하면서 보다 원어민에 가까운 소리를 낼 수 있을 때까지 연습한다.

책으로 하는 쉐도잉은 기본적으로 책 한 권을 암기한다는 생각으로 시간이 날 때마다 편하게 하면 된다. 여기서 암기의 수준은 음성파일을 듣고 다음 문장이 생각나는 정도의 수준을 말한다. 암기만 놓고 보면 영화보다 책을 암기하는 것에 훨씬 많은 시간과 노력이 들어간다. 영어 소리 훈련의 일환이기 때문에 암기를 꼭 해야 한다는 강박관념에서는 벗어나는 것이 좋다.

TIP PLUS!

영화대본, 영어책 암기의 수준?

영화대본이나 영어책 한 권을 통으로 모두 암기하기는 쉽지 않다. 영화대본은 어느 정도 가능하나 영어책 한 권 외우기는 거의 불가능하다고 생각한다. 우리말로 된 책을 한 권 외우는 일도 거의 불가능에 가까운 일이기 때문이다. 여기서 말하는 영화대본, 영어책 쉐도잉의 수준은 원음의 음성파일을 들을 때 다음 문장이 떠올라 쉐도잉 훈련을 원활히 할 수 있는 수준을 말한다. 영어의 모든 문장을 외울 필요는 없다. 단지 많은 반복을 통해 어색하지 않고 자연스럽게 입에서 나오는 수준이면 되는 것이다.

5-6

영자 신문으로 하는 쉐도잉

"신문 보기를 포기한 사람은 돈 벌기를 포기한 사람이다."

— 신문 스크랩 기술, 최상희, 2006 넥서스books

영어공부를 할 때 가장 큰 고민 중 하나가 시간의 문제였다. 바쁜 일상 속에서 시간을 따로 내야 한다는 것은 쉽지 않은 일이었다. 회사 내에서는 해외 영업을 개척해야 했고 개인적으로는 자기계발 및 재테크를 위해 많은 책과 신문을 봐야 했던 시기이기도 했다. 이때 생각한 것이 신문을 보면서 영어공부를 해야겠다는 생각이었다. 그래서 영자 신문을 구독하기 시작했다. 영자 신문은 나에게 영어공부와 세상이 어떻게 변해가고 있는지에 대한 정보를 동시에 습득할 수 있는 기회를 주었다.

해외 영업을 하다 보면 가끔 실무적인 대화 이전에 가벼운 대화를 진행할 필요가 있다. 이때 영자 신문은 큰 힘을 발휘한다. 시간이 없다면 헤드라인만이라도 읽기를 권한다. 그 시점의 이슈가 되는 단어들을 보는 것만으로도 대화 시 많은 도움이 되기 때문이다. 그리고 영자 신문은 앞서 소개한 영화나 영어책에서는 놓칠 수 있는 매우 트렌디한 영어를 학습할 수 있는 기회를 얻을 수 있다는 큰 장점이 있다. 또한 우리의 영어 학습 목표의 마지막 단계는 일상생활에서 활용도를 높여 영어 실력을 꾸준히 유지하는 데 있다. 이러한 측면에서 영자 신문은 큰 힘이 된다. 의무적으로 하루 1개의 기사 읽기에 시간을 투자하면 영어실력 유지에 많은 도움이 된다.

준비해야 할 것들

일단 영자 신문을 구독할 것을 권한다. 요즘에는 인터넷 Web-site에서 쉽게 영자 신문을 볼 수 있다. 하지만 아무래도 학습에 있어서는 아날로그 방식이 조금 더 편하게 느껴진다. 종이에 인쇄된 글을 직접 읽고 밑줄을 그어야 기억에 더 오래 남는다. 하지만 앞서 말한 것과 같이 디지털 방식도 장점이 있으므로 영자 신문도 Web-site를 활용하면 음성지원(신문 읽어 주는 Service) 기능으로 발음을 확인하거나, 쉐도잉을 하는 데 많은 도움이 된다. 따라서 2가지를 모두 병행할 것을 추천한다.

먼저 우리나라에서 구독할 수 있는 대표적인 영자 신문은 Korea Joongang daily와 The Korea Herald가 있다. 두 영자 신문 중 선택하면 큰 무리가 없을 것이다. 돈을 들여 영자 신문을 구독하고 싶지 않다면 Naver에서 상기 영자 신문들을 구독할 수도 있다.

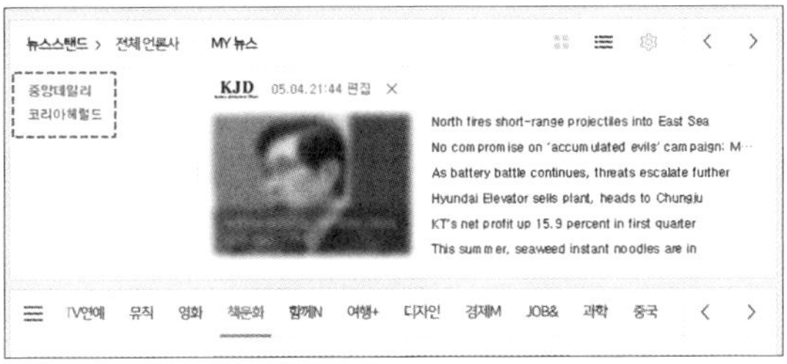

Naver에서 신문구독을 하면 좌측상단에 구독 중인 신문이 표시된다.

Naver에 log-in한 후 원하는 신문을 선택하면 구독을 할 수 있다. 왼쪽 단락을 보면 [중앙데일리]와 [코리아헤럴드]가 추가되어 있다.

[중앙데일리]로 들어가 보면 영자 신문 학습을 지원한다. 영자 신문 학습은 다음 그림의 ②에서 보는 것과 같이 영어 음성을 같이 지원하기 때문에 발음을 들어보고 쉐도잉을 할 수 있다는 장점이 있다.

이제 본격적으로 영자 신문으로 학습하는 방법을 알아보도록 하겠다.

다음에 설명할 학습법은 종이 신문을 기준으로 하였다.

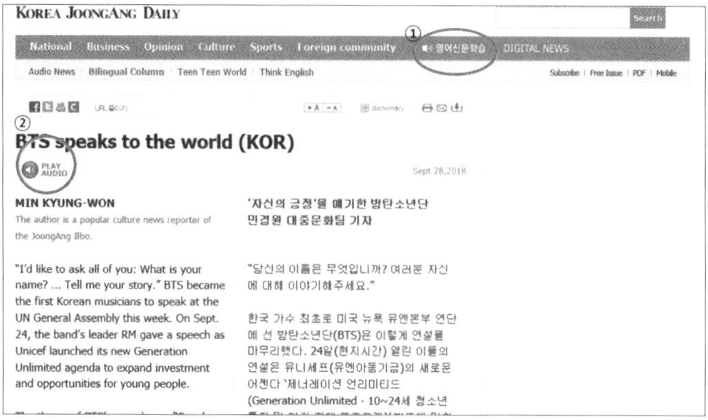

KOREA JOONGANG DAILY

Search

① National Business Opinion Culture Sports Foreign community 영어신문학습 DIGITAL NEWS

Audio News · Bilingual Column · Teen Teen World · Think English

Subscribe | Free Issue | PDF | Mobile

URL 줄이기 +A −A dictionary

② BTS speaks to the world (KOR)

PLAY AUDIO

Sept 28,2018

MIN KYUNG-WON

The author is a popular culture news reporter of the JoongAng Ilbo.

"I'd like to ask all of you: What is your name? ... Tell me your story." BTS became the first Korean musicians to speak at the UN General Assembly this week. On Sept. 24, the band's leader RM gave a speech as Unicef launched its new Generation Unlimited agenda to expand investment and opportunities for young people.

'자신의 긍정'을 얘기한 방탄소년단

민경원 대중문화팀 기자

"당신의 이름은 무엇입니까? 여러분 자신에 대해 이야기해주세요."

한국 가수 최초로 미국 뉴욕 유엔본부 연단에 선 방탄소년단(BTS)은 이렇게 연설을 마무리했다. 24일(현지시간) 열린 이들의 연설은 유니세프(유엔아동기금)의 새로운 어젠다 '제너레이션 언리미티드 (Generation Unlimited · 10~24세 청소년

이외에도 Naver에서도 영자 신문 읽어 주는 서비스를 제공하고 있으니 본인에게 맞는 것을 찾아서 활용하면 된다.

TIP PLUS!

	Naver 영자 신문 읽어 주기 Service
	Korea Jungang Daily 영자 신문
	The Korea Herald 영자 신문

1단계-전체적으로 한번 읽어보기

영자 신문을 구독해서 읽어보면 신문 전체를 제한된 시간 안에 읽는 것은 불가능하다는 사실을 알게 될 것이다. 우리가 규칙적으로 하루에 몇 시간씩 확보하기란 쉬운 일이 아니기 때문이다. 하지만 방법이 없는 것은 아니다. 일단 신문을 받으면 전체적으로 어떤 기사가 있는지 헤드라인을 보면 된다. 사실 헤드라인만 봐도 신문이 발간된 시점에서의 트렌드는 읽어 낼 수 있으며, 이렇게 익힌 지식은 영어로 대화할 때 많은 도움이 된다. 전체적인 헤드라인을 보면서 쉐도잉을 하고 싶은 기사를 고르면 된다.

2단계-흥미로운 기사 고르기

신문으로 영어를 학습하기 위해서는 어떤 신문기사가 좋은 기사일까? 사실 한글로 된 신문을 읽는 일도 쉽지 않은 일인데 영어로 된 신문을 읽는다는 것은 매우 어려운 일인 것은 사실이다. 그렇기 때문에 다음과 같은 원칙으로 신문 기사를 골라야 한다.

1) 자신의 관심분야 또는 흥미위주의 기사를 골라라

Rise of pre-made *banchan* may herald end of an era

Quality Korean *dosirak* become co

음식과 관련된 관심분야의 기사

영자 신문으로 영어공부를 할 당시에 나는 요리에 관심이 많았기 때문에, 대부분 요리 관련된 기사들을 많이 읽었다. 관심 분야이기 때문에 지치지 않고 읽어 나갈 수 있었다.

2) 대화형으로 구성된 Interview 기사를 선택하라

Park Min-young is ready to laugh on set and screen

Q. Would you do a period drama again soon?

A. Everybody said at the after party that we should never meet again on the set of a period drama. I said it too but maybe that is a promise I won't be able to keep, so I won't say anything (laughs). But not right away that is for sure.

Beside the hot weather, what made filming more challenging for you?

After I decided to do it, I expected that the work would be stressful. The drama was already set to have a tragic end, and that was the first time for me to work on a drama set to have such strong emotions. I had to show the conflicts of emotions inside my character's heart. I felt like I was hitting rock bottom thousands of times. That comes to me as a challenge.

How do you get your emotions and feelings focused when the scene is hitting an emotional climax?

I don't think about other things once filming starts. I only think about the scene I am doing and the character I am playing. Then the emotions my character feels come to me.

You did cry a lot in the drama. Was it difficult?

I usually don't cry much in everyday life. I think I shed tears in the drama the same

Korea Joongang Daily, 2017. 04. 18

우리가 영자 신문으로 영어 학습을 하는 근본적인 이유는 영어로 프리토킹을 하는 것임을 잊어서는 안 된다. 이러한 목적으로 본다면 신문기사 중에서도 인터뷰 기사가 매우 유용하다고 할 수 있다. 인터뷰 기사는 대부분 구어체로 구성되어 있어 활용도가 매우 높다. 또한 영자 신문의 인터뷰 기사는 대부분 연예인, 스포츠 스타 또는 사회적으로 큰 이슈가 되는 사람들의 기사가 실리기 때문에 매우 흥미롭고 쉽게 읽을 수 있다는 장점이 있다.

3단계-내용 파악하기

자신에게 흥미롭고 적당한 기사를 골랐다면 다음에 해야 할 일은 전체적으로 기사를 한번 읽어 보는 일이다. 그냥 편하게 어떤 내용인지 읽어 보면 된다.

그리고 전체적인 내용 파악이 되었다면, 모르는 단어나 유용한 문장에 밑줄을 그어가며 읽어 나가면 된다. 우리가 신문을 읽는 가장 큰 이유 중 하나는 트렌드 있는 어휘를 늘리는 것도 포함되기 때문에 모르는 단어를 확인하는 것은 매우 중요한 일이다. 그리고 영어로 대화 시 유용하게 활용할 수 있을 것 같은 문장이 나오면, 나의 오답노트에 적어서 기록하고 반복 학습을 통해 체화해야 한다.

4단계-단어 및 문장 정리

3단계에서 모르는 단어와 유용한 문장을 표시했다면, 4단계에서는 각각 모르는 단어는 Naver 단어장에 유용한 문장은 에버노트 같은 나만의 오답노트에 저장해서 언제 어디서나 시간이 날 때마다 볼 수 있도록 준비해야 한다.

단어나 문장은 한번 학습했다고 절대로 내 것이 되지 않는다. 내 것으로 만드는 유일한 방법은 반복 연습을 통해 체화하는 것이며, 이렇게 하기 위해서는 언제 어디서나 시간이 날 때마다 볼 수 있도록 저장을 해야 하는 것이다.

[Newspaper]로 카테고리 생성

신문기사에서 수집한 단어들

Naver 단어장에 [Newspaper] 카테고리를 만든 후 모르는 단어를 저장하면 언제 어디서든지 필요할 때 단어 학습이 가능하다.

모르는 단어를 찾아 정리가 끝났다면, 마지막으로 신문기사 전체를 사진으로 촬영하여 단어와 마찬가지로 저장하면 된다. 파일로 저장을 할 때는 꼭 신문을 스크랩한 날짜와 헤드라인을 같이 적도록 하자. 그래야 나중에 다시 원본을 찾아 볼 때 쉽게 찾을 수 있다.

시간이 조금 남는다면 신문에 끊어 읽기를 표시하여 읽어 보면 더 많은 도움이 된다.

헤드라인과 날짜를 적어 놓으면 도움이 됨

5단계-반복 훈련으로 체화하기

이렇게 모든 준비가 끝났으면 이제 본격적으로 쉐도잉 훈련을 해야 한다. 가장 좋은 쉐도잉 훈련은 앞서도 설명한 바와 같이 머릿속으로 상황을 상상하면서 하는 방법이다. 예를 들면, 인터뷰 기사로 쉐도잉을 하는데 본인이 인터뷰를 받는 입장이라고 상상하면서 연습하는 것이다.

영자 신문으로 하는 쉐도잉 훈련은 일단 정리가 된 후에는 자투리 시간을 활용할 수 있다. 출퇴근 시간에 길을 걷거나, 대중교통을 이용할 때 한 문장을 입에 붙을 때까지 무한 반복 연습하는 것이다. 이렇게 조금씩 하다 보면 영어 문장이 누적되어 영어 프리토킹의 밑거름이 될 수 있다.

5-7

영어의 프리토킹을 위한 마지막 쉐도잉

앞서 우리는 Grammar in Use, TED, 영화대본, 영어 소설책, 영자신문으로 쉐도잉 훈련을 하는 법을 배웠다. 이 모든 과정은 사실 프리토킹을 위한 기초를 쌓는 훈련 과정이다. 우리의 최종 목표는 언제 어디서나 우리가 원할 때 우리가 하고 싶은 말을 영어로 하는 것이다. 수많은 단어를 외우고 문장을 외워도 훈련 없이는 절대로 프리토킹을 할 수 없다.

영어시험 고득점자들이 영어를 못하는 경우를 종종 보게 된다. 심지어 스피킹 시험에서도 점수가 높은데 영어로 편하게 말을 하지 못하는 사람들도 생각보다 많이 있다. 왜 이런 일이 발생하는 걸까? 쉽게 생각해 보면 랩을 하는 래퍼들과 비교해 볼 수 있다. 랩을 하는 가수들은 크게 두 분류로 나뉜다. 사전에 연습한 랩을 잘 외워서 부르는 래퍼들이 있고, 즉흥적으로 그 상황에 맞춰서 랩을 구사하는 래퍼들이 있다. 후자를 우리는 프리스타일 래퍼라고 한다.

개인적으로 나는 프리스타일 래퍼들이 더 많은 훈련과 연습을 통해서 프리스타일 랩을 할 수 있는 수준에 올랐다고 본다. 프리스타일을 훈련하고 연습하지 않은 래퍼들은 아무리 자신의 노래를 잘 소화해도 즉흥적으로 해야 하는 프리스타일 랩을 할 수는 없다. 아무리 많이 외운 단어나 문장이 있더라도 상황에 맞지 않으면 사용을 할 수 없다는 점에서 영어는 프리스타일 랩에 가깝다. 무조건 프리스타일 랩 수준인 프리토킹을 할 수 있어야 진정한 의미에서 영어를 할 줄 안다고 말할 수 있는 것이다.

영어 단어와 문장을 외우고, 상용구문을 외우면 도움은 되지만 그것만으로는 프리토킹을 할 수 없다. 그러면 이제부터 어떻게 하면 프리토킹이 가능한 영어를 훈련할 수 있는지에 대해 알아보도록 하겠다. 영어 프리토킹을 위해서는 앞서 다양한 방식으로 훈련한 쉐도잉 스피킹을 기초로 하여 일상생활 속에서 끝없는 반복 훈련을 해야 한다. 또한 이러한 반복 훈련을 하기 위해서는 규칙적인 학습 시간을 확보해야 하며, 우리의 일상생활 속에서 무심히 버려지고 있는 자투리 시간을 어떻게 활용하는지에 달려 있다.

다음 장에서는 이러한 프리토킹 훈련법에 대해서 본격적으로 알아보기로 하겠다.

Chapter 6.

1시간에 끝내는 영어 말하기

4단계

쉐도우 스피킹 훈련 2 (실생활편)

6-1

프리토킹을 위한 시간 어떻게 확보할 것인가?

"1년의 시간은 차이를 만들지 못하지만,
10년은 인생 자체를 바꿀 수 있다."

"모든 변화가 처음에는 힘들고,
중간에는 혼란스러우며,
마지막에는 아름답다."
— 로빈 사르마

프리토킹 수준의 영어를 완성하기 위해서는 규칙적인 시간을 확보해야 한다. 직장을 다니는 입장에서 규칙적으로 확보할 수 있는 유일한 시간은 아침시간이다. 우리가 야행성 인간이거나 아침형 인간인지는 중요하지 않다. 단지 우리가 남들에게 방해받지 않고 무언가를 할 수 있는 시간은 아침시간이 유일하다는 사실이다. 저녁에 뭔가를 하려고 하면 예상치 못한 야근, 술자리 같은 모임이 생기기 쉽고 이러한 일이 없더라도 집에 가면 육아 또는 가족들과 함께 시간을 보내야 한다. 이것이 내가 유일하게 아침형 인간이 되어야 하는 이유였다. 아침형 인간이 되어 아침시간을 활용하기 위해서는 일찍 잠자리에 들어야 한다. 정상적인 생체리듬을 유지하기 위해서는 최소 6시간 이상 수면을 취해야 하기 때문이다.

앞으로 프리토킹을 위해서 우리는 출근 전 2시간, 즉 오전 5시부터 출근을 준비하는 7시 이전의 시간 확보가 필요하다. 동시에 적당한 수면시간 확보를 위해서는 11시 이전에는 잠이 들어야 한다. 아침에 일찍 일어나는 것이 처음에는 어려울 수 있지만 한 달, 두 달 시간이 지날수록 점점 몸에 익숙해지면 편하게 일어날 수 있을 것이다. 습관을 들이기 위해서는 주말에도 규칙적으로 일어나야 한다. 주말에는 잠의 유혹이 더욱더 강해진다. 나와 같은 경우는 주말에도 이러한 리듬을 유지하기 위해 아침에 내가 좋아하는 운동모임을 나간다.

명심하자! 1년은 인생을 바꿀 수 없을지도 모르지만 10년은 인생을 바꿀 수 있으며, 10년이란 시간은 생각보다 짧다. 무언가를 변화시키고 이루고 싶다면 지금 바로 당장 시작해야 한다. 내일부터, 혹은 새해부터 시작해야지 하면 늦는다.

우리는 누구나 공평하게 하루 24시간을 가지고 살아간다. 그 중에 8시간은 생계를 위해 일을 해야 하고, 8시간은 생명을 유지하기 위해 수면을 취해야 한다. 따라서 우리의 인생은 우리에게 남은 자투리 8시간을 어떻게 활용하느냐에 따라서 크게 달라질 수 있다. 게임을 해도 8시간이고 무언가 얻기 위해 학습을 해도 8시간이다. 하지만 학습은 남고 게임실력은 프로게이머가 아니면 필요 없는 순간이 온다. 무엇을 하고 무엇을 남길지는 각자의 몫이다.

"실패하는 사람은 하지 못하는 이유를 찾고 성공하는 사람은 해야 할 시간을 찾는다."

〈변화의 시작 하루 1%〉의 저자 이민규 박사는 변화하지 않는 사람들에 대해서 다음과 같이 말한다.

"어제와 다른 삶을 살기를 원하면서 변하지 않는 사람들은 불만스럽기는 하지만 현재는 고통을 감수하고 대가를 치르고 싶지 않기 때문이다. 무엇보다 아직은 충분히 고통스럽지 않기 때문이다."

앞서 설명한 것처럼 영어 학습은 장기 레이스이기 때문에 본인이 왜 영어가 필요한지 명확한 목표를 먼저 설정해야 한다. 필요성이 생기면 시간은 충분히 찾을 수 있다. 우리에게는 무심코 흘려버리는 자투리 시간들이 생각보다 많이 있다. 이런 자투리 시간을 모아 영어 학습을 해야 한다. 초기 단계에서는 아침 2시간의 규칙적인 시간확보가 중요하지만 자투리 시간 활용은 그에 못지않게 중요하다.

'1만 시간의 법칙'으로 유명한 〈아웃라이어〉의 저자 말콤 글래드웰은 어떤 분야에 있어서 뭔가를 이루기 위해서는 1만 시간이 필요하다고 말한다. 너무나도 유명한 영국의 팝 그룹 비틀즈도 함부르크의 클럽에서의 1년 반 동안의 실전과 같은 연습시간이 있었기 때문에 차별화된 실력을 키울 수 있었다고 말한다. 그런데 문제는 우리는 영어 학습이 본업이 아니기 때문에 이러한 시간을 확보할 수는 없다. 그렇다고 좌절할 필요는 없다. 앞서 말한 것과 같이 우리에게는 생각보다 많은 자투리 시간이 있기 때문이다. 자투리 시간만 잘 이용해도 우리는 생각보다 많은 것을 이룰 수 있다.

쉐도우 스피킹의 장점은 일부러 학습 시간을 낼 필요 없이 자투리 시간을 활용해서 언제 어디서나 훈련을 할 수 있다는 데 있다.

영어 스피킹은 훈련이란 점에서 보면 헬스트레이닝과 많이 닮아 있다. 우리는 가장 짧은 시간에 효율을 극대화하기 위해서 PT(Personal Training)를 받는 경우가 있다. 하지만 결국 자신의 몸에 근육을 만들고, 바디라인을 아름답게 만들 수 있느냐 없느냐는 본인에게 달려 있다. 따라서 영어를 궁극적으로 잘 말하기 위해서는 스피킹 훈련 시간이 절대적으로 많아야 한다.

대부분의 사람들이 어학연수를 가면 저절로 영어를 잘하게 되는 줄 안다. 하지만 정작 어학연수를 가도 수업에만 참석하고 별도로 노력을 하지 않으면 영어가 절대 늘지 않는다. 그 이유는 앞에서도 설명했지만 오전, 오후 수업을 다 듣는다고 가정 하더라도 본인이 말을 할 수 있는 시간이 절대적으로 부족하기 때문이다.

구분	수업시간	개인이 말하는 시간
09:00~10:00	50분 수업	2분 30초
10:00~11:00	50분 수업	2분 30초
11:00~12:00	50분 수업	2분 30초
12:00~13:00	Lunch break	
13:00~14:00	50분 수업	2분 30초
14:00~15:00	50분 수업	2분 30초
15:00~16:00	50분 수업	2분 30초
합계		15분

어학연수를 가면 보통 오전반, 오후반을 듣게 된다. 그리고 총 6교시 수업이 많으며, 50분 정도 수업을 한다. 학교마다 다르지만 대부분 좋은 학교는 한 반에 10명 정도로 구성되어 있다. 수업을 하면 원어민 선생님이 약 50%를 말하고 나머지 50%는 학생들이 말하는 형태이다.

1교시에 10명의 학생들이 25분을 나누어 말을 하는 꼴이다. 물론 이것도 부끄러움을 많이 타는 한국 사람들은 다 챙기지 못하는 경우가 많다. 1년 동안 어학연수를 한다는 가정하에서 수업시간에 말할 수 있는 총 시간은 다음과 같다.

1일 = 15분
주 5일 수업(1년 52주, 휴무 없다고 가정)
= 52 × 5 × 15 = 3,900분
∴ 3,900분/60분 = 65시간

일요일 외에 휴일이 없다고 가정해도 고작 1년 동안 수업시간에 말하는 시간은 65시간에 불과한 셈이다. 이것이 1년 동안 어학연수를 갔을 때 수업시간에 말을 할 수 있는 시간의 총 합이다.

어학연수 1년간 수업시간에 말할 수 있는 65시간을 기준으로 놓고 우리가 무심히 흘려버리는 자투리 시간이 얼마나 많은지 알아보도록 하자.

■ 하루 중 발생할 수 있는 자투리 시간

시간	활동내역	발생시간	가능한 학습
05:00~07:00	영어 학습	2시간	쉐도우 스피킹
07:00~08:00	아침 및 샤워	20분	영어듣기
08:00~09:00	대중교통으로 출근	1시간	쉐도우 스피킹
09:00~12:00	근무시간 (휴식시간, 외근이동)	30분	단문 외우기
12:30~13:00	점심 휴식시간	30분	영자 신문 보기
13:00~18:00	근무시간 (휴식시간, 외근이동)	30분	단문 외우기
18:00~19:00	대중교통으로 퇴근	1시간	쉐도우 스피킹
19:00~21:00	저녁준비 및 식사	30분	영어듣기
21:00~23:00	샤워, 휴식 외	30분	쉐도우 스피킹
23:00~05:00	취침	0	
Total		6시간 50분	

상기 자투리 시간은 내 기준에서 잡은 것이다. 우리가 시간을 잘 활용하면 하루에 6시간 50분 정도를 확보할 수 있고 이렇게 버려지고 있거나 무의미하게 지나가는 시간을 모으면 주말을 제외해도 1년에 1,777시간이나 된다.

※ 52주 5일 근무조건 산출 (토, 일 주말은 시간 산정에서 제외)

하루 중 발생 가능한 자투리 시간 총 합: 6시간 50분 = 410분

1년 동안 발생 가능한 총 자투리 시간

= 52주 × 5일 × 410분/일 = 106,600분 = 1,777시간

어학연수를 가서 1년간 수업시간에 말을 할 수 있는 시간이 65시간 정도이므로 우리가 만약 1년 동안 자투리 시간을 100% 활용하여 영어 말하기 훈련을 한다면 약 27년간의 어학연수 수업시간과 동일한 말하기 시간을 확보할 수 있다. 물론 자투리 시간을 100% 활용하기란 쉽지 않다. 하지만 불필요한 술자리, TV를 보는 시간, 핸드폰으로 동영상이나 쇼핑을 하는 시간, 그리고 핸드폰으로 게임을 하는 시간을 줄인다면 이중에 50%는 자투리 시간을 활용할 수 있다고 본다.

즉, 마음만 먹는다면 어학연수를 가지 않아도 일 년에 어학연수 10년 이상 정도의 수업 효과를 볼 수 있는 것이다. 열심히 연습한 게임실력은 프로가 아니면 돈이 되지 않지만 열심히 갈고 닦은 영어는 인생에서 풍요로운 삶과 더 많은 부를 줄 수 있다. 선택은 본인의 몫이다.

6-2

프리토킹을 위한 자투리 시간 활용법

■ 자투리 시간별 학습법

시간	활동내역	발생시간	가능한 학습
① 05:00~07:00	영어 학습	2시간	쉐도우 스피킹
② 07:00~08:00	아침 및 샤워	20분	영어듣기
③ 08:00~09:00	대중교통으로 출근	1시간	쉐도우 스피킹
④ 09:00~12:00	근무시간 (휴식시간, 외근이동)	30분	단문 외우기
⑤ 12:30~13:00	점심 휴식시간	30분	영자 신문 보기
⑥ 13:00~18:00	근무시간 (휴식시간, 외근이동)	30분	단문 외우기
⑦ 18:00~19:00	대중교통으로 퇴근	1시간	쉐도우 스피킹
⑧ 19:00~21:00	저녁준비 및 식사	30분	영어듣기
⑨ 21:00~23:00	샤워, 휴식 외	30분	쉐도우 스피킹
⑩ 21:00~23:00	취침	0	
Total		6시간 50분	

지금부터는 이렇게 발생한 자투리 시간을 어떻게 활용해서 어떤 학습을 할 수 있는지 알아보도록 하자.

① 아침 영어 학습 시간

이 시간은 집중적으로 영어를 학습할 수 있는 유일한 시간이다. 쉐도우 스피킹을 시작하는 단계라면 이 시간에 Grammar in Use로 쉐도잉 학습을 해야 한다. 아침에 이렇게 확보한 시간은 하루 중 가장 집중도 높게 쓸 수 있는 긴 시간이기 때문이다. Grammar in Use를 다 학습한 사람이라면 이 시간에 영어 프리토킹을 하는 시간으로 활용을 해야 한다. 프리토킹 훈련법은 뒤에 나오는 내용을 참고하길 바란다. 2시간 전부 프리토킹을 연습하기 힘들 수도 있다. 이러한 경우에는 최대한 소리 내서 뭔가를 읽는 시간으로 활용하도록 하자. 다시 한 번 강조하지만 규칙적으로 활용할 수 있는 유일한 시간이기 때문이다.

②, ⑧ 샤워 및 식사준비 시간

아침에 일어나서 가볍게 아침준비를 할 때 영화대본을 외우고 있는 중이라면, 영화 음성파일을 틀어 놓고 듣도록 하자. 그리고 만약 영어유지 단계에 들어섰다면 영어 라디오를 틀어 놓고 듣는 것도 도움이 된다.

그리고 우리는 아침 출근 전 샤워를 한다. 샤워 부스에서 물소리를 들으며 물을 맞고 있는 시간은 나의 모든 감각을 끌어 올릴 수 있는 시간이다. 모든 난제들도 샤워를 할 때 생각이 정리되는 경우가 많다. 아인슈타인도 샤워를 할 때 가장 좋은 아이디어가 떠올랐다고 한다. 그는 샤워를 할 때 좋은 생각이 떠오르면 젖은 몸으로 메모를 하는 것이 귀찮아서 다음과 같이 말했다고 한다.

"젠장 왜 좋은 아이디어는 항상 샤워할 때 떠오르는 거야?"

샤워하는 시간을 버리는 것은 너무 아까운 일이다. 그러니 영어 문장 하나를 외우고 들어가 샤워를 하는 10분 동안 미친 듯이 소리쳐서 그 문장을 외우는 시간으로 활용하자. 욕심내지 말고 한 문장을 체화한다는 생각으로 말해보자. 상상하는 것은 매우 중요하다. 상상을 많이 한 만큼 실전에서 보다 자연스럽게 사용할 수 있다. 아침, 저녁 샤워 시간에 한 문장씩만 외워도 1년이면 730문장을 외울 수 있다. 730문장만 자유롭게 다룰 수 있어도 웬만한 영어의 표현은 거의 다 할 수 있는 수준이 된다. 평소에 나만의 오답노트에 꾸준히 모은 문장들을 이렇게 샤워시간에 완벽하게 체화하면 머지않아 프리토킹이 가능해질 것이다.

③, ⑦ 대중교통으로 출퇴근 시

국토교통부와 한국교통 연구원의 조사에 따르면 우리나라의 평균 출퇴근 시간은 약 1시간 정도라고 한다. 개인적으로는 조금 더 오래 걸릴 것으로 생각한다. 개인마다 차이가 있겠지만 우리의 자투리 시간 중 가장 길고 중요한 시간 중 하나이다.

출퇴근 시간에 대중교통을 이용해 보면 대부분의 사람들이 잠을 자거나 핸드폰을 보고 있는 모습을 쉽게 볼 수 있다. 이 시간만 이용해도 우리는 사실 충분한 영어 학습 시간을 확보할 수 있다.

영어 음성파일을 핸드폰에 저장 후 출퇴근하면서 반복적으로 들을 수 있으며 소리 내어 쉐도잉 훈련도 할 수 있다. 말하는 정도의 크기로 연습을 한다면 누가 들어도 상관은 없을 것이다. 출퇴근할 때는 대부분 주위가 시끄럽기 때문에 이어폰으로 영어 음성파일을 들으면서 쉐도잉 훈련을 하기 좋은 시간이다. 만약 여러분이 자가용을 이용한 출퇴근을 한다면 차는 더 없이 좋은 훈련 장소이다. 주변에 아무도 없기 때문에 완벽한 훈련장이 될 수 있다.

④, ⑥ 근무시간

근무시간은 하루 중 자투리 시간이 가장 발생하지 않는 시간대이다. 또한 개인의 학습을 위해서 본업인 회사업무에 지장을 주어서는 안 된다. 하지만 잡담이나 담배 피우는 시간을 줄이고 그 시간에 가벼운 스트레칭을 하면서, 영어 문장 하나 정도는 외울 수 있다. 또는 화장실을 갈 때도 스마트폰을 보지 않는다면 충분히 문장 하나는 외울 수 있을 것이다. 하는 업무에 따라 다르겠지만 근무시간에도 외근으로 이동하는 시간이 있고, 미팅을 위해 기다리는 시간이 있다. 근무시간에 가장 많은 자투리 시간이 발생하는 부분은 출장을 갈 때이다. 이동시간이 많은 만큼 자투리 시간이 많이 발생하고 이 시간을 잘 활용하면 정말 많은 양의 영어 학습을 할 수 있다. 이처럼 시간을 헛되이 쓰지 않는 것은 개인의 발전에도 도움이 된다.

⑤ 점심시간

점심시간은 어떻게 보면 회사에서 발생하는 가장 규칙적인 자투리 시간일 수 있다. 이러한 경우 점심을 가볍게 해결한다면 그 시간에 여유롭게 영자 신문을 볼 수 있다. 신문 보는 시간을 일부러 확보하기는 쉽지 않기 때문에 이러한 점심시간에 발생하는 자투리 시간을 활용해야 한다.

⑨ 휴식 시간

우리는 로봇이 아니기 때문에 하루 종일 일하고 학습할 수는 없다. 앞서 살펴본 학습 일정은 초기단계에서 설정한 것이지 어느 정도 영어가 궤도에 오르면 하루에 휴식시간 중 30분 내외만의 투자로도 영어 실력을 유지할 수 있을 것이다.

막상 시간이 많이 주어지면 공부를 열심히 할 것 같지만 대부분의 사람들은 그러지 못한다. 오히려 책상에 앉아 뭔가를 하다 보면 흥미를 잃어 쉽게 잠에 유혹에 빠지는 일이 더 많을 것이다. 따라서 이러한 자투리 시간들을 보다 효율적으로 사용할 필요가 있다. 예를 들면, 휴식 시간 거실에서 자전거 운동을 하면서 가볍게 쉐도잉 훈련을 할 수도 있다.

24시간을 어떤 사람들은 240시간처럼 가치 있게 사용하고 어떤 사람들은 24분처럼 흘려보낸다. 1년의 차이는 모를 수 있지만 이러한 삶이 10년이 넘게 쌓이면 삶 자체를 바꿀 수 있는 차이를 만들 수 있다. 우리가 생각하는 큰 업적을 이룬 에디슨이나 아인슈타인도 우리처럼 공평하게 하루 24시간만을 이용하여 일반인들과는 비교할 수 없을 정도의 큰 성과를 이뤘다는 것을 잊어서는 안 된다.

6-3

일상생활 속에서의 프리토킹 훈련법

이제 우리는 프리토킹을 할 수 있는 기초 지식을 모두 익혔고, 자투리 시간 활용을 통해서 많은 시간을 확보할 수 있게 되었다.

그러면 지금부터 본격적으로 프리토킹을 어떻게 훈련하는지에 대해서 알아보도록 하자. 프리토킹은 영어로 자연스럽게 자신의 생각을 표현하는 것이다. 평소에 훈련을 많이 할수록 실전에서 더 자연스럽게 사용할 수 있다.

앞서 확보한 자투리 시간에 어떠한 상황을 설정한 후에 머릿속으로 그 상황을 상상하면서 연습하면 된다. 예를 들어, 지금 지하철을 타고 회사로 또는 학교로 이동 중이라고 하자. 머릿속으로 먼저 하나의 상황을 만들어야 한다. 내가 Job 인터뷰를 보는 상황 설정을 했다고 하자.

중간 중간 표현하고 싶은데 모르는 어휘가 있으면 바로 사전에 찾아서 단어장에 저장하자. 이렇게 반복하다 보면 문장도 풍부해지고 어휘도 풍부해지게 된다. 그리고 무엇보다 이 상황에서의 영어가 능숙해지게 된다. 일부러 Job 인터뷰를 따로 준비하지 않아도 적게는 수십 번, 많게는 수백 번 연습을 한 것이므로 실전에서도 자연스럽게 말할 수 있게 된다.

너무 어렵게 생각하지 말고 그동안 쌓아온 기초 지식을 활용하여 다음과 같이 문장을 만들어 보면 된다. Job 인터뷰는 대부분 다음과 같은 대화형으로 이루어진다.

1. Job interview

Q(Interviewee): Hello! Good morning Mr. Shin!
Could you tell us about your job experience and the reason for applying to this position?

A(Interviewer): Good morning everyone and thank you for giving me this great opportunity. If you don't mind, I would like to introduce my job experience first and then I would like to tell you the reason why I applied for this position. Since I graduated from University, I've worked for the ○○○ company which manufactures building materials such as glass, gypsum board and silicone. In the beginning I was in charge of organizing distributors but I transferred to the promotion team two years later. Until now I've worked for the promotion team and my duty is meeting people working in the construction and architecture companies and convincing them to use ○○○ building materials.
After 7 years working there, I decided to change my job because as I got used to my work, I got bored doing the same thing everyday. Moreover it seems that there is nothing left I can learn here. To be honest, this is the reason why I applied for this position.

Q(Interviewee): Why do you think you are the right person for this position.

A(Interviewer): That is very interesting question for me. First of all, I have a long term of job experience in the construction field and

I believe that I'm the only person who knows every step from the beginning to the end on how to make specifications for building material.
As far as I know, you need someone who can sell construction material. Moreover, your product is advanced material with higher prices compared to your competitor's products. To sell special products like yours, you need to make a specification that allows the customer to increase it's budget on their project. I've built up a human network in this field for 7 years and I have a wide range of knowledge. If you give me a chance to work with you as a new member, I will never let you down.

그 뒤로 많은 질문이 더 연결되겠지만 대략 이런 식으로 연습을 하면 된다. 여기서 중요한 사실은 실제로 본인에게 일어날 만 한 일 또는 과거에 있었던 일을 상상하면서 연습을 해야 실전 연습이 된다는 것이다.

다음은 우리가 평소에 길을 걷거나 출퇴근 시 버스를 타거나 혹은 자가용으로 운전할 때 연습할 수 있는 프리토킹 주제이다. 사실 프리토킹의 주제는 본인이 하고 싶은 것을 하면 된다. 여기에서는 내가 주로 사용했던 방법을 나열한 것뿐이다.

2. 주변 묘사해 보기

우리는 많은 시간을 도보로 이동한다. 처음 프리토킹을 혼자 연습하다 보면 주제가 잘 떠오르지 않을 수 있다. 그럴 때는 그냥 걸어가면서 주면을 묘사하는 연습을 해 보는 것도 좋다. 특히 이러한 연습은 대부분의 스피킹 시험에 포함되어 있으므로 시험을 준비하는 사람들에게는 많은 도움이 된다.

눈에 보이는 나무, 사람들, 건물, 자동차, 자전거, 상점 등 모두가 묘사의 대상이기 때문에 영어로 연습을 해 보면 된다.

I can see many people running to the subway station because it is the morning rush hour. I'm in front of the crosswalk waiting for the red light to turn green. As soon as the red light changes to green, people start to run to the station. I can hear the announcement that the train is coming which heads to Seoul station. I manage to get a seat. There is a middle aged woman next to me and she is a little fat and wearing a blue shirt with a black skirt, and she is reading a book.

이렇게 주변을 묘사하다 보면 명사의 어휘가 많이 늘어나게 된다. 대부분 묘사를 할 때 명사가 많이 쓰이기 때문이다.

3. 영어 일기 말로 쓰기

영어 일기는 프리토킹을 하는 데에도 많은 도움이 된다. 마땅히 프리토킹을 연습할 주제가 떠오르지 않는다면 그냥 오늘 있었던 일을 영어로 말해 보면 된다.

I got up at six o'clock in the morning, one hour earlier than usual because I had a very important meeting today. I couldn't have breakfast because I was really in a hurry. On my way to the office I stopped by a bakery to buy some bread and coffee. When I got to the office, my colleague told me the meeting was canceled due to the customer's request and the reason was that they haven't decided yet whether they would buy some extra products from us or not. I had breakfast at the office and checked e-mail until 10 AM. And I left the office at 11:30 to meet another customer to discuss an up-coming exhibition that will be held in Tokyo during March. We had lunch together because we needed to talk in more detail.

이렇게 일기를 쓰듯이 전날 일어난 일들을 정리해 보는 것도 프리토킹 실력을 늘리는 데 많은 도움이 된다. 특히 업무 내용을 영어로 정리하다 보면 실제 업무에 있어서 영어를 쓰는 데 조금 더 능숙하게 말할 수 있게 된다.

4. 친구나 가족에게 평소에 하고 싶었던 말을 영어로 말해 보기

평소 친구나 가족들에게 전하고 싶지만 부끄러워서, 용기가 없어서 혹은 상처가 될까 봐 말하지 못하는 말들이 있을 것이다. 이러한 말들을 속 시원하게 혼자 있을 때 영어로라도 말해 보자. 스트레스도 해소되고 영어실력도 늘기 때문에 좋은 방법 중 하나이다.

5. 업무에 관련된 내용을 연습해 보기

우리는 생활영어를 벗어나 비즈니스 환경에서 사용 가능한 수준의 영어 습득을 목표로 하고 있다. 그렇기 때문에 자신이 하고 있는 업무내용을 평소에 연습을 해 보는 것은 본인 스스로의 자기계발에도 많은 도움이 되는 동시에 맡고 있는 일에도 매우 도움이 되는 일이다. 업무와 관련된 프리토킹 훈련소재는 매우 다양하다.

-회사 제품 영어로 소개해 보기
-비즈니스 현황 영어로 소개해 보기
-영어로 업무 진행사항 보고 연습해 보기
-미팅 연습해 보기
-지난 미팅 내용 연습해 보기
-컨퍼런스콜 연습해 보기

컨디션이 좋지 않는 날은 표현하고 싶은 내용이 잘 안 될 때가 있다. 그렇기 때문에 미팅이 끝나면 스스로 자극을 받게 된다.

이럴 때 프로바둑기사가 자신의 패배를 복기해서 원인을 분석하듯이 미팅 내용을 복기하고 부족한 부분에 대해 연습을 하면 다음 미팅을 진행할 때 많은 도움이 된다. 그리고 반드시 이렇게 새로 익힌 표현은 나만의 오답노트에 적어 놓고 반복되는 실수를 줄여야 한다.

6. Siri와 대화해 보기

주변에 영어로 말할 사람이 늘 곁에 있다면 프리토킹 훈련에 가장 이상적인 상황일 것이다. 하지만 그런 환경을 가지고 있는 사람은 그렇게 많지 않다. 이럴 때 아이폰에서 제공하는 인공지능 Siri와 대화를 시도해 보는 것도 좋은 방법이다. Siri의 장점은 발음을 확인할 수 있다는 점이다. 내가 하고 있는 영어발음을 Siri가 알아들으면 다른 사람들도 알아들을 수 있는 확률이 매우 높기 때문이다.

다시 한 번 강조하지만 프리토킹을 위해서는 끊임없이 반복 훈련을 하는 방법 외에는 없다. 지칠 때마다 영어로 자신 있게 말하고 있는 멋진 모습을 상상하자. 변화된 자신의 모습을 상상하자.

"성공은 무서운 집중력과 반복적 학습의 산물이다."

— 말콤 글레드웰

프리토킹 영어 연습이 가능한 그 밖의 주제들

영어 프리토킹을 조금 더 잘하기 위해서는 앞서 설명한 대로 자투리 시간을 활용해서 시간이 날 때마다 연습을 해야 한다. 앞서 대표적인 사례 6가지 정도를 소개했지만 사실 우리가 프리토킹 시 연습할 수 있는 주제는 많이 있다.

1) 일상의 소재

· 자기소개 연습해 보기
· 가족소개 해 보기
· 가장 친한 친구에 대해서 설명해 보기
· 부자가 된다면 해 보고 싶은 일 말해 보기
· 죽기 전 이루고 싶은 꿈에 대해서 말해 보기
· 가장 재미있게 본 영화 설명해 보기
· 가장 재미있게 읽은 책 소개하고 추천해 보기
· 가장 인상에 남는 학창시절 선생님과 그 이유 설명해 보기
· 부모님과 함께 한 시간 중 가장 행복한 시간 설명해 보기
· 기억나는 학창 시절 event 설명해 보기
· 취미생활 설명해 보기

2) 직업 관련 소재

· 경력 관련 자기소개하기
· 현재 하고 있는 업무 소개하기
· 현재 맡고 있는 제품에 대한 소개하기
· 시장 현황 설명해 보기
· 수출 관련 업무 프로세스 설명해 보기
· 고객 Claim처리 과정 설명해 보기
· 제품 생산 프로세스 설명해 보기
· 사업현황 보고 해 보기
· 비즈니스 장기 계획에 대해 설명해 보기

이러한 업무와 관련된 내용을 평소 프리토킹으로 훈련해 두면 실제 업무에 많은 도움이 된다.

3) 꿈에 관련된 소재

· 어린 시절 꿈에 대해 말해 보기

· 다시 태어나면 하고 싶은 일 말해 보기

· 멘토로 삶고 싶은 사람에 대해 설명해 보기

· 현재 가지고 있는 꿈에 대해 말해 보기

· 인생 5개년 계획 설명해 보기

4) 사회현상 및 issue

· 미세먼지에 대한 개인 의견 말해 보기

· 부동산 재테크에 대한 의견 말해 보기

· 정의란 무엇인지 설명해 보기

· 핵무기 보유에 관한 의견 말해 보기

5) 나에게 일어날 수 있는 일

· 만약 로또 1등에 당첨된다면

· 외국 친구에게 우리나라 설명해 보기

· 외국 사람들에게 우리나라 음식 설명해 보기

· 전철역까지 가는 길 설명해 보기

우리가 연습할 수 있는 프리토킹의 주제는 지금까지 살펴본 것과 같이 무궁무진하다.

자투리 시간이 발생할 때마다 상기와 같은 주제로 프리토킹을 연습하면 언젠가는 편하게 모든 주제에 대해서 프리토킹이 가능한 시간이 올 것이다.

6-4

회사 업무에 활용하는 쉐도우 스피킹

우리가 이렇게 열심히 영어공부를 하고 있는 궁극적인 목적은 업무에 활용하기 위함이다. 그러면 지금부터 회사 업무에 적용하여 사용할 수 있는 쉐도잉 훈련법을 소개하도록 하겠다.

영어를 사용하는 회사 업무 중 가장 비중을 많이 차지하는 부분은 영어 프레젠테이션과 영어로 진행하는 미팅이다. 그리고 누군가를 위하여 통역을 하는 것이 가장 많은 패턴일 것이다. 이러한 업무도 평소에 쉐도잉 훈련을 통해서 많은 부분을 개선할 수 있으며, 두려움을 없앨 수 있다.

1. 영어 프레젠테이션을 위한 쉐도우 스피킹훈련

해외 영업을 하다 보면 프레젠테이션을 준비해서 설명을 하게 되는 경우가 많이 생긴다. 국내영업과는 달리 자주 방문할 수 없기 때문에 한번 방문하면 핵심을 잘 정리해서 설명해야 하기 때문이다. 하지만 영어로 진행하는 프레젠테이션은 생각보다 쉽지 않다. 준비가 부족하여 실수가 많아지면 신뢰를 잃게 된다. 그리고 일단 신뢰를 잃으면 미팅을 진행하는 내내 힘들기 때문에 많은 연습을 통해 자연스럽게 만들어야 한다.

쉐도잉으로 준비하면 많은 도움이 된다. 무대에서 실수 없이 노래를 부르는 것이 가수의 프로정신이라면, 비즈니스를 하는 사람에게는 프레젠테이션을 실수 없이 하는 것이 프로정신이라고 생각한다.

가수들이라고 결코 노력과 연습 없이 처음부터 완벽하게 떨지 않고 노래를 할 수 있었던 것은 아니다. 무수히 많은 훈련과 반복을 통하여 완벽함을 만들었을 뿐이다.

여러분이 비즈니스를 하는 사람이라면 다음과 같이 프레젠테이션을 준비해야 한다.

1) 영어로 PPT를 작성한다

어떤 사람들은 한글로 작성 후 영어로 변경하는데 영어로 바로 작성할 것을 권한다. 한글로 작성 후 영어로 옮기면 계속해서 영어에 없는 한글 표현을 쓰게 된다. 이러한 한글 표현으로 인하여 콩글리쉬가 되기 쉽다.

2) 슬라이드노트를 활용하여 Script를 작성한다

노래에 가사가 있는 것처럼 프레젠테이션에는 Script가 있다. Script에 설명할 부분을 미리 적어 보는 것이다. Script 대로 100% 외워서 하지는 못 할 수도 있지만 Script를 만들어 반복 훈련과 연습을 하면 실전에 최대한 실수 없이 자연스럽게 업무를 진행할 수 있다.

3) Script를 보면서 반복해서 쉐도잉 훈련을 한다(실제 상황이라고 상상하면서 소리 내서 연습하기)

Script를 보지 않고도 모든 프레젠테이션의 페이지를 영어로 설명할 수 있을 때까지 반복 연습을 해야 한다. 경험이 많아져 편해질 때까지 연습해야 실전에서 떨지 않고 자신감 있게 할 수 있다.

※ PPT의 기능 중 슬라이드 노트를 활용하여 영어 Script를 미리 만들 수 있다.
다음은 실제로 내가 사용한 회사 업무와 관련된 PPT의 예이다.

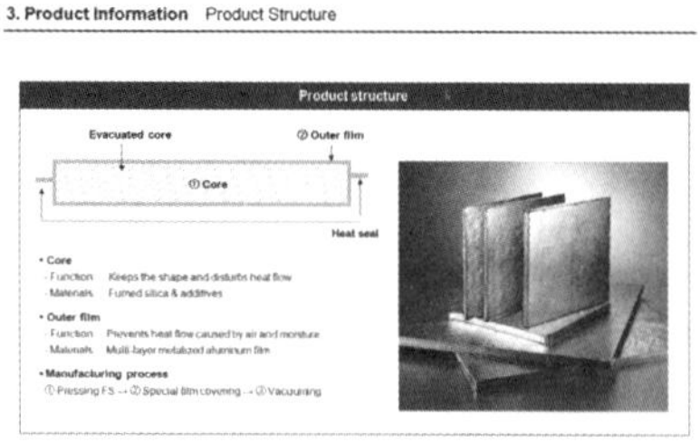

PPT로 작성한 회사 제품 소개자료

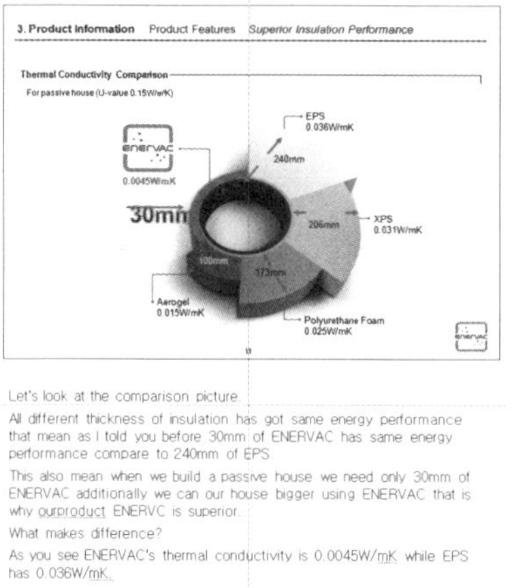

슬라이드 노트로 작성한 PPT Script 1

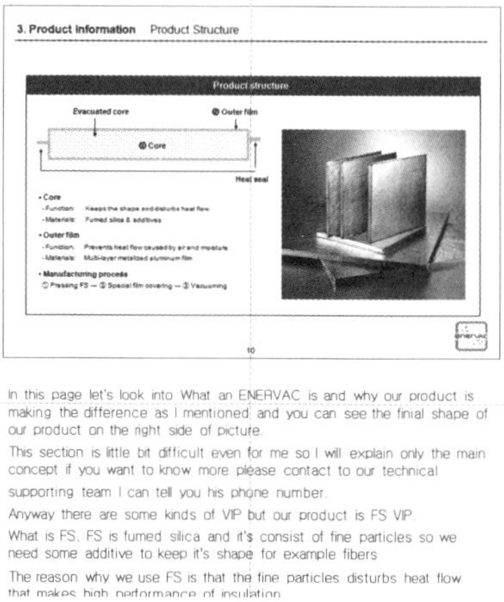

슬라이드 노트로 작성한 PPT Script 2

2. 영어 미팅을 위한 쉐도우 스피킹 훈련

아무리 훈련을 많이 해도 막상 영어로 미팅을 하다 보면 모국어가 아니기 때문에 실수하는 부분이 생기기 마련이다. 또 말하고 싶은 표현이 있었는데 잘 생각이 나지 않아 횡설수설하는 경우도 있다. 개인의 발전을 위해서는 실수한 부분을 그냥 넘어가지 말고 무엇이 잘못 되었는지 확인하고 그 부분에 대해서 고쳐 나가야 한다. 다행히 미팅 시 실수를 했다거나, 잘못 설명한 말들은 미팅이 끝난 직후에는 잘 떠오른다. 미팅을 할 때는 잘 떠오르지 않았던 말들도 미팅이 끝나고 혼자 있을 때 천천히 생각해 보면 좋은 표현들이 많이 떠오른다. 이렇게 떠오르는 표현들을 나만의 오답노트에 정리하는 습관을 들여야 한다. 그리고 그러한 표현들이 입에 붙을 때까지 쉐도우 스피킹 연습을 해야 발전할 수 있다. 여러 번 강조하지만 머릿속으로 상황을 리얼하게 상상하면서 연습해야 기억에 오래남고 실력 향상에 도움이 된다. 지난 상황을 재현하고 부족한 부분을 채워 나가다 보면 자신만의 스토리가 완성된다. 가장 효율이 높은 방법은 종이에 적어 보는 것이다. 이러한 것이 귀찮다면 적어도 재구성한 상황의 영어를 익숙해질 때까지 반복해서 말하는 연습을 해 보는 것도 좋은 방법이다.

3. 동시통역을 위한 쉐도우 스피킹

해외 비즈니스를 하다 보면 통역을 해야 하는 상황이 생각보다 많이 생긴다. 하나의 프로젝트를 진행하기 위해서는 여러 유관부서의 협조가 필요하기 때문이다. 하지만 어떤 부서들은 주 업무에 있어서 영어가 필요하지 않기 때문에 통역을 해 줘야 하는 상황이 발생한다. 이러한 상황을 대비하기 위해 평소 우리말을 영어로 동시에 옮기는 훈련을 하면 도움이 된다. 이러한 훈련도 쉐도잉 훈련을 통하여 극복할 수 있다. 나도 실제로 이 방법을 많이 사용했으며, 이 방법은 아이들 책을 읽어 주다가 우연히 발견한 방법이다.

아이들이 잠들기 전에 동화책을 읽어 줬었는데 어느 날 문득 지루하다는 생각이 들어서 한글 대신 내가 영어로 영작을 해서 들려주기 시작했다. 동화책에는 어려운 내용들이 많지 않아서 상대적으로 해 볼만 했다. 책에 쓰인 말들이 누군가 말하는 내용이고, 내가 통역을 하고 있다고 상상을 하면서 바로바로 영어로 말하는 연습은 실제로 비즈니스 상황에서 통역을 하는 데 있어서 많은 도움이 되었다. 처음에는 아이들이 읽는 동화책으로 시작해서 점점 난이도를 높여가면 수준급 실력에 도달할 수 있다. 그리고 어느 순간 누군가가 하는 우리말을 영어로 바꾸는 데 있어서 거부감이 없어지고 편하게 통역을 할 수 있게 된다.

TIP PLUS!

영어 끊어 읽기의 원칙

영어를 읽을 때 있어서 우리는 문장을 적당히 끊어서 읽어 줘야 한다. 우리 말에도 정확한 원칙은 없지만 우리는 자연스럽게 말을 할 때 끊어 읽기를 한다. 영어도 마찬가지이다. 정확한 법칙은 없지만 대전제는 의미상으로 단어들을 묶어서 끊어 읽어야 자연스럽게 의미전달이 된다. 주로 주어, 동사, 접속사, 전치사, 부사구를 중심으로 의미가 구분되기 때문에 상기 문장성분을 중심으로 끊어 읽으면 된다. 예를 들면, 다음과 같은 문장이 있다고 하자.

• My brother asked me to go out and play soccer.

My brother가 주어이므로 My / brother라고 끊어 읽으면 어색해진다. 그러므로 보통 주어인 My brother와 동사인 asked 다음에 목적어인 me가 나오기 전에 끊어 읽게 된다. 그리고 준동사 to go out과 접속사인 and 앞에서 한 번 더 끊어 읽는다.

그래서 다음과 같이 끊어 읽게 된다.

• My brother / asked me / to go out / and play soccer.

다시 한 번 강조하지만 끊어 읽기에 절대 원칙은 없으나 의미상으로 묶어서 끊어 읽어야 의미 전달이 정확해진다. 책을 소리 내서 많이 읽으면 자연스럽게 습득할 수 있는 부분이다. 그리고 쉐도잉 훈련을 할 때 원어민들이 어디서 끊어 읽는지를 잘 들어보고 많이 따라 하다 보면 습득할 수 있는 방법이다. 하지만 끊어 읽기에 어려움이 있는 사람들은 다음과 같은 기준을 갖고 끊어 읽기를 연습한다면 많은 도움이 될 것이다.

1. 문장의 기본 구조인 주어 + 동사의 문장에서는 동사의 뒤에서 끊어 읽어라!

앞서 설명한 것처럼 모든 영어의 문장에는 문장의 최소 성분인 주어와 동사가 있다.

이러한 영어 문장에서 기본은 동사 뒤에서 끊어 읽는 것이다.

일반 동사의 뒤에는 주로 목적어 역할을 하는 명사가 오고 be 동사 뒤에는 주어의 상태나 신분을 나타내는 보어로 명사나 형용사가 오게 된다. 일반 동사나 be 동사 상관없이 동사의 뒤에서 끊어 읽어 주면 된다.

- Tom drinks water. Tom drinks / water.
- Tom is a teacher. Tom is / a teacher.

※ 주어가 긴 경우에는 주어 다음에 끊어 읽어도 된다.

2. 장소, 시간 등을 나타내는 전치사 앞에서 끊어 읽어라!

- Tom drinks water at his friend's home.
- Tom drinks / water / at his friend's home.

3. 문장 중간에 to 부정사가 나오면 끊어 읽어라!

- Tom went to his friend's home to drink water.
- Tom went / to his friends's home / to drink water.

4. 4형식 문장에서 목적어가 2개 올 때 목적어 앞에서 각각 끊어 읽어라!

- Alex gives Tom a cup of water.
- Alex gives / Tom / a cup of water.

5. 접속사, 관계사, 의문사, 쉼표(,) 앞에서 끊어 읽어라!

- Tom went to Alex's home and he drank water.
- Tom went / to Alex's home / and he drank / water.

6. 부사구 뒤나 앞에서 끊어 읽어라!

- On the last Sunday, Tom went to Alex's home.
- On the last Sunday / Tom went / to Alex's home.

참고도서

리셋 – 서울문화사, 유수연

발음을 부탁해 – 아마존 북스, 샤론강

변화의 시작 하루 1% – 끌리는책, 이민규

빅팻캣의 영어수업 – 윌북, 무코야마 다카히코

아이폰 시리(Siri)와 함께 하는 영어 발음 – 와우북스, 장해인

영어 발음&청취 완전 마스터 – 토마토, 박완규

영어 잘하는 사람들의 7가지 습관 – 다락원, 임진표

영어 소리의 비밀 – 참영빛, 에릭킴

영어책 10번만 읽으면 네이티브 된다 – 라온북수, 오지연

영어책 한 권 외워 봤니 – 위즈덤하우스, 김민식

하루 7분, 영어발음 단기완성 – 카멜북스, 젝키(이재희)

한마디를 해도 원어민처럼 – DSL, 이사비나

1시간에 끝내는 영어 발음 – 리베르, Mike Hwang, Daniel Neiman

A Practical English Grammar – Oxford, A.J. Thomson, A.V. Martinet

AAT (American Accent Training) – 윌북, Ann Cook

Advanced Grammar in Use – Cambridge University Press, Martin Hewings

EBS 생수다 – 문장구조, 잉글리시헌트연구소

English Vocabulary in Use – Cambridge, MaCarthy & O'Dell

Intermediate Grammar in Use – Cambridge University Press, Raymond Murphy

Oxford Advanced Learner's Dictionary – Oxford

PEP (Perfecting Your English Pronunciation) – 길벗, Susan Cameron

Sound of English – 지식공감, 명리

한시간에 끝내는 영어 말하기의 모든 것

하마터면 영어를 포기할 뻔 했다

초판 1쇄 발행 | 2019년 10월 21일

지은이 | **신선수**
기획편집총괄 | **호혜정**
편집 | **최유진 이다현**
기획 | **김정빈 김수하**
표지·본문 디자인 | **신미경 (https://makeaharu.blog.me/)**
교정·교열 | **호혜정 최유진**
홍보 마케팅 | **최미남 김태현**
펴낸곳 | **리텍 콘텐츠**
주소 | **서울시 용산구 원효로 153 원효빌딩 824호**
전화 | **02-2051-0311** 팩스 | **02-6280-0371**
이메일 | **ritec1@naver.com**
홈페이지 | **http://www.ritec.co.kr**
페이스북 | 블로그 | 카카오스토리채널 | **[책속의 처세]**
ISBN | **979-11-86151-30-3(03740)**

상상력과 참신한 열정 담긴 원고를 보내주세요. 책으로 만들어 드립니다.
원고투고: **ritec1@naver.com**

*이 도서의 국립중앙도서관 출판예정도서목록(CIP)은 서지정보유통지원시스템 홈페이지 (http://seoji.nl.go.kr)와 국가자료종합목록 구축시스템(http://kolis-net.nl.go.kr)에서 이용하실 수 있습니다.(CIP제어번호 : CIP2019037407)